中国教育改革回溯与前瞻

——改革开放以来中国教育政策的变迁与趋势

Education Reform in China:
Retrospective and Prospective

The Changes and Trends of Chinese Education Policy
since Reform and Opening Up

薛二勇 等著

長江出版傳媒 | 湖北教育出版社

(鄂)新登字 02 号

图书在版编目(CIP)数据

中国教育改革回溯与前瞻——改革开放以来中国教育政策的变迁与趋势/薛二勇等著.

—武汉:湖北教育出版社,2018.11

ISBN 978-7-5564-2807-6

Ⅰ.①中…

Ⅱ.①薛…

Ⅲ.①教育改革-研究-中国

Ⅳ.①G521

中国版本图书馆 CIP 数据核字(2018)第 254101 号

中国教育改革回溯与前瞻——改革开放以来中国教育政策的变迁与趋势

ZHONGGUO JIAOYU GAIGE HUISU YU QIANZHAN —— GAIGEKAIFANG YILAI ZHONGGUO JIAOYU ZHENGCE DE BIANQIAN YU QUSHI

出品人	方 平	策划编辑	陈冬新
责任编辑	查 丹	责任校对	李 镧
装帧设计	牛 红	责任督印	张遇春

出版发行	长江出版传媒	430070	武汉市雄楚大道 268 号
	湖北教育出版社	430070	武汉市雄楚大道 268 号

经　　销　新 华 书 店

网　　址　http://www.hbedup.com

印　　刷　武汉中远印务有限公司

地　　址　武汉市黄陂区横店街货场路粮库院内

开　　本　720mm×1000mm　1/16

印　　张　20

字　　数　280 千字

版　　次　2018 年 11 月第 1 版

印　　次　2018 年 11 月第 1 次印刷

书　　号　ISBN 978-7-5564-2807-6

定　　价　79.00 元

目　录

序

党的十九大报告指出，中国特色社会主义进入新时代，我国社会的主要矛盾已经转化为人民日益增长的美好生活需要和不平衡不充分的发展之间的矛盾。新时代，我国教育的主要矛盾已经转化为人民日益增长的更公平更有质量的教育需求和教育发展不平衡不充分的发展之间的矛盾。在“有学上”到“上好学”的转变阶段，在“促进公平，提升质量”的关键时期，在教育综合改革的新的阶段，在办好人民满意教育的新形势下，有必要对改革开放以来的重要教育政策开展回溯性研究、进行前瞻性分析，以便明确教育改革的旗帜和方向。

一、我国改革开放以来教育事业取得巨大成就

党和国家高度重视教育，尤其是党的十八大以来，教育改革不断深化，在促进教育公平、提升教育质量和教育制度建设方面取得了巨大的成就，有力支撑了社会经济的发展，促进了人的全面发展。在促进教育公平方面，各级各类教育均取得了长足进步。至 2017 年，我国学前教育毛入园率达到 79.6%，达到中等收入国家水平；义务教育巩固率达到 93.8%，超过中等收入国家水平；高中阶段毛入学率为 88.3%，比上年提高 0.8 个百分点；高等教育向普及化阶段快速迈进，高等教育毛

入学率达到 45.7%，高于中高收入国家平均水平。我国已建成了世界上最大规模的教育体系，“有学上”的问题已基本解决。

在提升教育质量方面，坚持教育优先发展，2012 年我国财政性教育经费支出占当年国内生产总值比例首次超过 4%，突破 2 万亿元，并且连续 6 年保持在 4%以上，2017 年国家财政性教育经费达到 3.42 万亿元；改善农村义务教育薄弱学校办学条件、提高乡村教师待遇、营养改善计划惠及 3600 多万农村学生；启动世界一流大学和一流学科建设以提升高等教育质量 。职业学校每年输送近 1000 万名技术技能人才，开展培训上亿人次；普通本科高校累计输送 2000 多万名专业人才。15 岁及以上人口平均受教育年限达到 9.6 年，劳动年龄人口平均受教育年限达到 10.5 年。我国教育系统培养了数以亿计的人才，为国家的经济转型、科技创新、文化繁荣、民生改善、社会和谐提供了有力支撑。基础教育领域，我国学生 2009 年、2012 年和 2015 年三次参加了 PISA 测试，上海作为试点参与了前两轮测试，数学、英语、阅读均为第一而且拉开第二名很大差距；2015 年，由北京、上海、江苏、广东组成的中国部分地区联合体参与测试，位居总分第十。高等教育领域，2018 年 QS 发布的世界大学排名中，11 所中国大学进入世界百强；2018 年泰晤士高等教育世界大学排行榜前 200 名的高校中，共有 12 所中国高校，包括 7 所内地高校；2018 年 US News 世界大学排名中，共有 8 所内地大学进入前 200 名。

在教育制度建设方面，全面深化教育领域综合改革，一批标志性、引领性的改革举措取得明显成效，教育公共服务水平和教育治理能力不断提升，中国特色社会主义教育制度体系进一步完善。系统推进育人方式、办学模式、管理体制、保障机制改革，各级各类教育更加符合教育规律，更加符合人才成长规律，更能促进人的全面发展，更有利于立德树人培养德智体美等方面全面发展的社会主义建设者和接班人。

二、新时代教育改革发展面临的新形势新挑战

改革开放以来，我国教育的改革和发展取得了显著成就，社会主义核心价值观教育深入推进，立德树人根本任务有效落实，办好人民满意的教育成效初步显现，教育现代化建设取得新进展，教育治理能力大幅度提升，中国特色社会主义教育自信不断增强。然而，在新的时代基于新的需求，教育改革和发展依然面临新的形势和挑战。

第一，教育发展还存在不平衡不协调的问题。人民群众对优质教育资源的需求更加强烈，个性化、多样化、终身化的学习需求逐渐成为主流，人们愈发关注教育过程和教育结果的公平，但城乡、区域、群体、校际之间的教育差距仍然较大；不同学校之间的教师素养差距巨大，优质教育资源总量不足、布局不合理；学前教育、职业教育、高中教育、继续教育仍是教育体系中的突出短板。

第二，教育质量还有待进一步提升。我国普通高中特色不足，中等职业教育缺乏吸引力，高中类型单一等问题仍然存在；学前教育的标准体系尚未有效建立，办好公平而有质量的学前教育任务依然艰巨；我国高等教育总体大而不强，尤其是高峰不高（引领性的一流大学、一流学科较少）、低谷不平（高等教育结构不合理、质量保障体系不够完善）的问题尤为突出；人才培养的类型、层次、结构、素养与社会需求、人的发展需求不够契合；教师队伍素质和结构不能有效适应促进公平与提升质量的新要求；教育质量的科学监测体系尚未建立，利用监测结果促进质量提升的能力有待增强。

第三，教育体制机制改革进入深水区。教育改革和发展的内外环境、供求关系、资源条件、评价标准等发生了重要而深刻的变化，原来的改革和发展还能摸着石头过河，现在石头摸不着了，需要更大的勇气、智慧探索教育改革之路。教育领域的放管服、管办平相分离，现代学校制度建设、办学自主权、职业教育管理、育人体制机制等面临突出

问题，影响教育公平与质量提升，亟待制度创新。

第四，教育对社会的引领作用还不足。建设教育强国是中华民族伟大复兴的基础工程，必须把教育事业放在优先位置。教育在国家发展、民族复兴、人民幸福中具有基础性、先导性、前瞻性的战略地位，但我国教育的总体性引领作用还不够强。教育是一种培养人的社会活动，在为谁培养人、谁来培养人、怎样培养人、如何培养人等方面的能力有待进一步增强。教育可以也能够先于经济社会发展，从而引领经济社会发展，如何保障教育优先发展的制度体系有待进一步完善。

三、我国教育改革发展的思想引领与未来趋势

新时代，我国的教育改革和发展要以习近平关于教育的重要论述为指导，优先发展教育，建设教育强国。把立德树人作为教育的根本要求，把办好人民满意的教育作为教育的根本指向，为社会主义现代化建设服务、为人民服务，与生产劳动和社会实践相结合，培养德智体美等方面全面发展的社会主义建设者和接班人。

第一，坚持一个核心，即价值育人。培育和践行社会主义核心价值观，教育首要解决的问题是为谁培养人的问题。一个核心，解决的是教育目的问题。教育是立国的根本，培养的是社会主义建设者和接班人。社会主义建设者和接班人的核心标准就是具有社会主义核心价值观的人，价值育人在教育改革和发展中具有统领作用。

第二，坚持两翼驱动，即教师育人与家庭育人密切配合，充分发挥教育合力。两翼驱动，解决的是教育主体问题。学校和家庭是社会的基本单元，是教育的主要场所，教育的改革和发展离不开学校、家庭的密切配合。教育是全社会的事业，需要学校、家庭密切配合。习近平指出，“学校要担负主体责任，对学生负责，对学生家庭负责。家长要尊重学校教育安排，尊敬老师创造发挥，配合学校搞好孩子的学习教育，同时要培育良好家风，给孩子以示范引导。”教师和学生是教育的主体，

学校承担教育的主要责任，关键是充分发挥教师育人的作用。习近平指出，“教师是立教之本”。“教师重要，就在于教师的工作是塑造灵魂、塑造生命、塑造人的工作。”家庭是社会的基本细胞，是人生的第一所学校。家庭的日常行为、生活方式、社会观念、教育理念、教育方式等对孩子影响深远。“家庭是人生的第一个课堂，父母是孩子的第一任老师。”“家长应该担负起教育后代的责任。家长特别是父母对子女的影响很大，往往可以影响一个人的一生。”

第三，用好三个抓手，即文化、榜样、健康并举推进育人事业发展。三个抓手，解决的是教育途径问题。文化育人是维系民族血脉、构筑精神家园的根本抓手。习近平指出，要将文化教育贯穿国民教育始终，全方位融入思想道德教育、文化知识教育、艺术体育教育、社会实践教育各环节，贯穿于启蒙教育、基础教育、职业教育、高等教育、继续教育各领域。榜样育人于无形，在政府、学校、家庭发挥榜样作用，教育身边人、培养青少年，是提升教育效果的重要抓手。习近平指出，确立什么样的典型，就明确什么样的标准；树立什么样的榜样，就体现什么样的导向。好的榜样，是最好的引导；好的楷模，是最好的说服。健康是可持续发展的基础，是教育的基本着力点，任何教育都不能以损害健康为代价，应以促进学生身心健康作为首要目标。习近平指出，“没有全民健康，就没有全面小康。”“要把人民健康放在优先发展的战略地位。” “加快推进健康中国建设，努力全方位、全周期保障人民健康。”

第四，做好四个保障，创新、公平、实践、开放构筑保障体系。四个保障，解决的是教育制度问题。党的十八届五中全会提出，必须牢固树立并切实贯彻创新、协调、绿色、开放、共享的发展理念，必须把创新摆在国家发展全局的核心，教育改革和发展需要创新，教育体制机制需要创新，从人力资源大国迈向人力资源强国、从制造大国迈向创造大国、从教育大国迈向教育强国，都需要创新育人。促进公平、提高质量是我国教育改革和发展的主线，在从“有学上”到“上好学”的教育转型期，办好每一所学校、教好每一个学生，成为办好人民满意教育的根本要求，也是教育改革和发展的价值诉求。理论联系实际是党的优良作风，直接经验与间接经验有机结合是提高教育质量的基本规律，开展丰富多彩、有益身心的实践活动，是办好教育的必然要求。教育不是封闭的体系，而是开放包容的体系，是实现民心相通、文化相通、增进理解的基本途径，在对外开放新形势下，尤其是在“一带一路”倡议深入实施的伟大进程中，开放育人是教育改革和发展的重要支撑。

一个核心着力回答了为谁培养人的问题，两翼驱动着力回答了谁来培养人的问题，三个抓手着力回答了怎样培养人的问题，四个保障着力回答了如何培养人的问题，形成了相互支撑、互有侧重的教育思想体系。本书结合我国改革开放以来十大育人政策的变迁阶段、主要特征、新挑战、新问题、未来发展趋势，进行了深入研究，提出了有科学依据的建议，对我国教育改革和发展具有重要的指导意义。

2018 年 9 月 9 日

前　言

中国教育改革的旗帜与方向

——习近平总书记关于教育的重要论述

以习近平同志为核心的党中央高度重视教育，把教育作为关乎国家长治久安的国计民生、关乎群众福祉的奠基工程，关乎可持续发展的圆梦工程。习近平多次在讲话、视察、座谈中指出："百年大计，教育为本；强国富民，育人为先。"习近平在讲话、谈话、演讲、答问、批示、贺信中发表了系列关于教育的意见，形成了完整的教育理念体系。新形势下，认真研究学习习近平关于教育的重要论述，将其作为教育事业的旗帜和方向，是新时代办好社会主义教育的根本保障。

习近平从教育本质出发，基于对教育规律的深刻洞察，从治国理政角度，审时度势，长远谋划，在新形势、新挑战、新任务下，提出了十大育人理念，即价值育人、教师育人、家庭育人、文化育人、榜样育人、健康育人、创新育人、公平育人、实践育人、开放育人，系统回答了为谁培养人、谁来培养人、怎样培养人、如何培养人的问题。习近平的教育理念集中体现为"一个核心、两翼驱动、三个抓手、四个保障"（简称一核、两翼、三抓手、四保障）。一个核心，即价值育人，培育和践行社会主义核心价值观，这是教育改革和发展的动力源、方向标；两翼驱动，即教师育人、家庭育人，这是教育改革和发展的梦之队、责任人；三个抓手，即文化育人、榜样育人、健康育人，这是教育改革和发展的关键环节、着力之处；四个保障，即创新育人、公平育人、实践育人、开放育人，这是教育改革和发展的基本保障、制度基础。一个核心着力回答了为谁培养人的问题，两翼驱动着力回答了谁来培养人的问题，三个抓手着力回答了怎样培养人的问题，四个保障着力回答了如何培养人的问题，形成了相互支撑、互有侧重的教育论述体系。

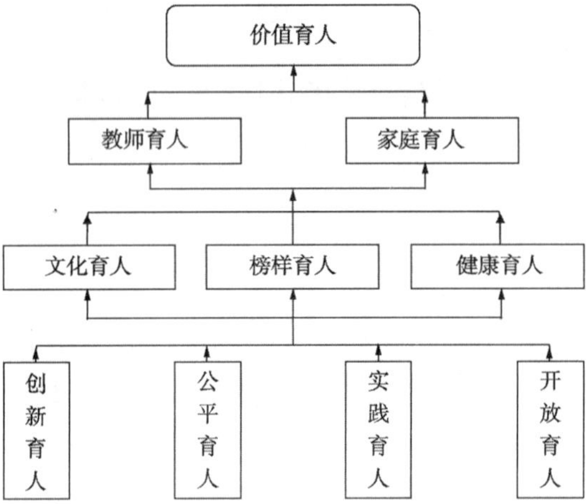

习近平“一核、两翼、三抓手、四保障”教育论述图

一、一个核心，从小积极培育和践行社会主义核心价值观

教育是培养人的社会活动，教育首要解决的是为谁培养人的问题。一个核心，关注的核心是教育目的。新修订的《中华人民共和国教育法》第五条规定：教育必须为社会主义现代化建设服务、为人民服务，必须与生产劳动和社会实践相结合，培养德、智、体、美等方面全面发展的社会主义建设者和接班人。教育是立国的根本，培养的是社会主义建设者和接班人。[①] 习近平指出，“必须更加重视教育，努力培养出更

① 新华社评论员. 办好基础教育事业 弘扬尊师重教风尚[EB/OL]. http://news.xinhuanet.com/politics/2016-09/09/c_1119542648.htm,2016-09-09.

多更好能够满足党、国家、人民、时代需要的人才。”“基础教育在国民教育体系中处于基础性、先导性地位，必须把握好定位，全面贯彻落实党的教育方针，从多方面采取措施，努力把我国基础教育越办越好。”①

社会主义核心价值观集中体现了中国特色社会主义的价值目标和愿景追求，“富强、民主、文明、和谐，自由、平等、公正、法治，爱国、敬业、诚信、友善”，“富强、民主、文明、和谐是国家层面的价值要求，自由、平等、公正、法治是社会层面的价值要求，爱国、敬业、诚信、友善是公民层面的价值要求。这个概括，实际上回答了我们要建设什么样的国家、建设什么样的社会、培育什么样的公民的重大问题。”②习近平指出，要从小积极培育和践行社会主义核心价值观，“一个民族的文明进步，一个国家的发展壮大，需要一代又一代人接力努力，需要很多力量来推动，核心价值观是其中最持久最深沉的力量。”“任何一个思想观念，要在全社会树立起来并长期发挥作用，就要从少年儿童抓起。”③“基础教育是立德树人的事业，要旗帜鲜明加强思想政治教育、品德教育，加强社会主义核心价值观教育，引导学生自尊自信自立自强。”④“只要是中国人，就应该自觉培育和践行社会主义核心价值观。”培育和践行社会主义核心价值观是习近平关于教育的重要论述的核心。

如何在中小学培育和践行社会主义核心价值观，习近平提出了“四个导向、四个都要”的明确要求，四个导向即“记住要求、心有榜样、从小做起、接受帮助”。⑤ 四个都要即“都要自觉加强道德养成，从小

① 霍小光，张晓松. 习近平在北京市八一学校考察时强调全面贯彻落实党的教育方针[EB/OL]. http://politics.people.com.cn/n1/2016/0909/c1024-28705358.html,2016-09-09.

② 钱中兵. 习近平：青年要自觉践行社会主义核心价值观——在北京大学师生座谈会上的讲话[EB/OL]. http://www.xinhuanet.com//politics/2014-05/05/c_1110528066.htm,2014-05-04.

③ 习近平. 从小积极培育和践行社会主义核心价值观——在北京市海淀区民族小学主持召开座谈会时的讲话[N]. 人民日报,2014-05-31(2).

④ 霍小光，张晓松. 习近平在北京市八一学校考察时强调全面贯彻落实党的教育方针[EB/OL]. http://politics.people.com.cn/n1/2016/0909/c1024-28705358.html,2016-09-09.

⑤ 习近平谈治国理政[M]. 北京：外文出版社，2014. 182-183.

就让社会主义核心价值观的种子在心中生根发芽，把国家、人民、民族装在心中，注重养成健康、乐观、向上的品格；都要乐于学习、勤于学习、善于学习，在求知境界上越来越高；都要把身心健康牢牢抓在手上，养成良好的生活习惯，经常参加劳动和体育锻炼，通过多种方式怡情养性；都要敢于面对各种困难和挫折，自觉培养不畏艰难、顽强奋进的意志品质。”①

如何在大学培育和践行社会主义核心价值观，习近平明确提出了“三方向、四服务”的要求，三方向即“社会主义核心价值观的坚定信仰者、积极传播者、模范践行者”。四服务即“为人民服务，为中国共产党治国理政服务，为巩固和发展中国特色社会主义制度服务，为改革开放和社会主义现代化建设服务”。② 培育和弘扬社会主义核心价值观、培育优良校风和学风，才能为高校导正办学方向、筑牢思想基础、提供价值引领，培养大批中国特色社会主义事业合格建设者和可靠接班人。③ “实现中国梦，必须增强道路自信、理论自信、制度自信，‘千磨万击还坚劲，任尔东南西北风’。而这‘三个自信’需要我们对核心价值观的认定作支撑。”④ 习近平强调，青年要自觉培育和践行社会主义核心价值观，“广大青年要从现在做起，从自己做起，勤学、修德、明辨、笃实，使社会主义核心价值观成为自己的基本遵循，并身体力行大力将其推广到全社会去，努力在实现中国梦的伟大实践中创造自己的精

---

① 霍小光，张晓松. 习近平在北京市八一学校考察时强调全面贯彻落实党的教育方针[EB/OL]. http://politics.people.com.cn/n1/2016/0909/c1024-28705358.html，2016-09-09.

② 张烁. 把思想政治工作贯穿教育教学全过程 开创我国高等教育事业发展新局面[N]. 人民日报，2016-12-09(1).

③ 新华社评论员：立德树人，为民族复兴提供人才支撑——学习贯彻习近平总书记在全国高校思想政治工作会议重要讲话 http://www.xinhuanet.com//politics/2016-12/08/c_1120083340.htm，2016-12-08.

④ 钱中兵. 习近平：青年要自觉践行社会主义核心价值观——在北京大学师生座谈会上的讲话[EB/OL]. http://www.xinhuanet.com//politics/2014-05/05/c_1110528066.htm，2014-05-04.

彩人生。”① 习近平提出了四条明确要求，“一是要勤学，下得苦功夫，求得真学问；二是要修德，加强道德修养，注重道德实践；三是要明辨，善于明辨是非，善于决断选择；四是要笃实，扎扎实实干事，踏踏实实做人。”②

二、两翼驱动，教师、家庭密切配合，充分发挥教育合力

学校和家庭是社会的基本单元，是教育的主要场所，教育的改革和发展离不开学校、家庭的密切配合。两翼驱动，关注的核心是教育主体。教育是全社会的事业，需要学校、家庭密切配合。“学校要担负主体责任，对学生负责，对学生家庭负责。家长要尊重学校教育安排，尊敬老师创造发挥，配合学校搞好孩子的学习教育，同时要培育良好家风，给孩子以示范引导。”③

（一）教师育人

教师和学生是教育的主体，学校承担教育的主要责任，关键是充分发挥教师育人的作用。“教师是立教之本。”④ “教师重要，就在于教师的工作是塑造灵魂、塑造生命、塑造人的工作。”⑤ 习近平从人生、学校、民族角度，指出了教师的重要作用，“一个人遇到好老师是人生的

---

① 徐京跃，霍小光. 习近平在北大考察：青年要自觉践行社会主义核心价值观[EB/OL]. http://www.xinhuanet.com//politics/2014-05/04/c_126460590.htm. 2014-05-04.

② 钱中兵. 习近平：青年要自觉践行社会主义核心价值观——在北京大学师生座谈会上的讲话[EB/OL]. http://www.xinhuanet.com//politics/2014-05/05/c_1110528066.htm, 2014-05-04.

③ 霍小光，张晓松. 习近平在北京市八一学校考察时强调全面贯彻落实党的教育方针[EB/OL]. http://politics.people.com.cn/n1/2016/0909/c1024-28705358.html, 2016-09-09.

④ 刘雅萱. 本网回访：习近平在北师大的 180 分钟说了啥[EB/OL]. http://politics.people.com.cn/n/2014/0909/c1001-25628976.html, 2014-09-09.

⑤ 彭波. 习近平在北京师范大学考察号召全国广大教师做党和人民满意的好老师[N]. 人民日报, 2014-09-10(1).

幸运，一个学校拥有好老师是学校的光荣，一个民族源源不断涌现出一批又一批好老师则是民族的希望。”①

教育大计，教师为本。习近平指出，“努力培养造就一大批一流教师，不断提高教师队伍整体素质，是当前和今后一段时间我国教育事业发展的紧迫任务。”“国家繁荣、民族振兴、教育发展，需要我们大力培养造就一支师德高尚、业务精湛、结构合理、充满活力的高素质专业化教师队伍，需要涌现一大批好老师。”“今天的学生就是未来实现中华民族伟大复兴中国梦的主力军，广大教师就是打造这支中华民族‘梦之队’的筑梦人。”② 为了建设好“筑梦人”队伍，习近平提出了“四心三感”的具体要求，即“让广大教师安心从教、热心从教、舒心从教、静心从教，让广大教师在岗位上有幸福感、事业上有成就感、社会上有荣誉感，让教师成为让人羡慕的职业”。③

怎样才能成为好老师？习近平提出了四个标准。第一，要有理想信念。教育是为人民服务、为中国共产党治国理政服务、为巩固和发展中国特色社会主义制度服务、为改革开放和社会主义现代化建设服务的，培养的是社会主义事业合格建设者和可靠接班人。好老师的理想信念应该以此为基准。第二，要有道德情操。老师对学生的影响，离不开老师的学识和能力，更离不开老师为人处世、于国于民、于公于私所持的价值观。好老师的道德情操最终要体现到对所从事职业的忠诚和热爱上来。第三，要有扎实学识。扎实的知识功底、过硬的教学能力、勤勉的教学态度、科学的教学方法是老师的基本素质，其中知识是根本基础。好老师还应该是智慧型的老师，既授人以鱼，又授人以渔。第四，要有仁爱之心。没有爱就没有教育。好老师要用爱培育爱、激发爱、传播

① 徐京跃，霍小光. 习近平在北大考察：青年要自觉践行社会主义核心价值观[EB/OL]. http://www.xinhuanet.com//politics/2014-05/04/c_126460590.htm. 2014-05-04.

② 习近平. 做党和人民满意的好老师——同北京师范大学师生代表座谈时的讲话[N]. 人民日报，2014-9-10(2).

③ 徐京跃，霍小光. 习近平在北大考察：青年要自觉践行社会主义核心价值观[EB/OL]. http://www.xinhuanet.com//politics/2014-05/04/c_126460590.htm. 2014-05-04.

爱，通过真情、真心、真诚拉近同学生的距离，滋润学生的心田，成为学生的好朋友和贴心人。[①]

（二）家庭育人

家庭是社会的基本细胞，是人生的第一所学校。家庭的日常行为、生活方式、社会观念、教育理念、教育方式等对孩子影响深远。习近平指出，“家庭是社会的基本细胞，千千万万个家庭的家风好，子女教育得好，社会风气好才有基础。”[②] 家庭是人生的第一个课堂，父母是孩子的第一任老师。[③] “家长应该担负起教育后代的责任。家长特别是父母对子女的影响很大，往往可以影响一个人的一生。”[④]

从个人到国家、到天下，“家”是最重要的基础和纽带。家庭与国家构成息息相通、密不可分的命运共同体。[⑤] 习近平指出，不论时代发生多大变化，不论生活格局发生多大变化，我们都要重视家庭建设，注重家庭、注重家教、注重家风，紧密结合培育和弘扬社会主义核心价值观，促进下一代健康成长，使千千万万个家庭成为国家发展、民族进步、社会和谐的重要基点。[⑥] “孩子们从牙牙学语起就开始接受家教，

---

① 习近平. 做党和人民满意的好老师——同北京师范大学师生代表座谈时的讲话[N]. 人民日报,2014-09-10(2).

② 张莉. 习近平谈家风:关系到家庭、社会和下一代[EB/OL]. http://news.cctv.com/2016/10/09/ARTIH21QEakXdEWAAPBPS0Yy161009.shtml,2016-10-09.

③ 郝多. 习近平:推动形成社会主义家庭文明新风尚[EB/OL]. http://www.xinhuanet.com//politics/2016-12/12/c_1120103506.htm,2016-12-12.

④ 王萌萌. 习近平:在会见第一届全国文明家庭代表时的讲话[EB/OL]. http://news.xinhuanet.com/politics/2016-12/15/c_1120127183.htm,2016-12-12.

⑤ 新华社评论员:让文明家庭成为梦想启航的地方[EB/OL]. http://www.xinhuanet.com//politics/2016-12/12/c_129401271.htm,2016-12-12.

⑥ 习近平. 在 2015 年春节团拜会上的讲话[R]. 新华网. http://news.xinhuanet.com/2015-02/17/c_1114401712.htm,2015-02-17.

有什么样的家教，就有什么样的人。”[①] 父母长辈对子女的家教，是中华民族生生不息的土壤。[②]

关于如何进行家庭教育，习近平提出，“广大家庭都要重言传、重身教，教知识、育品德，身体力行、耳濡目染，帮助孩子扣好人生的第一粒扣子，迈好人生的第一个台阶。”对此，习近平着重提出了三项基本要求。第一，品德教育最重要，这是如何做人的教育。“作为父母和家长，应该把美好的道德观念从小就传递给孩子，引导他们有做人的气节和骨气，帮助他们形成美好心灵，促使他们健康成长，长大后成为对国家和人民有用的人。”第二，“要在家庭中培育和践行社会主义核心价值观，引导家庭成员特别是下一代热爱党、热爱祖国、热爱人民、热爱中华民族。”第三，“要积极传播中华民族传统美德，传递尊老爱幼、男女平等、夫妻和睦、勤俭持家、邻里团结的观念，倡导忠诚、责任、亲情、学习、公益的理念，推动人们在为家庭谋幸福、为他人送温暖、为社会作贡献的过程中提高精神境界、培育文明风尚。”[③]

三、三个抓手，文化、榜样、健康并举推进育人事业发展

文化育人是维系民族血脉、构筑精神家园的根本抓手。要将文化教育贯穿国民教育始终，全方位融入思想道德教育、文化知识教育、艺术体育教育、社会实践教育各环节，贯穿于启蒙教育、基础教育、职业教

① 王萌萌. 习近平：在会见第一届全国文明家庭代表时的讲话[EB/OL]. http://news.xinhuanet.com/politics/2016-12/15/c_1120127183.htm，2016-12-12.

② 霍小光，张晓松，孙铁翔. 一“习”话，彰显总书记的家国情怀[EB/OL]. http://news.xinhuanet.com/politics/2016-12/13/c_1120105419.htm，2016-12-13.

③ 王萌萌. 习近平：在会见第一届全国文明家庭代表时的讲话[EB/OL]. http://news.xinhuanet.com/politics/2016-12/15/c_1120127183.htm，2016-12-12.

育、高等教育、继续教育各领域。[①] 榜样育人于无形，在政府、学校、家庭发挥榜样作用，教育身边人、培养青少年，是提升教育效果的重要抓手。确立什么样的典型，就明确什么样的标准；树立什么样的榜样，就体现什么样的导向。好的榜样，是最好的引导；好的楷模，是最好的说服。[②] 健康是可持续发展的基础，是教育的基本着力点，任何教育都不能以损害健康为代价，应以促进学生身心健康作为首要目标。“没有全民健康，就没有全面小康。”“要把人民健康放在优先发展的战略地位。”“加快推进健康中国建设，努力全方位、全周期保障人民健康。”[③] 三个抓手，关注的核心是教育手段。

（一）文化育人

“四个自信”中文化自信是根本，教育是实现文化自信的基础。教育改革要坚持文化自信，好经验要坚持，不足的要补齐。[④] 习近平指出，坚定道路自信、理论自信、制度自信、文化自信。[⑤] 文化自信是更基本、更深沉、更持久的力量。[⑥] “增强文化自觉和文化自信，是坚定道路自信、理论自信、制度自信的题中应有之义。”[⑦] 我国人民培育了历久弥新的优秀文化，“精神文化产品潜移默化地影响着人们的思想观念、价值判断、道德情操，对培育和弘扬社会主义核心价值观具有不可

---

① 韩昊辰. 中共中央办公厅 国务院办公厅印发《关于实施中华优秀传统文化传承发展工程的意见》[EB/OL]. http://www.gov.cn/zhengce/2017-01/25/content_5163472.htm, 2017-01-25.

② 本报评论员. 用好榜样的力量[N]. 人民日报, 2013-08-09(1).

③ 张樵苏. 习近平：把人民健康放在优先发展战略地位[EB/OL]. http://www.xinhuanet.com//politics/2016-08/20/c_1119425802.htm, 2016-08-20.

④ 本报评论员. 学习习近平讲话精神：教育改革要坚持文化自信[N]. 中国教育报, 2016-09-14(1).

⑤ 习近平. 在庆祝中国共产党成立 95 周年大会上的讲话[N]. 人民日报, 2016-07-02(2).

⑥ 王佳宁. 习近平：在哲学社会科学工作座谈会上的讲话[EB/OL]. http://www.xinhuanet.com//politics/2016-05/18/c_1118891128.htm, 2016-05-18.

⑦ 习近平. 在文艺工作座谈会上的讲话[M]. 北京：人民出版社，2014. 25.

替代的作用。”[①] 中国人的“自信文化”，至少包括三个领域：中华优秀传统文化、革命文化、社会主义先进文化。[②]

关于中华优秀传统文化教育，习近平强调，中华文化积淀着中华民族最深层的精神追求，代表着中华民族独特的精神标识。“深入挖掘和阐发中华优秀传统文化讲仁爱、重民本、守诚信、崇正义、尚和合、求大同的时代价值，使中华优秀传统文化成为涵养社会主义核心价值观的重要源泉。”“对历史文化特别是先人传承下来的价值理念和道德规范，要坚持古为今用、推陈出新，有鉴别地加以对待，有扬弃地予以继承，努力用中华民族创造的一切精神财富来以文化人、以文育人。”[③] 关于革命文化教育，习近平提出，井冈山精神和苏区精神，延安时期的优良传统和作风、精神，是宝贵财富，坚持用井冈山精神等革命传统铸魂育人，深入学习党的创新理论，弘扬延安精神等优良传统。革命传统教育要从娃娃抓起，既注重知识灌输，又加强情感培育，使红色基因渗进血液、浸入心扉，引导广大青少年树立正确的世界观、人生观、价值观。关于社会主义先进文化教育，习近平指出，第一，当代中国价值观念，就是中国特色社会主义价值观念，代表了中国先进文化的前进方向。第二，中国梦意味着中国人民和中华民族的价值体认和价值追求，意味着全面建成小康社会、实现中华民族伟大复兴，意味着每一个人都能在为中国梦的奋斗中实现自己的梦想，意味着中华民族团结奋斗的最大公约数，意味着中华民族为人类和平与发展作出更大贡献的真诚意愿。第三，要使中华民族最基本的文化基因与当代文化相适应、与现代社会相协调，以人们喜闻乐见、具有广泛参与性的方式推广开来，把跨越时

① 习近平. 把培育和弘扬社会主义核心价值观作为凝魂聚气强基固本的基础工程[N]. 人民日报，2014-02-26(1).

② 陈振凯，雷龚鸣，何美桦. 习近平谈文化自信[EB/OL]. http://cpc.people.com.cn/n1/2016/0713/c64094-28548844.html，2016-07-13.

③ 习近平. 把培育和弘扬社会主义核心价值观作为凝魂聚气强基固本的基础工程[N]. 人民日报，2014-02-26(1).

空、超越国度、富有永恒魅力、具有当代价值的文化精神弘扬起来。①

（二）榜样育人

树立榜样，用身边事教育身边人，能够起到春风化雨、润物无声的效果。② 习近平指出，“伟大时代呼唤伟大精神，崇高事业需要榜样引领。”“精神的力量是无穷的，道德的力量也是无穷的。”③ “见贤思齐，总是把焦裕禄作为一个榜样，对照自己。”④

关于干部的榜样教育作用，习近平提出，既严以修身、严以用权、严以律己；又谋事要实、创业要实、做人要实。其鲜明特点，就是坚持领导带头、以上率下，层层立标杆、作示范，必须时时处处以榜样力量感召干部群众。⑤ 习近平指出，榜样的力量是无穷的，广大党员、干部必须用自己的模范行为和高尚人格感召群众、带动群众。⑥ 关于教师与家长的榜样教育作用，习近平指出，“广大教师必须率先垂范、以身作则，引导和帮助学生把握好人生方向，特别是引导和帮助青少年学生扣好人生的第一粒扣子。”“好老师首先应该是以德施教、以德立身的楷模。”⑦ 教师要做好“四个引路人”，即“做学生锤炼品格的引路人，做学生学习知识的引路人，做学生创新思维的引路人，做学生奉献祖国的

---

① 习近平. 建设社会主义文化强国 着力提高国家文化软实力[N]. 人民日报,2014-01-01(1).

② 本报评论员. 用好榜样的力量[N]. 人民日报,2013-08-09(1).

③ 官志雄. 习近平会见道德模范:为中国梦凝聚有力道德支撑[EB/OL]. http://www.chinanews.com/gn/2013/09-26/5327873.shtml,2013-09-26.

④ 新华网. 习近平谈焦裕禄精神:总是把他作为榜样[EB/OL]. http://politics.people.com.cn/n/2014/0318/c70731-24670697.html,2014-03-18.

⑤ 新华社. 习近平主持中共中央政治局专题民主生活会并发表重要讲话[N]. 人民日报. 2015-12-30(1).

⑥ 习近平. 把培育和弘扬社会主义核心价值观作为凝魂聚气强基固本的基础工程[N]. 人民日报, 2014-02-26(1).

⑦ 习近平. 做党和人民满意的好老师——同北京师范大学师生代表座谈时的讲话[N]. 人民日报,2014-09-10(2).

引路人。”[①] “家长要时时处处给孩子做榜样，用正确行动、正确思想、正确方法教育引导孩子。”[②] 关于青少年如何心有榜样，习近平明确指出，要学习英雄人物、先进人物、美好事物。各行各业都有很多值得我们学习的榜样，包括航天英雄、奥运冠军、大科学家、劳动模范、青年志愿者，还有那些助人为乐、见义勇为、诚实守信、敬业奉献、孝老爱亲的好人，等等。要把他们立为心中的标杆，向他们看齐，像他们那样追求美好的思想品德。[③]

（三）健康育人

教育要促进人的全面发展，健康是基础。习近平强调，“健康是促进人的全面发展的必然要求，是经济社会发展的基础条件，是民族昌盛和国家富强的重要标志，也是广大人民群众的共同追求。”[④] 对于一个人，健康是享受幸福生活的前提；对于一个国家，健康是开创美好未来的根基；对于一个民族，健康是屹立世界民族之林的力量。[⑤] 党的十八届五中全会明确提出推进健康中国建设，[⑥] 健康中国的终极目标是构建全方位“防控健康风险，创造健康价值”的健康民族和国家。[⑦] 习近平

---

① 霍小光，张晓松. 习近平在北京市八一学校考察时强调全面贯彻落实党的教育方针[EB/OL]. http://politics.people.com.cn/n1/2016/0909/c1024-28705358.html，2016-09-09.

② 习近平. 从小积极培育和践行社会主义核心价值观——在北京市海淀区民族小学主持召开座谈会时的讲话[N]. 人民日报，2014-05-31(2).

③ 习近平. 从小积极培育和践行社会主义核心价值观——在北京市海淀区民族小学主持召开座谈会时的讲话[N]. 人民日报，2014-05-31(2).

④ 张樵苏. 习近平：把人民健康放在优先发展战略地位[EB/OL]. http://www.xinhuanet.com//politics/2016-08/20/c_1119425802.htm，2016-08-20.

⑤ 吴晶，胡浩. 迈向健康中国新征程——以习近平同志为总书记的党中央关心卫生与健康工作纪实[EB/OL]. http://health.people.com.cn/n1/2016/0819/c398004-28648312.html，2016-08-19.

⑥ 习近平主持政治局会议 审议“健康中国 2030”规划纲要[EB/OL]. http://news.xinhuanet.com/politics/2016-08/26/c_1119462383.htm，2016-08-26.

⑦ 吴晶，胡浩. 迈向健康中国新征程——以习近平同志为总书记的党中央关心卫生与健康工作纪实[EB/OL]. http://health.people.com.cn/n1/2016/0819/c398004-28648312.html，2016-08-19.

指出，要坚持正确的卫生与健康工作方针，将健康融入所有政策，人民共建共享。“要重视少年儿童健康，全面加强幼儿园、中小学的卫生与健康工作，加强健康知识宣传力度，提高学生主动防病意识，有针对性地实施贫困地区学生营养餐或营养包行动，保障生长发育。”①

建立健全健康教育体系，提升全民健康素养，推动全民健身和全民健康深度融合。② 习近平提出，全民健身是全体人民增强体魄、健康生活的基础和保障，奥林匹克运动就是要推动群众性体育运动，增强人民体质。③ “要广泛开展全民健身运动，促进群众体育和竞技体育全面发展。”④ 习近平强调，中小学生要立志成才，必须“强健体魄、健康身心，锤炼意志、砥砺坚韧”，在运动中“感受集体力量、体验运动乐趣、强健身体素质”。⑤ 体育在提高人民身体素质和健康水平、促进人的全面发展，丰富人民精神文化生活、推动经济社会发展，激励全国各族人民弘扬追求卓越、突破自我的精神方面，都有着不可替代的重要作用。⑥ 习近平表示：“足球要从娃娃抓起。大家都知道我喜欢足球。其实，我还喜欢着篮球、网球，而且很喜欢武术。希望孩子们要文明精神、野蛮体魄，把身体锻炼好，把知识学好。”⑦

---

① 张樵苏. 习近平：把人民健康放在优先发展战略地位[EB/OL]. http://www.xinhuanet.com//politics/2016-08/20/c_1119425802.htm,2016-08-20.

② 张樵苏. 习近平：把人民健康放在优先发展战略地位[EB/OL]. http://www.xinhuanet.com//politics/2016-08/20/c_1119425802.htm,2016-08-20.

③ 吴晶、胡浩. 迈向健康中国新征程——以习近平同志为总书记的党中央关心卫生与健康工作纪实[EB/OL]. http://health.people.com.cn/n1/2016/0819/c398004-28648312.html,2016-08-19.

④ 张晓松，高鹏，张泽伟. 习近平会见全国体育先进单位和先进个人代表等[EB/OL]. http://www.gov.cn/xinwen/2017-08/27/content_5220823.htm,2017-08-27.

⑤ 霍小光，张晓松. 习近平在北京市八一学校考察时强调全面贯彻落实党的教育方针[EB/OL]. http://politics.people.com.cn/n1/2016/0909/c1024-28705358.html,2016-09-09.

⑥ 王宇鹏，赵敬菡，万世成. 习近平的健康观：以人民为中心，以健康为根本[EB/OL]. http://health.people.com.cn/n1/2016/0819/c398004-28650538.html,2016-08-19.

⑦ 刘阳. 习近平看望少年儿童：精忠报国是一生的目标[EB/OL]. http://news.xinhuanet.com/politics/2014-05/30/c_1110943512.htm,2014-05-30.

四、四个保障，创新、公平、实践、开放构筑保障体系

党的十八届五中全会提出，必须牢固树立并切实贯彻创新、协调、绿色、开放、共享的发展理念，必须把创新摆在国家发展全局的核心，教育改革和发展需要创新。促进公平、提高质量是我国教育改革和发展的主线，在“有学上”到“上好学”的教育转型期，办好每一所学校、教好每一个学生，成为办好人满意教育的根本要求，也是教育改革和发展的价值诉求。理论联系实际是党的优良作风，直接经验与间接经验有机结合是提高教育质量的基本规律，开展丰富多彩、有益身心的实践活动，是办好教育的必然要求。教育不是封闭的体系，而是开放包容的体系，是实现民心相通、文化相通、增进理解的基本途径，对外开放新形势下，尤其是“一带一路”战略深入实施的伟大进程中，开放育人是教育改革和发展的重要支撑。四个保障，关注的核心是教育制度。

（一）创新育人

从人力资源大国迈向人力资源强国，从制造大国迈向创造大国，从教育大国迈向教育强国，都需要创新育人。习近平指出，“创新是一个系统工程，创新链、产业链、资金链、政策链相互交织、相互支撑，改革只在一个环节或几个环节搞是不够的，必须全面部署，并坚定不移推进。”① 创新育人是创新系统工程中的关键环节，事关中国创新是否后继有人、事关中国创新能力和创新水平的优劣、事关中国特色社会主义事业的兴衰和成败。

创新育人是在创新活动中，通过创新活动实现创新，培养创新人才。“一切科技创新活动都是人做出来的”。② “科技创新，人才为本，

① 习近平. 为建设世界科技强国而奋斗[N]. 人民日报,2016-06-01(2).

② 习近平. 为建设世界科技强国而奋斗[N]. 人民日报,2016-06-01(2).

人才资源是最宝贵的战略资源。培养造就规模宏大、结构优化、布局合理、素质优良的人才队伍，是建设创新型国家的战略选择。”① “创新的事业呼唤创新的人才。我国要在科技创新方面走在世界前列，必须在创新实践中发现人才、在创新活动中培育人才、在创新事业中凝聚人才。”② “要以更加开放的视野引进和集聚人才，加快集聚一批站在行业科技前沿、具有国际视野的领军人才。”③ “要加强科研院所和高校合作，使目标导向研究和自由探索相互衔接、优势互补，形成教研相长、协同育人新模式，打牢我国科技创新的科学和人才基础。”“让创新贯穿党和国家一切工作，让创新在全社会蔚然成风。”④

（二）公平育人

公平育人的实质是促进教育公平，教育公平是保证人人都有出彩机会的基本保障，是体现中国特色社会主义制度优越性、全面建成小康社会的现实需求。习近平指出，我们要在学有所教上持续取得新进展。⑤“部分群众在就业、子女教育、就医、住房等方面还面临一些困难，不断解决好这些问题是党和政府义不容辞的责任。”⑥ “要加大对农村地区、民族地区、贫困地区职业教育支持力度，努力让每个人都有人生出彩的机会。”⑦ “要采取措施确保所有女童上得起学和安全上学，发展面

---

① 习近平. 科技工作者要为加快建设创新型国家多作贡献[N]. 人民日报,2011-05-28(2).

② 孙扬. 习近平:把关键技术掌握在自己手里[EB/OL]. http://news.xinhuanet.com/politics/2014-06/09/c_1111056694_3.htm,2014-06-09.

③ 马闯. 习近平在上海团谈引进和集聚科技人才[EB/OL]. 央广网. 2016 年 03 月 05 日. http://news.ifeng.com/a/20160305/47705879_0.shtml.

④ 习近平. 为建设世界科技强国而奋斗[N]. 人民日报. 2016-06-01(2).

⑤ 习近平:恪尽职守、夙夜在公、为民服务、为国尽力[EB/OL]. http://news.cntv.cn/special/xijinpingjianghua/,2013-03-17.

⑥ 刘晓朋. 国家主席习近平发表二〇一七年新年贺词[EB/OL]. http://news.xinhuanet.com/politics/2016-12/31/c_1120227034.htm,2016-12-31.

⑦ 吴晶,刘亦湛. 习近平:加快发展职业教育 让每个人都有人生出彩机会[EB/OL]. http://news.xinhuanet.com/politics/2014-06/23/c_1111276223.htm,2014-06-23.

向妇女的职业教育和终身教育，帮助她们适应社会和就业市场变化。”①

建立面向人人的教育体制机制，是公平育人的必然要求。习近平指出，“中国将坚定实施科教兴国战略，始终把教育摆在优先发展的战略位置，不断扩大投入，努力发展全民教育、终身教育，建设学习型社会，努力让每个孩子享有受教育的机会，努力让 13 亿人民享有更好更公平的教育，获得发展自身、奉献社会、造福人民的能力。”② 全面建成小康社会、基本实现教育现代化，短板在薄弱学校、弱势群体、贫困地区。让每个孩子都能接受公平、有质量的教育，阻止贫困现象代际传递，是功在当代、利在千秋的大事。习近平指出，“扶贫必扶智，让贫困地区的孩子们接受良好教育，是扶贫开发的重要任务，也是阻断贫困代际传递的重要途径。”“让贫困地区每一个孩子都能接受良好教育，让他们同其他孩子站在同一条起跑线上，向着美好生活奋力奔跑。”③

（三）实践育人

实践育人是教育的内在诉求，是学生发展的基本要求，是帮助学生了解国情、热爱祖国、开阔眼界、增长知识的主要途径，是落实立德树人的根本任务。习近平指出要坚持理论联系实际的马克思主义学风，注重解答学员思想上的疙瘩，反对主观主义、教条主义、形式主义，防止空对空、两张皮。④ “学习应该是全面的、系统的、富有探索精神的。既要向书本学习，也要向实践学习；既要向人民群众学习，向专家学者学习，也要向国外有益经验学习。有理论知识的学习，也有实践知识的

① 习近平. 促进妇女全面发展 共建共享美好世界[N]. 人民日报，2015-09-28(3).

② 新华社. 习近平主席在联合国“教育第一”全球倡议行动一周年纪念活动上发表视频贺词[N]. 人民日报,2013-09-27(3).

③ 习近平. 携手消除贫困 促进共同发展——在 2015 减贫与发展高层论坛的主旨演讲[N]. 人民日报,2015-10-17(2).

④ 习近平:在全国党校工作会议上的讲话[J]. 求是. 2016(09)：3-13.

学习”。[①] 习近平要求教师身体力行，提升实践能力，用自己的学识、阅历、经验点燃学生对真善美的向往，增强学生的价值判断能力、价值选择能力、价值塑造能力，引领学生健康成长。[②]

劳动实践是宝贵的人生财富，是成长和进步的起始。实践育人强调学以致用，既扎实打牢基础知识又及时更新知识，既刻苦钻研理论又积极掌握技能。习近平指出，要刻苦学习，努力实践，“生活靠劳动创造，人生也靠劳动创造，通过劳动播种希望、收获果实，也通过劳动磨炼意志、锻炼自己。”“既要重视显性教育，也要重视潜移默化的隐形教育，实现入芝兰之室久而自芳的效果。青年要成长为国家栋梁之材，既要读万卷书，又要行万里路。高校学生支教、送知识下乡、志愿行动等活动，都展现了学生的风貌和服务社会、报效祖国的情怀。许多学生正是在这样的社会实践和社会活动中树立了对人民的感情、对社会的责任、对国家的忠诚。”[③] “创新各层次各类型职业教育模式，坚持产教融合、校企合作，坚持工学结合、知行合一，引导社会各界特别是行业企业积极支持职业教育，努力建设中国特色职业教育体系。”[④]

（四）开放育人

开放育人是更好满足人民群众多样化、高质量教育需求，更好服务经济社会发展全局的重要条件，也是推进人文交流，提升国家软实力和影响力的迫切要求。习近平强调，“我们要积极发展教育事业，通过普及教育，使人们在持续的格物致知中更好认识各种文明的价值，让教育

---

① 习近平. 在中央党校建校 80 周年庆祝大会暨 2013 年春季学期开学典礼上的讲话[N]. 人民日报,2013-03-03(2).

② 习近平. 做党和人民满意的好老师[N]. 人民日报,2014-09-10(2).

③ 张烁. 把思想政治工作贯穿教育教学全过程 开创我国高等教育事业发展新局面[N]. 人民日报,2016-12-09(1).

④ 吴晶,刘亦湛. 习近平:加快发展职业教育 让每个人都有人生出彩机会[EB/OL]. http://news.xinhuanet.com/politics/2014-06/23/c_1111276223.htm,2014-06-23.

为文明传承和创造服务。”① “把继承传统优秀文化又弘扬时代精神、立足本国又面向世界的当代中国文化创新成果传播出去。”② “中国将加强同世界各国的教育交流，扩大教育对外开放，积极支持发展中国家教育事业发展，同各国人民一道努力，推动人类迈向更加美好的明天”。③

国之交在于民相亲，民相亲在于心相通。习近平指出，“通过更加密切的互动交流，促进对人类各种知识和文化的认知，对各民族现实奋斗和未来愿景的体认，以促进各国学生增进相互了解、树立世界眼光、激发创新灵感，确立为人类和平与发展贡献智慧和力量的远大志向。”④建立培养世界优秀人才的国际平台，为各国青年提供学习机会，使各国青年更好相互了解、开阔眼界、交流互鉴，携手为增进世界各国人民福祉作出积极努力。习近平强调，“世界各国人民创造的灿烂文化，是人类共同的宝贵财富。应该通过交流互鉴和创造性发展，使之在当今世界焕发出新的生命力。让我们一起努力，推动人类文明进步，推动人民心与心的交流，共同创造人类更加美好的明天。”⑤

---

① 钱中兵. 习近平在联合国教科文组织总部的演讲[EB/OL]. http://www.xinhuanet.com//politics/2014-03/28/c_119982831.htm,2014-03-27.

② 习近平. 建设社会主义文化强国 着力提高国家文化软实力[N]. 人民日报,2014-01-01(1).

③ 新华社. 习近平发表贺词:中国将加强同世界各国的教育交流[EB/OL]. http://www.gov.cn/ldhd/2013-09/26/content_2495491.htm,2013-09-26.

④ 赵婀娜. 清华大学苏世民学者项目启动仪式在京举行[N]. 人民日报,2013-04-22(1).

⑤ 习近平谈治国理政[M]. 北京：外文出版社，2014. 191.

第一章　价值育人

核心价值观，承载着一个民族、一个国家的精神追求，体现着一个社会评判是非曲直的价值标准。① 人类社会发展的历史表明，对一个民族、一个国家来说，最持久、最深层的力量是全社会共同认可的核心价值观。我国在社会主义建设、改革过程中逐步形成了社会主义核心价值体系，进而凝练出了社会主义核心价值观：富强、民主、文明、和谐是国家层面的价值要求，自由、平等、公正、法治是社会层面的价值要求，爱国、敬业、诚信、友善是公民层面的价值要求。社会主义核心价值观回答了我们要建设什么样的国家、建设什么样的社会、培育什么样的公民的重大问题。培育和践行社会主义核心价值观，有效整合社会意识，是社会系统得以正常运转、社会秩序得以有效维护的重要途径，也是实现国家治理体系和治理能力现代化的应有之义。党的十九大报告指出，“培育和践行社会主义核心价值观”，“发挥社会主义核心价值观对国民教育、精神文明创建、精神文化产品创作生产传播的引领作用，把社会主义核心价值观融入社会发展各方面，转化为人们的情感认同和行为习惯”。② 价值育人就是以社会主义核心价值观为统领开展的教育活动，新时代合格的社会主义建设者和接班人应该是自觉践行社会主义核心价值观的人，价值育人在教育改革和发展中具有统领作用。我国教育

① 习近平. 青年要自觉践行社会主义核心价值观——在北京大学师生座谈会上的讲话[N]. 人民日报,2014-05-05(2).

② 习近平. 决胜全面建成小康社会夺取新时代中国特色社会主义伟大胜利[M]. 北京：人民出版社,2017. 42.

改革和发展历程中，价值育人始终处于首要位置，其关涉培养什么人、为谁培养人的问题。改革开放 40 年来，价值育人中的“价值”几经变迁，最终凝练成为 24 个字：富强、民主、文明、和谐，自由、平等、公正、法治，爱国、敬业、诚信、友善。这 24 个字集中体现着国家建设、社会管理和公民生活各个层面的价值追求。

一、改革开放以来价值育人的政策变迁

（一）1978—1991 年：培养有理想、有道德、有文化、有纪律的时代新人

1978 年 12 月，党的十一届三中全会围绕全党工作重点转移这一中心议题明确指出，“把全党工作的着重点和全国人民的注意力转移到社会主义现代化建设上来”①，“注意把思想政治工作和经济手段结合起来”②。1979 年 3 月，邓小平发表了《坚持四项基本原则》的重要讲话，指出：“我们要在中国实现四个现代化，必须在思想政治上坚持四项基本原则。这是实现四个现代化的根本前提。”③“如果动摇了这四项基本原则中的任何一项，那就动摇了整个社会主义事业、整个现代化建设事业。”④ 党确立了“以经济建设为中心，坚持四项基本原则，坚持改革开放”的基本路线，从而在根本上端正了思想政治工作的方向，明确了思想政治工作的任务，实现了思想政治工作由长期以来为阶级斗争服务向社会主义现代化建设服务的历史性转变。基于这一指导方针，中共中央、教育部、共青团中央先后颁布思想政治教育的指导意见和政策文件 7 部（详见表 1-1）。文件对思想政治教育的价值指向、主要任务、教育对象、学科体系做了初步构建和完善。

---

① 三中全会以来重要文献选编(上)[M]. 北京:中央文献出版社,2011. 3-4.

② 三中全会以来重要文献选编(上)[M]. 北京:中央文献出版社,2011. 6.

③ 三中全会以来重要文献选编(上)[M]. 北京:中央文献出版社,2011. 78.

④ 三中全会以来重要文献选编(上)[M]. 北京:中央文献出版社,2011. 86.

表 1-1　1978—1991 年价值育人主要相关政策文件

序号	时间	政策文件	发文机构及发文号
1	1980 年 4 月	关于加强高等学校学生思想政治工作的意见	教育部、共青团中央
2	1984 年 4 月	关于在十二所院校设置思想政治教育专业的意见	教育部
3	1986 年 9 月	关于社会主义精神文明建设指导方针的决议	中共中央
4	1987 年 5 月	关于改进和加强高等学校思想政治工作的决定	中共中央
5	1988 年 12 月	关于改革和加强中小学德育工作的通知	中共中央
6	1989 年 9 月	在庆祝中华人民共和国成立四十周年大会上的讲话	
7	1990 年 5 月	爱国主义和我国知识分子的使命——在首都青年纪念“五四”报告会上的讲话	

《关于加强高等学校学生思想政治工作的意见》为高等学校学生思想政治工作提出了系统性的指导意见，提出学校思想政治工作要紧密结合为“四化”培养又红又专的社会主义专门人才这一中心任务，明确学生思想政治工作的方法、教育原则以及思想政治教育的具体内容，建立思想政治工作队伍，加强学校党委对学生思想政治工作的领导。

《关于在十二所院校设置思想政治教育专业的意见》标志着思想政治教育学科规范化建设历程的开启，为思想政治教育学科的发展提供了政策支持。此后，教育部还陆续颁布了 5 个文件分别对思想政治教育专业第二学士学位班、思想政治教育本科班、在职第二学士学位班、硕士研究生培养等相关内容做了具体规定。

《关于社会主义精神文明建设指导方针的决议》中，“加强社会主义民主、法制、纪律的教育”，“普及和提高教育科学文化”，“坚持马克思主义在精神文明建设中的指导作用”为思想政治教育指明了方向和具体内容，其中蕴含了国家层面、社会层面和个人层面的价值要求。在教育领域，《关于改进和加强高等学校思想政治工作的决定》（以下简称《决定》）中进一步指明了高等教育的社会主义方向，认为“高等学校培养出来的大学生、研究生，应当有坚定正确的政治方向，爱祖国、爱社会主义，拥护共产党的领导，努力学习马克思主义；应当热心于改革和开放，有艰苦奋斗的精神，努力为人民服务，为实现具有中国特色的社会主义现代化而献身；应当自觉地遵纪守法、有良好的道德品质；应当勤奋学习，努力掌握现代科学文化知识。还要从他们中间培养出一批具有共产主义觉悟的先进分子。”①《决定》同时要求改进学校思想政治工作的内容、形式和方法，加强教职工队伍的思想建设，建设马克思主义理论队伍和思想政治工作队伍，加强和改善对思想政治工作的领导，提出全党全社会都应关心青年学生的健康成长。

《关于改革和加强中小学德育工作的通知》认为：“现代的中小学生是21世纪社会主义建设的主力军。他们的思想道德和科学文化素质状况，不仅是当前社会文明程度的重要体现之一，而且对我国未来的社会风貌、民族精神有着决定性的影响。从现在起，就必须努力把他们培养成为有理想、有道德、有文化、有纪律的一代新人。”②“中小学校必须把德育工作放在重要位置，始终如一地抓紧抓好。全社会都要努力关心青少年儿童的健康成长。”③其中对中小学生德育工作面临的新形势、指导思想、任务和内容、方式方法、工作队伍建设、全社会关注、加强党委和政府的领导作了说明。江泽民《在庆祝中华人民共和国成立四十周年大会上的讲话》中指出：“各级各类学校不仅要建立完备的文化知识传授体系，而且要把德育放在首位，确立正确的政治方向。”④1990年江泽民在首都青年纪念“五四”运动七十一周年报告会上作了题为

---

① 加强和改进大学生思想政治教育中国文献选编（1978—2014）[M]. 北京：知识产权出版社，2015. 70.

② 十三大以来重要文献选编（上）[M]. 中央文献出版社，2011. 312.

③ 十三大以来重要文献选编（上）[M]. 中央文献出版社，2011. 312-313.

④ 十三大以来重要文献选编（中）[M]. 中央文献出版社，2011. 75.

《爱国主义和我国知识分子的使命》的讲话，其中对爱国主义和青年知识分子做了系统的阐述，要求在新的历史条件下继承和发扬爱国主义传统，进行广泛深入的爱国主义教育，积极创造条件，把广大青年知识分子培养成为又红又专的社会主义事业接班人。

（二）1992—2002 年：思想政治素质是素质教育实施中最重要的素质

随着改革开放的深入发展，社会主义市场经济体制的逐步建立，我国社会物质生活和精神生活领域发生了重大变化，社会主义精神文明建设在取得重大成绩的同时也出现了许多新情况、新问题。同时，这一阶段将邓小平理论写进党章，“三个代表”重要思想逐步形成。立足处理物质文明和精神文明的关系问题，坚持毛泽东思想、邓小平理论和“三个代表”重要思想的指导，道德教育的作用愈发重要。1992 年至 2002 年间，中共中央、教育部等部门围绕社会道德教育下发了大量的政策文件，明确指明了思想政治教育的走向（详见表 1-2）。

表 1-2　1992—2002 年价值育人主要相关政策文件

序号	时间	政策文件	发文机构及发文号
1	1992 年 10 月	中国共产党第十四次全国代表大会的政治报告	中共中央
2	1993 年 2 月	中国教育改革和发展纲要	中共中央、国务院（中发［1993］3 号）
3	1994 年 6 月	在全国教育工作会议上的讲话	
4	1994 年 8 月	关于进一步加强和改进学校德育工作的若干意见	中共中央
5	1995 年 11 月	中国普通高等学校德育大纲	国家教委
6	1996 年 10 月	关于加强社会主义精神文明建设若干重要问题的决议	中共中央

续表

序号	时间	政策文件	发文机构及发文号
7	1997 年 9 月	在党的第十五次全国代表大会上的报告	
8	1999 年 6 月	关于深化教育改革，全面推进素质教育的决定	中共中央、国务院（中发［1999］9 号）
9	1999 年 6 月	在第三次全国教育工作会议上的讲话	
10	1999 年 9 月	关于加强和改进思想政治工作的若干意见	中共中央（中发［1999］17 号）
11	2000 年 6 月	在党中央召开思想政治工作会议上的讲话	
12	2000 年 9 月	关于加强高等学校思想政治教育进网络工作的若干意见	教育部（教社政［2000］10 号）
13	2001 年 7 月	在中国共产党成立 80 周年大会上的讲话	
14	2001 年 7 月	教育部《关于普通高等学校“两课”教育教学中贯彻江泽民同志“七一”重要讲话精神》的通知	教育部（教社政［2001］5 号）
15	2001 年 9 月	公民道德建设实施纲要	中共中央（中发［2001］15 号）
16	2002 年 11 月	在党的第十六次全国代表大会上的讲话	

这一阶段，党的代表大会提出了思想政治教育的根本指导。党的十四大强调“把社会主义精神文明建设提高到新水平”；党的十四届六中全会通过了《关于加强社会主义精神文明建设若干重要问题的决议》，对思想道德建设和科学文化事业作出了详细的部署；2001 年 9 月中共中央颁布的《公民道德建设实施纲要》围绕“社会主义道德建设”作出

了系统的部署，其中强调“学校是进行系统道德教育的重要阵地”。在社会主义精神文明建设氛围下，我国教育改革和发展中更加强调素质教育，而素质教育最重要的是道德素养的提升。《中国教育改革和发展纲要》中共 12 次提到“德育”，认为学校德育即思想政治和品德教育。1994 年 6 月 14 日，江泽民在全国教育工作会议上的讲话中要求全党全社会认真实施这一纲要，强调“要抓紧对青少年学生的思想政治教育，培养有理想、有道德、有文化、有纪律的社会主义新人”，“要针对改革和建设过程中出现的新情况、新问题，不断加强和改进学校的思想政治工作和政治课教育”。中共中央颁布的《关于进一步加强和改进学校德育工作的若干意见》专门针对学校德育工作从 25 个方面进行了部署，《中国普通高等学校德育大纲（试行）》就高等学校德育目标、内容、原则、途径、考评、实施细则做了系统的布置。1999 年 6 月中共中央、国务院颁布的《关于深化教育改革，全面推进素质教育的决定》要求“全面推进素质教育，培养适应 21 世纪现代化建设需要的社会主义新人”，“实施素质教育，必须把德育、智育、体育、美育等有机地统一在教育活动的各个环节中”，这表明德育是素质教育的首要问题。第三次全国教育工作会议讨论了如何贯彻落实上述决定，江泽民发表讲话指出，“要说素质，思想政治素质是最重要的素质”，“不断增强学生和群众的爱国主义、集体主义、社会主义思想，是素质教育的灵魂。”《关于加强和改进思想政治工作的若干意见》基于新的历史条件，对思想政治工作进行了系统部署，强调“各级各类学校都要认真贯彻党的教育方针，坚持社会主义办学方向，全面推进素质教育”。

党的十五大将邓小平理论写入党章，江泽民在党的十五大报告中指出，“要始终不渝地用邓小平理论教育干部和群众，培养德智体美等全面发展的社会主义事业的建设者和接班人。”江泽民在中国共产党成立 80 周年大会上，深刻阐述了“三个代表”重要思想的科学内涵和基本内容，使“三个代表”重要思想实现了理论化和系统化。2001 年 7 月 26 日《关于普通高等学校“两课”教育教学中贯彻江泽民同志“七一”重要讲话精神的通知》中提出“贯彻‘三个代表’重要思想，是当前高校一项重要的政治任务”。2002 年 11 月党的十六大报告中指出，“把依法治国和以德治国相结合，开创中国特色社会主义事业的新局面”，“要坚持贯彻‘三个代表’重要思想”，“切实加强思想道德建设，特别要加强青少年的思想道德建设”。

（三）2003—2012 年：社会主义核心价值体系逐步形成并引入教育全过程

我国进入全面建设小康社会，加快推进社会主义现代化建设，开创中国特色社会主义的新局面，形成了以人为本的科学发展观，社会主义核心价值体系逐步形成。这一阶段思想政治教育相关政策（详见表 1-3）涉及了教育对象的思想观念、政治观点、道德规范、身心健康及教育者的素质、队伍等。党的十六届三中全会公报中提出，“要坚持以人为本，树立全面、协调、可持续的发展观，促进经济社会和人的全面发展。”2004 年 8 月 26 日中共中央、国务院颁布的《关于进一步加强和改进大学生思想政治教育的意见》（以下简称《意见一》），要求大学生思想政治教育坚持以马克思列宁主义、毛泽东思想、邓小平理论和“三个代表”重要思想为指导，深入贯彻党的十六大精神，全面落实党的教育方针，紧密结合全面建设小康社会的实际，以理想信念教育为核心，以爱国主义教育为重点，以思想道德建设为基础，以大学生全面发展为目标，坚持以人为本，贴近实际、贴近生活、贴近学生，努力提高思想政治教育的针对性、实效性和吸引力、感染力，培养德智体美全面发展的社会主义合格建设者和可靠接班人。2005 年 1 月，加强和改进大学生思想政治工作的会议围绕理想信念教育、爱国主义教育、公民道德教育、素质教育回答了培养什么样的人、如何培养人的社会主义教育事业发展的根本问题。教育部联合有关部委围绕高校思想政治理论课、大学生心理健康教育、高校辅导员班主任队伍建设、大学生思想政治工作测评体系等颁布了相关的决定和意见，发布了《关于整体规划大中小学德育体系的意见》。

表 1-3　2003—2012 年价值育人主要相关政策文件

序号	时间	政策文件	发文机构及发文号
1	2003 年 10 月	在党的十六届三中全会上的讲话	
2	2004 年 8 月	关于进一步加强和改进大学生思想政治教育的意见	中共中央、国务院（中发［2004］16 号）
3	2005 年 1 月	在全国加强和改进大学生思想政治教育工作会议上的讲话	
4	2005 年 2 月	关于进一步加强和改进高等学校思想政治理论课的意见	中宣部、教育部（教社政［2005］5 号）
5	2005 年 4 月	关于整体规划大中小学德育体系的意见	教育部（教社政［2005］11 号）
6	2006 年 3 月	中共教育部党组《关于学习贯彻胡锦涛总书记讲话精神　切实加强社会主义荣辱观教育》的通知	中共教育部党组（教党［2006］4 号）
7	2006 年 5 月	普通高等学校辅导员队伍建设规定	教育部（中华人民共和国教育部令第 24 号）
8	2007 年 10 月	中共教育部党组《关于教育战线认真学习贯彻党的十七大精神》的通知	中共教育部党组（教党［2007］25 号）
9	2009 年 5 月	中共教育部党组关于学习贯彻纪念“五四”运动 90 周年大会精神的通知	中共教育部党组（教党［2009］14 号）
10	2010 年 7 月	国家中长期教育改革和发展规划纲要（2010—2020 年）	中共中央、国务院（中发［2010］12 号）
11	2011 年 2 月	普通高等学校学生心理健康教育工作基本建设标准（试行）	教育部（教思政厅［2011］1 号）

续表

序号	时间	政策文件	发文机构及发文号
12	2012 年 2 月	全国大学生思想政治教育工作测评体系（试行）	中宣部、教育部（教思政〔2012〕2 号）
13	2012 年 2 月	教育系统深入开展学雷锋活动实施方案	中共教育部党组（教党〔2012〕5 号）
14	2012 年 11 月	中共教育部党组《关于教育系统认真学习贯彻党的十八大精神》的通知	中共教育部党组（教党〔2012〕35 号）

教育部党组先后印发了有关文件，以社会主义核心价值体系引导育人的方向。《关于学习贯彻胡锦涛总书记讲话精神，切实加强社会主义荣辱观教育的通知》要求引导青少年学生树立以“八荣八耻”为内容的社会主义荣辱观，切实加强青少年学生思想道德建设。《关于教育战线认真学习贯彻党的十七大精神的通知》要求坚定不移高举中国特色社会主义伟大旗帜，深入贯彻落实科学发展观，坚持育人为本、德育为先，把立德树人作为教育的根本任务，把社会主义核心价值体系融入国民教育和精神文明建设全过程。《关于学习贯彻纪念“五四”运动 90 周年大会精神的通知》认为“五四”精神对新形势下进一步加强和改进中小学德育和大学生思想政治教育工作、办好人民满意的教育具有重大指导意义。《教育系统深入开展学雷锋活动实施方案》是“推动学雷锋活动常态化，大力弘扬雷锋精神，促进社会主义核心价值体系建设”的具体行动方案。《关于教育系统认真学习贯彻党的十八大精神的通知》要求进一步落实立德树人的根本任务，将“倡导富强、民主、文明、和谐，倡导自由、平等、公平、正义，倡导爱国、敬业、诚信、友善”融入国民教育全过程。

（四）2013 年以来：社会主义核心价值观成为育人的核心内容

党的十八大以来，中国特色社会主义进入新时代，全面建成小康社会进入决胜期，实现中华民族伟大复兴的中国梦，全面建成富强民主文明和谐美丽的社会主义现代化强国，培育和践行社会主义核心价值观成为教育的核心内容和主要任务。推进中国梦主题教育和培育社会主义核心价值观，成为新时代思想政治教育相关政策（详见表 1-4）的主题。"实现中华民族伟大复兴中国梦"提出后，"中国梦"主题教育活动在全国各级各类学校开展。《关于在"五四"期间深入开展中国梦宣传教育活动的通知》《关于加强和改进高校青年教师思想政治工作的若干意见》《关于教育系统学习贯彻习近平总书记五四重要讲话精神的通知》，强调用中国梦打牢青年师生的共同思想基础，教育引导青年师生坚定理想信念教育。社会主义核心价值观是社会主义核心价值体系最深层的精神内核，是全面建成小康社会时期人民价值追求的最大公约数。《关于培育和践行社会主义核心价值观的意见》，明确了培育和践行社会主义核心价值观的重要意义和指导思想，提出了培育和践行社会主义核心价值观的具体部署，将其融入国民教育全过程，落实到经济发展和社会治理中，加强宣传教育、开展实践活动、加强组织领导。《青年要自觉践行社会主义核心价值观》《从小积极培育和践行社会主义核心价值观》《关于在各级各类学校推动培育和践行社会主义核心价值观长效机制建设》系列文件，从不同维度、不同方面作出了培育青少年社会主义核心价值观的针对性部署。

表 1-4　2013 年至今价值育人主要相关政策文件

序号	时间	政策文件	发文机构及发文号
1	2013 年 2 月	中共教育部党组《关于在全国各级各类学校深入开展"我的中国梦"主题教育活动》的通知	中共教育部党组（教党［2013］2 号）
2	2013 年 5 月	同各界优秀青年代表座谈时的讲话	

续表

序号	时间	政策文件	发文机构及发文号
3	2013年5月	关于加强和改进高校青年教师思想政治工作的若干意见	中组部、中宣部、中共教育部党组（教党［2013］12号）
4	2013年5月	中共教育部党组《关于教育系统学习贯彻习近平总书记“五四”重要讲话精神》的通知	中共教育部党组（教党［2013］8号）
5	2013年8月	关于在全国各级各类学校深入开展“爱学习、爱劳动、爱祖国”教育的意见	中共教育部党组（教党［2013］25号）
6	2013年8月	在全国宣传思想工作会议上的讲话	
7	2013年9月	中共教育部党组《关于在教育系统深入学习贯彻全国宣传思想工作会议精神》的通知	中共教育部党组（教党［2013］26号）
8	2013年11月	关于教育系统深入学习贯彻习近平总书记系列讲话精神的意见	中共教育部党组（教党［2013］34号）
9	2013年12月	关于培育和践行社会主义核心价值观的意见	中共中央办公厅（中办发［2013］24号）
10	2014年3月	关于全面深化课程改革落实立德树人根本任务的意见	教育部（教基二［2014］4号）
11	2014年5月	在北京大学师生座谈会上的讲话：青年要自觉践行社会主义核心价值观	
12	2014年5月	在北京市海淀区民族小学主持召开座谈会时的讲话：从小积极培育和践行社会主义核心价值观	

续表

序号	时间	政策文件	发文机构及发文号
13	2014 年 10 月	关于在各级各类学校推动培育和践行社会主义核心价值观长效机制建设的意见	中共教育部党组、共青团中央（教党［2014］40 号）
14	2015 年 7 月	关于领导干部上讲台开展思想政治教育的意见	中组部、中宣部、教育部（教思政［2015］4 号）
15	2016 年 12 月	在全国高校思想政治工作会议上的讲话	
16	2016 年 12 月	中共教育部党组《关于学习贯彻落实全国高校思想政治工作会议精神》的通知	中共教育部党组（教党［2016］58 号）
17	2017 年 8 月	中小学德育工作指南	教育部（教基［2017］8 号）
18	2017 年 12 月	高校思想政治工作质量提升工程实施纲要	中共教育部党组（教党［2017］62 号）

2013 年 8 月，习近平在全国宣传思想工作会议上作了重要讲话——《胸怀大局把握大势着眼大事，努力把宣传思想工作做得更好》，这是此阶段全国思想工作的指导方针，要求积极培育和践行社会主义核心价值观，全面提升公民道德素质，培育知荣辱、讲正气、作奉献、促和谐的良好风尚。2016 年 12 月，习近平在全国高校思想政治工作会议上的讲话，是新时代高校育人的指南，他指出，“要坚持把立德树人作为中心环节，把思想政治工作贯穿教育教学全过程，实现全程育人、全

方位育人”。[①] 中共教育部党组颁布的《关于在教育系统深入学习贯彻全国宣传思想工作会议精神的通知》《关于教育系统深入学习贯彻习近平总书记系列讲话精神的意见》《关于学习贯彻落实全国高校思想政治工作会议精神的通知》对价值育人做了具体的部署。同时，这一阶段提出的全程育人、全方位育人，即要求建立“大思政”格局，《关于领导干部上讲台开展思想政治教育的意见》要求“充分发挥领导干部在宣讲党的基本理论、基本路线、基本纲领、基本经验、基本要求和重大政策上的示范带动作用”，是构建“大思政”格局的具体政策要求。

二、改革开放以来价值育人的政策特征

（一）价值育人的“价值”与经济、社会发展之间具有一致性

价值育人作为党的优良传统，在社会主义革命、建设、改革各个历史时期，都具有重要的地位和功能。价值育人是团结人民完成各项任务的中心环节，是社会主义精神文明建设的基础工程，是促进人的全面发展的重要途径。培育和践行社会主义核心价值观，保证教育改革和发展的正确政治方向，增强民族凝聚力，构建精神家园。价值育人的指导思想和工作任务既存在着稳定性的内容，又随着社会主义经济建设、社会发展的变化而变化。价值教育的稳定性，表现在思想政治教育始终以马克思主义理论为指导思想和主要内容，始终服务于社会主义建设者和接班人的培养，但其他随着社会主义建设、改革各时期的中心任务的转变而有所变化。

党的十一届三中全会作出将党的工作重心转移至经济建设上来，价值育人中的“价值”作出了由长期服务于阶级斗争向为经济建设服务的

① 张烁. 把思想政治工作贯穿教育教学全过程 开创我国高等教育事业发展新局面[N]. 人民日报,2016-12-09(1).

历史性转变，为社会主义经济建设提供了强大的智力支持。随着改革开放的深入发展，社会主义市场经济体制逐步建立，社会主义经济领域取得重大发展，人们物质生活水平极大提高，而精神生活领域出现了享乐主义、拜金主义等问题，资产阶级自由化思想和一些错误社会思潮影响并削弱了主流价值观的教育功能，基于此，价值育人要求加强思想政治教育，明确我国教育的社会主义性质，进行爱国主义、集体主义、社会主义的主旋律教育，实现物质文明和精神文明“两手抓、两手都要硬”。随着社会生产力水平进一步提高，社会发展出现了不和谐因素，中共中央提出构建社会主义和谐社会，形成科学发展观，以科学发展观为指导，价值育人突出了人的全面发展，以推进社会发展和人的全面发展为目标，实现了社会价值和个体价值的统一。党的十八大以来，中共中央提出全面建成小康社会、实现中华民族伟大复兴、全面建成社会主义现代化强国的目标，价值育人要求思想政治教育以培育和践行社会主义核心价值观为中心任务，以培育担当民族复兴大任的时代新人为目标。

（二）社会主义核心价值观的形成和塑造具有历史性和兼容性

富强、民主、文明、和谐，自由、平等、公正、法治，爱国、敬业、诚信、友善，由这24字组成的社会主义核心价值观，明确了国家层面的价值目标、社会层面的价值取向、个人层面的价值准则，是我国现阶段社会发展追求价值的最大公约数，是当代中国精神的集中体现，凝结着全体人民共同的价值追求。社会主义核心价值观形成于社会主义发展全过程，继承了中华优秀传统文化，借鉴吸收了外来文化。

党的十一届三中全会确立社会主义经济建设是目前最大的政治以来，形成了以经济建设为中心、坚持四项基本原则、坚持改革开放的党的基本路线。对“什么是社会主义，怎样建设社会主义”这一时代主题的回答，是关于国家性质、国家发展目标的回答。伴随着社会主义经济的发展，要求建立与物质生活相适应的精神文化生活，提出了物质文明和精神文明“两手抓、两手都要硬的战略目标”。构建社会主义和谐社会，要求社会主义经济、政治、文化、社会、生态全面发展。国家层面的价值目标伴随着社会主义现代化建设进程被明确下来。社会生产力水平发展到一定程度，实现了国家的富强，一部分人先富起来之后，产生了众多的社会问题，要求构建社会层面的价值取向。社会关系是由经济关系、政治关系、法律关系等所组成，构建社会层面的价值取向，就是形成科学处理社会关系的判断标准。个人是社会的细胞，社会主义核心价值观中个人层面的价值准则是在社会发展过程中国家政策演变过程中形成的，爱国主义是中华民族的优良传统，爱国主义教育是社会主义精神文明建设的一项重要任务，是宣传教育和思想政治工作的一项基本内容，伴随着国家教育政策制定的始终。公民道德建设实施纲要是针对社会主义现代化建设过程中人民群众思想道德领域出现的问题及时提出的规范性纲领，在其制定和推行过程中不断完善着社会公德、家庭美德、个人品德的要求，丰富了社会主义核心价值观中关于个人层面的价值准则。

价值观是关于价值取向、价值判断的根本关观点，包含着一系列的要素，其中文化是价值观的核心。社会主义核心价值观的形成既吸收了中华优秀传统文化，继承了革命文化，发展了社会主义先进文化，又借鉴了外来文化，表现出兼容并蓄性。习近平强调，“要深入挖掘和阐发中华优秀传统文化讲仁爱、重民本、守诚信、崇正义、尚和同、求大同的时代价值，使中华优秀传统文化成为涵养社会主义核心价值观的重要源泉。”① 同时，社会主义核心价值观，把涉及国家、社会、公民的价值要求融为一体，既体现了社会主义本质要求，也吸收了世界文明有益成果，传承着中国优秀传统文化，寄托着近代以来中国人民上下求索、历经千辛万苦确立的理想和信念，承载着每个人的美好愿景。

（三）价值育人的内容、体系和目标逐步调整完善、与时俱进

价值育人的内容不是一成不变的，不同时代、不同社会条件对教育内容有不同的要求，价值育人需要把握时代主题，顺应时代要求，体现

---

① 习近平谈治国理政(第1卷)[M].北京:外文出版社,2018.164.

时代精神，解答时代课题。改革开放初期，价值育人要求进行系统的马克思列宁主义、毛泽东思想基本理论教育，革命理想教育，共产主义道德品质教育，着重进行坚持四项基本原则教育，聚焦于“五讲四美”文明礼貌活动的开展。改革开放中期，围绕社会主义现代化建设这个中心，围绕和结合经济、科技、教育等方面的改革，价值育人坚持社会主义精神文明建设指导方针，进行共同理想教育、社会主义道德教育、民主法制教育。“三个代表”重要思想确立为党的指导思想，价值育人即以“三个代表”重要思想为理论指导，开展党的先进性教育。科学发展观提出后，价值育人要求坚持以人为本，以深入学习和践行科学发展观为思想政治教育的核心内容。党的十八大以来，党内开展了群众路线教育实践活动、“三严三实”专题教育、“两学一做”学习教育，丰富了党内思想政治教育的内容，中国特色社会主义进入新时代，形成了习近平新时代中国特色社会主义思想，价值育人要求思想政治教育以习近平新时代中国特色社会主义思想为指导，将其纳入教育内容体系，进行习近平新时代中国特色社会主义思想“进教材、进课堂、进头脑”的教育实践活动。

价值育人的体系随着思想政治工作实施主体的变化而变化。价值育人体系最初由学校德育体系，发展为以国家、学校、社会合力的体系，现在演变为“全员育人、全过程育人、全方位育人”的价值育人体系。价值育人体现了时代对受教育者的要求。党的基本路线的确定，要求价值育人适应社会主义现代化建设的需要，培养有理想、有道德、有文化、有纪律的社会主义新人。学习贯彻“三个代表”重要思想时期，价值育人确立了提升党员先进性的教育目标。坚持以人为本为核心的科学发展观，构建社会主义和谐社会，要求价值育人由注重社会发展转向将社会发展与人的全面发展相结合，突出促进人的发展为中心的培养目标。全面建成小康社会，价值育人以培育和践行社会主义核心价值观为核心目标，为全面建成小康社会提供凝聚力。党的十九大报告指出，“要以培养担当民族复兴大任的时代新人为着眼点，强化教育引导、实践养成、制度保障，发挥社会主义核心价值观对国民教育、精神文明创建、精神文化产品创作生产传播的引领作用，把社会主义核心价值观融入社会发展各方面，转化为人们的情感认同和行为习惯。”①

三、价值育人新形势、新挑战和新问题

（一）新形势

习近平强调，要教育引导学生正确认识世界和中国发展大势。中国特色社会主义进入新时代，新时代所处的国际国内形势均发生了新的变化。从国际范围来看，经济全球化、政治多极化、文化多样化向纵深发展，各国之间政治对话、文化交流交融进一步加强，推进世界和平与发展的同时，问题也层出不穷，尤其是价值冲突，“文明的冲突——基于世界秩序的重建”“历史的终结”“意识形态的终结”等都凸显了价值冲突，彰显了价值育人的必要性和重要性。从国内形势来看，其一，新时代中国特色社会主义进入到全面建成小康社会决胜阶段，在“五位一体”总体布局和“四个全面”战略布局的基础上，做出了从全面建成小康社会到基本实现现代化，再到全面建成社会主义现代化强国的战略安排。其二，在中国特色社会主义道路自信、理论自信、制度自信、文化自信的基础上推进21世纪中国特色社会主义的发展，什么是中国特色社会主义，怎样建设中国特色社会主义成为时代课题。其三，随着新媒体快速发展，国际国内、线上线下、体制内外、虚拟现实等界限模糊，构成了越来越复杂的大舆论场，这一舆论场形成了积极和消极两种舆论形势。其四，伴随着社会主义建设、改革过程形成的社会主义核心价值观，价值育人经过范式转变、话语转化，丰富了其科学内涵、拓展了其外延。

（二）新挑战和新问题

世界各国文化相互交流交融，使标榜着西方国家意识形态的文化产

① 习近平. 决胜全面建成小康社会夺取新时代中国特色社会主义伟大胜利[M]. 北京：人民出版社，2017. 42.

品充斥于大众文化、青年亚文化消费中，对社会公众尤其是青少年的影响较为严重。多样的社会思潮，借助互联网络的传播渠道，冲击着主流意识形态的主导地位，对社会主义意识形态建设产生了极大挑战。中国特色社会主义进入新时代，我国社会主要矛盾已经转化为人民日益增长的美好生活的需要和不平衡不充分的发展之间的矛盾。人民在满足基本的物质文化生活的基础上，提出了更丰富更高层次的需要，而地区之间、行业之间、服务对象之间的不平衡及发展质量和发展效益的不充分成为人民群众追逐美好生活需要的主要制约因素，解决新时代我国社会的主要矛盾也成为一项新的挑战。

新时代中国特色社会主义伟大实践中价值育人需要解决以下新的问题。其一，如何实现社会成员的思想道德水平与社会发展水平相一致、相适应。其二，如何建设具有强大凝聚力和引领力的社会主义意识形态，处理好社会主义意识形态的主导性与包容性。其三，如何发展网络思想政治教育新形态，实现网络场域下思想政治教育主客体间的动态融合，正确处理网内和网外思想政治教育的关系。其四，如何构建新时代思想政治教育队伍，引导思想政治教育队伍的多元化、全面性。其五，如何以社会主义核心价值观教育为中心任务，形成多种样态的社会主义核心价值观教育活动，尤其注重新媒体领域的拓展，运用自媒体丰富社会主义核心价值观的内容载体和传播途径，以提升价值育人的有效性。

四、新时代价值育人的趋势和政策路径

（一）社会主义核心价值观融入“五位一体”总体布局

从全面建成小康社会到基本实现现代化，再到全面建成社会主义现代化强国，是新时代中国特色社会主义发展的战略安排。全面建成社会主义现代化强国，即实现我国物质文明、政治文明、精神文明、社会文明、生态文明的统一，建成富强民主文明和谐美丽的社会主义现代化强国。我国确立了“五位一体”的总体布局和“四个全面”的战略布局，

以支撑国家战略的实现。习近平指出，我国是一个有着13亿多人口、56个民族的大国，确立反映全国各族人民共同认同的价值观“最大公约数”，使全体人民同心同德、团结奋进，关乎国家前途命运，关乎人民幸福安康。因此，新时代价值育人过程首先要认识到社会主义核心价值观的根本内涵与新时代中国特色社会主义伟大实践是相辅相成的。

1. 国家层面的价值要求

社会主义核心价值观中关于国家层面的价值目标是富强、民主、文明、和谐，它与新时代社会主义经济、政治、文化、社会、生态中实现富强、民主、文明、和谐、美丽的现代化建设存在着契合性。首先要求社会主义经济建设、政治建设、文化建设、社会建设、生态建设以社会主义核心价值观为指引。“富强”即国民经济富裕、综合国力强大。解放和发展生产力是社会主义的本质要求，全面建成小康社会，就是要以提高生产力水平为基础，协调地区之间、行业之间、对象之间发展的不平衡，以创新驱动发展，提高发展质量和发展效益，构建现代化的经济体系，推进富强的社会主义经济建设。“民主”即发展社会主义民主政治，保证人民当家做主。以民主作为政治建设领域的价值指导，就是坚持党的领导、人民当家做主、依法治国有机统一，发挥社会主义协商民主的重要作用，巩固和发展爱国统一战线，以完善和发展中国特色社会主义政治制度。“文明”是对社会主义精神生活建设的价值指引，体现了物质文明和精神文明“两手抓，两手都要硬”的一脉相承性。“和谐”要求人与人之间的和谐、人与社会之间的和谐、人与自然的和谐，是对社会主义社会建设、生态建设的观念指引，要求加强和创新社会治理，实现共建共治共享的治理格局，以尊重自然、顺应自然、保护自然，建设美丽中国。

2. 社会层面的价值要求

社会主义经济、政治、文化、社会、生态的总体布局为新时代中国特色社会主义伟大实践指明了方向，全面改革开放、全面建成小康社会、全面依法治国、全面从严治党为新时代中国特色社会主义伟大实践提供了根本动力、奋斗目标、法治保障、核心领导。“自由、平等、公正、法治”从社会层面的价值取向对社会主义建设提出了价值遵循，在尊重市场经济规律基础上实现市场主体的地位平等、自由竞争、公平交易；扩大人民有序政治参与，加强人权法治保障，保证人民依法享有广泛权利和自由；全面依法治国，维护国家法制统一、尊严、权威，为全面深化改革、全面建成小康社会、全面从严治党提供法律保障。

3. 个人层面的价值要求

个人是社会的细胞，“爱国、敬业、诚信、友善”的个人层面的价值准则，“价值观念在一定社会的文化中是起中轴作用的，文化的影响力首先是价值观念的影响力”①，“加强文化建设要有主心骨”②，即以培育和践行社会主义核心价值观，推动中华优秀传统文化创造性转化、创新性发展，继承革命文化，发展社会主义先进文化，借鉴吸收外来文化，推动社会主义文化繁荣兴盛，更好构筑中国精神、中国价值、中国力量，为人民在新时代中国特色社会主义伟大实践中提供精神指引。

“历史和现实都表明，核心价值观是一个国家的重要稳定器，能够构建具有强大感召力的核心价值观，关系社会和谐稳定，关系国家长治久安。”③ 富强、民主、文明、和谐，自由、平等、公正、法治，爱国、敬业、诚信、友善，分别是国家层面、社会层面、公民层面的价值要求，社会主义核心价值观的这一概括，实际上回答了我们要建设什么样的国家、建设什么样的社会、培养什么样的公民的重大问题。

（二）社会主义核心价值观有效融入国民教育的全过程

习近平强调，“教育引导是培育和践行社会主义核心价值观的基础性工作”④，要将价值育人贯穿教育全过程，实现全员育人、全过程育人、全方位育人。培育和践行社会主义核心价值观，要将其融入国民教育全过程。在层级跨度上包括各学段教育，在内容样态上包括各形式教育，在教育途径上包括各途径教育。

---

① 习近平关于社会主义文化建设论述摘编[M]. 北京：中央文献出版社，2017. 105.

② 傅义洲. 习近平在江苏调研时强调主动把握和积极适应经济发展新常态推动改革开放和现代化建设迈上新台阶[EB/OL]. www. gov. cn/xinwen/2014-12/14/content 2790910. htm, 2014-12-14.

③ 习近平关于社会主义文化建设论述摘编[M]. 北京：中央文献出版社，2017. 106.

④ 习近平关于社会主义文化建设论述摘编[M]. 北京：中央文献出版社，2017. 108.

1. 将社会主义核心价值观融入各学段教育

将社会主义核心价值观贯穿至学前教育、义务教育、高中教育、高等教育学段。“培育和践行社会主义核心价值观必须从小抓起、从学校抓起。”① 习近平在十八届中央政治局第十三次集体学习时的这一讲话要求将社会主义核心价值观融入教育各学段。融入过程中要注意教育对象特点，针对中小学生、大学生、教育工作者，要根据其不同特点、不同要求采取不同的培养方式。针对少年儿童进行社会主义核心价值观的教育，习近平指出，“应该同成年人不一样，要适应少年儿童的年龄和特点。我看，主要是做到记住要求、心有榜样、从小做起、接受帮助。”② “学校要把德育放在更加重要的位置，全面加强校风、师德建设，坚持教书育人，根据少年儿童特点和成长规律，循循善诱，春风化雨，努力做到每一堂课不仅传播知识，而且传授美德，每一次活动不仅健康身心，而且陶冶性情，让同学们都得到倾心关爱和真诚帮助，让社会主义核心价值观的种子在学生们心中生根发芽。”③ “用社会主义核心价值观教育学生，引导他们扣好人生的第一粒扣子，是高校思想政治工作的使命所在”④，这是将社会主义核心价值观教育融入至高等教育的要求。习近平针对青年讲社会主义核心价值观这个问题时指出，“青年要从现在做起，从自己做起，使社会主义核心价值观成为自己的基本遵循，并身体力行大力将其推广到全社会去。”⑤ “广大青年树立和培育社会主义核心价值观，要在以下几点上下功夫：一是要勤学，下得苦功夫，求得真学问。二是要修德，加强道德修养，注重道德实践。三是要明辨，善于明辨是非，善于决断选择。四是要笃实，扎扎实实干事，踏

---

① 习近平关于社会主义文化建设论述摘编[M]. 北京：中央文献出版社，2017. 109.

② 习近平. 从小积极培育和践行社会主义核心价值观——在北京市海淀区民族小学主持召开座谈会时的讲话[N]. 人民日报，2014-05-31(2).

③ 习近平. 从小积极培育和践行社会主义核心价值观——在北京市海淀区民族小学主持召开座谈会时的讲话[N]. 人民日报，2014-05-31(2).

④ 张烁. 把思想政治工作贯穿教育教学全过程 开创我国高等教育事业发展新局面[N]. 人民日报，2016-12-09(1).

⑤ 习近平关于社会主义文化建设论述摘编[M]. 北京：中央文献出版社，2017. 117.

踏实实做人。”①

2. 将社会主义核心价值观融入教育全过程

将社会主义核心价值观融入课堂教学、校园活动、社会实践等教育教学全过程。将社会主义核心价值观融入教育各学段、各领域，不仅在形式上要求将其贯穿至整个教育教学过程，更要求通过实际的教育教学活动实现社会主义核心价值观的教育效果。习近平在十八届中央政治局第十三次集体学习时的讲话中指出，“要把社会主义核心价值观的基本内容和要求渗透到学校教育教学之中，体现在学校日常管理之中，做到进教材、进课堂、进头脑。”② 运用课堂教学进行社会主义核心价值观教育，即将社会主义核心价值观的内容、性质、意义等理论知识传授给学生，使学生把握社会主义核心价值观的科学内涵、丰富意蕴。习近平在对少年儿童的社会主义核心价值观培育过程中谈道，“少先队要坚持开展组织教育、自主教育、实践活动，更好为少年儿童培育和践行社会主义核心价值观服务，把广大少年儿童团结好、教育好、带领好。”③这就要求运用校园活动进行社会主义核心价值观教育，如知识竞赛、专题讲座、构建文明校园等，以学生喜闻乐见的活动形式，激发学生积极参与，深化对社会主义核心价值观的认识和理解。运用实践活动进行社会主义核心价值观教育，如参与共建和谐社区、参与政治活动正确行使公民政治权利等，使学生在社会实践活动中深刻理解社会主义核心价值观，内化于心、外化与行。

3. 运用多种介质培育社会主义核心价值观

融入国民教育全过程的社会主义核心价值观教育介质包括教学活动、学校文化、学校媒体等，根据对象、环境等有针对性地选择教育介质。教学活动是学校教育最基本的形式，主要指课堂教学。通过课堂教学实现社会主义核心价值观的培育，需要根据教育对象制定恰当的教学目标和内容、设计完备的教学环节、选择高效的教学形式等。利用学校

---

① 习近平. 青年要自觉践行社会主义核心价值观——在北京大学师生座谈会上的讲话[N]. 人民日报,2014-05-05(2).

② 习近平关于社会主义文化建设论述摘编[M]. 北京:中央文献出版社,2017. 109.

③ 习近平. 从小积极培育和践行社会主义核心价值观——在北京市海淀区民族小学主持召开座谈会时的讲话[N]. 人民日报,2014-05-31(2).

文化进行社会主义核心价值观的培育，要求立足学校的优良传统、校园风貌、校风校纪等，营造体现社会主义核心价值观的校园文化，以实现对学生的潜移默化影响。学校媒体包括校园广播、学校网站、校园论坛等，针对在互联网高速发展进程中成长起来的青年学生，要利用互联网络进行社会主义核心价值观的培育。

（三）创新和完善社会主义核心价值观的宣传教育活动

习近平强调，“切实把社会主义核心价值观贯穿于社会生活方方面面”[①]，“要区分层次、突出重点，在全社会广泛开展社会主义核心价值观宣传教育”[②]。培育和弘扬社会主义核心价值观作为凝魂聚气、强基固本的基础工程，不仅仅局限于教育领域，不仅仅局限于学生群体，而要使之成为全体人民的共同价值追求。要在全社会范围内加强和巩固社会主义核心价值观宣传教育活动。

1. 以社会主义核心价值观引领多元社会思潮

伴随着经济全球化而来的是文化的交流交锋，加之互联网络的发展，人们思想观念受到多元文化的影响。社会思潮对人们的思想观念影响深远。人民论坛关于“当前国内社会思潮”的调查报告显示，“综合筛选出2017年国内值得关注的社会思潮，它们分别是：民粹主义、民族主义、生态主义、消费主义、泛娱乐化主义、激进左派、文化保守主义、历史虚无主义、新自由主义、普世价值论”[③]。就历史虚无主义来说，它以唯心史观为指导，打着重评历史的旗号，选择性否定中华人民共和国史，以改革开放前的历史否定改革开放后的历史，以改革开放后的历史否定改革开放前的历史。这一思潮满足人们的猎奇心理，在青年学生中传播尤为广泛。习近平指出，要牢牢掌握意识形态工作领导权，要以培育和弘扬社会主义核心价值观为中心，引领全体人民在理想信念、价值观念、道德观念上团结一致，建设具有强大凝聚力和引领力的社会主义意识形态。

---

① 习近平关于社会主义文化建设论述摘编[M]. 北京：中央文献出版社，2017. 108.

② 习近平关于社会主义文化建设论述摘编[M]. 北京：中央文献出版社，2017. 108.

③ 陈琳，单宁. 当前国内社会思潮趋势走向[J]. 人民论坛，2018-02(下)：12.

2. 建设社会主义核心价值观的网络宣传阵地

习近平指出，网络空间是亿万民众共同的精神家园，“做好网上舆论工作是一项长期任务，要创新改进网上宣传，运用网络传播规律，弘扬主旋律，激发正能量，大力培育和践行社会主义核心价值观，把握好网上舆论引导的时、度、效，使网络空间清朗起来。”① 建设社会主义核心价值观网络宣传阵地，首先要“抢占”网络，扩大社会主义核心价值观在网络的传播面和传播速度，以各种形式增加社会主义核心观的网络传播面和传播量。其次，注重网络传播中社会主义核心价值观内容的构建。基于社会主义核心价值观的科学内涵，结合互联网传播形式的特点，以网民喜闻乐见的形式构建社会主义核心价值观网络传播内容，如将社会主义核心价值观的内容附以动漫、直播、弹幕等网络形式进行传播。再次，利用自媒体等新兴网络媒介进行社会主义核心价值观教育；利用多种媒介，如微博、微信、公众号等媒体，扩大社会主义核心价值观在网络平台上的传播范围和传播速度。

3. 丰富社会主义核心价值观宣传形式与载体

习近平指出，“要把社会主义核心价值观的要求融入各种精神文明创建活动之中，吸引群众广泛参与，推动人们在为家庭谋幸福、为他人送温暖、为社会作贡献的过程中提高精神境界、培育文明风尚”；② “要利用各种时机和场合，形成有利于培育和弘扬社会主义核心价值观的生活情景和社会氛围，使核心价值观的影响像空气一样无所不在、无时不有”③；区分层次、突出重点，在全社会广泛开展社会主义核心价值观宣传教育，积极开发和丰富图像化传播形式和载体。自培育和弘扬社会主义核心价值观以来，公益广告在社会主义核心价值观教育中发挥了积极的效果，要坚持和丰富以公益广告为载体的社会主义核心价值观宣传教育。除此之外，还可借助影视剧（如《厉害了，我的国》）、文化惠民

① 习近平主持召开中央网络安全和信息化领导小组第一次会议强调：总体布局统筹各方创新发展　努力把我国建设成为网络强国[N]. 人民日报，2014-02-28(1).

② 把培育和弘扬社会主义核心价值观作为凝魂聚气强基固本的基础工程[N]. 人民日报，2014-09-26(1).

③ 把培育和弘扬社会主义核心价值观作为凝魂聚气强基固本的基础工程[N]. 人民日报，2014-09-26(1).

活动（如主题文艺活动下乡表演）等，为不同地区、不同人群提供主题鲜明、喜闻乐见的社会主义核心价值观宣传教育活动。在注重开发多样化宣传形式与载体的同时要更加注重内容创作，习近平在主持召开文艺座谈会时指出，“广大文艺工作者要高扬社会主义核心价值观的旗帜，把社会主义核心价值观生动活泼、活灵活现地体现在文艺创作之中，用栩栩如生的作品形象告诉人们什么是应该肯定和赞扬的，什么是必须反对和否定的，做到春风化雨、润物无声。”①

（四）创新和丰富社会主义核心价值观的实践教育活动

通过实践教育活动让人们在实践中感知、领悟社会主义核心价值观。立足社会主义核心价值观内容，开发多种形式的实践活动，注重践行，使社会主义核心价值观有效内化为人们的精神追求、外化为人们的自觉行动。

1. 吸收借鉴优秀传统文化基因

“中华优秀传统文化已经成为中华民族的基因，植根在中国人内心，潜移默化影响着中国人的思想方式和行为方式。”② 习近平指出，“对我们来说，博大精深的中华优秀传统文化是我们在世界文化激荡中站稳脚跟的根基。”③“要讲清楚中华优秀传统文化的历史渊源、发展脉络、基本走向，讲清楚中华文化的独特创造、价值理念、鲜明特色，增强文化自信和价值观自信。要认真汲取中华优秀传统文化的思想精华和道德精髓，大力弘扬以爱国主义为核心的民族精神和以改革创新为核心的时代精神，深入挖掘和阐发中华优秀传统文化讲仁爱、重民本、守诚信、崇正义、尚和合、求大同的时代价值，使中华优秀传统文化成为涵养社会主义核心价值观的重要源泉。”④ 中华文化强调“天人合一”，“和而不同”，“大道之行也，天下为公”，“天下兴亡，匹夫有责”，“君子喻于

---

① 习近平主持召开文艺工作座谈会强调坚持以人民为中心的创作导向　创作更多无愧于时代的优秀作品[N]. 人民日报，2014-10-16(1).

② 十八大以来重要文献选编(中)[M]. 北京：中央文献出版社，2016. 5.

③ 习近平关于社会主义文化建设论述摘编[M]. 北京：中央文献出版社，2017. 108.

④ 习近平在中共中央政治局第十三次集体学习时发表讲话：把培育和弘扬社会主义核心价值观作为凝魂聚气强基固本的基础工程[N]. 人民日报，2014-09-26(1).

义”，“君子坦荡荡”，“言必信，行必果”，“人而无信，不知其可也”，“仁者爱人”，“与人为善”，“己所不欲，勿施于人”，等等。这些在社会主义核心价值观中都能找到相对应的内容，中华优秀传统文化随着时间推移和时代变迁而不断与时俱进，又表现出自身的连续性和稳定性。传统节日、民风民俗等作为中华优秀传统文化的重要组成部分，是开展社会主义核心价值观实践教育活动有效途径。春节、元宵节、清明节、端午节、中秋节等传统节日及这些节日习俗，承载着社会主义核心价值观所倡导的精神，如端午节以纪念屈原，传播爱国主义精神为旨归；中秋节以阖家团圆来传递家庭美德等。要充分利用传统节日活动，开展社会主义核心价值观实践教育。

2. 发挥重要节日教育途径功能

习近平在中共中央政治局第十三次集体学习发表的讲话中强调，“要建立和规范一些礼仪制度，组织开展形式多样的纪念庆典活动，传播主流价值，增强人们的认同感和归属感。”① “在社会主义核心价值观中，最深层、最根本、最永恒的是爱国主义”②，爱国主义是中华民族精神的核心，维系着华夏大地上各个民族的团结统一，激励着一代又一代中华儿女为祖国发展繁荣而不懈奋斗。弘扬爱国主义精神，必须把爱国主义教育作为永恒主题。“要充分利用我国改革发展的伟大成就、重大历史事件纪念活动、爱国主义教育基地、中华民族传统节庆、国家公祭仪式等来增强人民的爱国主义情怀和意识。”③ 习近平同志关于爱国主义教育的指示，为开展爱国主义实践教育活动提供了具体指导。“砥砺奋进的五年”大型成就展集中展示了党的十八大以来社会主义经济建设、政治建设、文化建设、社会建设、生态文明建设以及国防和军队建设、中国特色大国外交、“一国两制”实践、党的建设等方面取得的辉煌成就，给参观者以直观感受，进而激发其对祖国的热爱。抗日战争胜利纪念日、南京大屠杀死难者公祭日等历史事件，均可以用来培养爱国

① 把培育和弘扬社会主义核心价值观作为凝魂聚气强基固本的基础工程[N]. 人民日报，2014-09-26(1).

② 十八大以来重要文献选编(中)[M]. 北京：中央文献出版社，2016. 134.

③ 大力弘扬伟大爱国主义精神 为实现中国梦提供精神支柱. 人民日报，2015-12-31(1).

主义精神。中国人民革命军事博物馆、中国人民抗日战争纪念馆等爱国主义教育基地等，都可以增强人们对国家的认同感和归属感。

3. 充分发挥文化教育活动功能

在实现中华民族伟大复兴的中国梦过程中，要坚定中国特色社会主义道路自信、理论自信、制度自信、文化自信。文化自信，是更基础、更广泛、更深厚的自信。习近平在十八届中央政治局第十二次集体学习时的讲话中指出，“价值观念在一定社会的文化中是起中轴作用的，文化的影响力首先是价值观念的影响力。”[①] 文化的核心是价值观，文化自信必然要求培育和践行社会主义核心价值观。习近平在“把培育和弘扬社会主义核心价值观作为凝魂聚气强基固本的基础工程”的讲话中强调，“要润物细无声，运用各类文化形式，生动具体地表现社会主义核心价值观，用高质量高水平的作品形象地告诉人们什么是真善美，什么是假恶丑，什么是值得肯定和赞扬的，什么是必须反对和否定的。”[②] 文化教育中，一是明确社会主义核心价值观的科学内涵，理解国家、社会、个人层面的价值要求；二是践行于文化生活各方面，作为文化创新、投身于中国特色社会主义伟大实践的基本准则；三是用社会主义核心价值观作为判定评价文化活动的标准，弘扬社会主义核心价值观。

（五）创新和完善社会主义核心价值观教育的体制机制

党的十九大报告指出，培育和践行社会主义核心价值观，“要以培养担当民族复兴大任的时代新人为着眼点”[③]，“坚持全民行动、干部带头，从家庭做起，从娃娃抓起”[④]。创新和完善社会主义核心价值观教育的体制机制，要求构建社会主义核心价值观教育的协同体制机制、调

---

① 习近平在中共中央政治局第十二次集体学习时强调：建设社会主义文化强国　着力提高国家文化软实力[N]. 人民日报，2014-01-01(1).

② 习近平在中共中央政治局第十三次集体学习时发表讲话：把培育和弘扬社会主义核心价值观作为凝魂聚气强基固本的基础工程[N]. 人民日报，2014-09-26(1).

③ 习近平. 决胜全面建成小康社会夺取新时代中国特色社会主义伟大胜利[M]. 北京：人民出版社，2017. 42.

④ 习近平. 决胜全面建成小康社会夺取新时代中国特色社会主义伟大胜利[M]. 北京：人民出版社，2017. 42.

控体制机制、评价体制机制。

1. 构建社会主义核心价值观教育的协同体制机制

构建协同育人体制机制，即要求家庭、学校、社会三位一体，要求坚持党委领导、社会组织和民间团体共同参与。家庭是社会的基本细胞，是人生的第一所学校。习近平指出，“我们要重视家庭搞建设，注重家庭、注重家教、注重家风，紧密结合培育和弘扬社会主义核心价值观，发扬光大中华民族传统家庭美德。”① 学校是育人的基本途径和重要阵地，学校坚持育人为本、德育为先，新时代中国特色社会主义伟大实践中习近平提出“以立德树人为根本”的指导方针，要求引导学生树立社会主义核心价值观。“一种价值观要真正发挥作用，必须融入社会生活，让人们在实践中感知它、领悟它。”② 人的本质是一切社会关系的总和，人都要走入社会，人都要进行社会实践活动，社会各组织、各团体也都担负着倡导社会主义核心价值观的责任和义务。社会各组织、各团体在各级党委领导之下，通过宣传活动、实践活动等，使社会主义核心价值观像空气一样无处不在、无时不有，成为全体人民的共同价值追求，成为中国人的独特精神支柱，成为百姓日用而不觉的行为准则。

2. 构建社会主义核心价值观教育的调控体制机制

习近平在十八届中央政治局第十三次集体学习时强调，“培育和弘扬社会主义核心价值观，不仅要靠思想教育、实践养成，而且要用体制机制来保障。”③ 构建社会主义核心价值观教育的调控体制机制，需要遵循人们思想观念的形成过程，即知情信意行的综合作用肌理，综合社会环境各要素的作用机制，优化培育和践行社会主义核心价值观的主体、宏观、辅助环境。主体环境，即社会主义核心价值观的培育目标、培育方案、培育方法、效果评估在内的系列过程和方式。宏观环境，即社会主义核心价值观融入社会主义经济、政治、文化、社会、生态建设进程中形成的社会氛围。辅助环境，即社会各类规章制度，包括各行各业规章制度、市民公约、乡规民约、学生守则等行为准则。习近平指

① 习近平关于社会主义文化建设论述摘编[M]. 北京:中央文献出版社,2017. 126.

② 习近平谈治国理政(第1卷)[M]. 北京:外文出版社,2018. 165.

③ 习近平关于社会主义文化建设论述摘编[M]. 北京:中央文献出版社,2017. 111.

出，“发挥政策导向作用，使经济、政治、文化、社会等方方面面政策都有利于社会主义核心价值观的培育”，“要用法律来推动核心价值观建设”，“要按照社会主义核心价值观的基本要求，健全各行各业规章制度，完善市民公约、乡规民约、学生守则等行为准则，使社会主义核心价值观成为人们日常工作生活的基本遵循。”① “要坚持贯穿结合融入，把社会主义核心价值观同师生教学和学习紧密联系起来，体现在学校规章制度和师生行为规范中，引导广大师生做社会主义核心价值观的坚定信仰者、积极传播者、模范践行者。”②

3. 构建社会主义核心价值观教育的评价体制机制

构建深入贯彻落实社会主义核心价值观的评价体制机制，就是要制定科学的评价标准、奖惩方法，依据评价标准对具体的价值行为进行激励或者惩罚。习近平强调，“各种社会管理要承担起倡导社会主义核心价值观的责任，注重在日常管理中体现价值导向，使符合核心价值观的行为得到鼓励、违背核心价值观的行为受到制约。”③ 习近平指出，“要充分发挥党和国家功勋荣誉表彰的精神引领、典型示范作用，推动全社会形成见贤思齐、崇尚英雄、争做先锋的良好氛围。”④ 以此构建社会主义核心价值观教育的评价体制机制，树立以榜样教育实现价值育人，达到习近平所要求的“榜样的力量是无穷的，广大党员、干部必须带头学习和弘扬社会主义核心价值观，用自己的模范行为和高尚人格感召群众、带动群众”。⑤

---

① 把培育和弘扬社会主义核心价值观作为凝魂聚气强基固本的基础工程[N]. 人民日报，2014-09-26(1).

② 张烁. 把思想政治工作贯穿教育教学全过程 开创我国高等教育事业发展新局面[N]. 人民日报，2016-12-09(1).

③ 习近平关于社会主义文化建设论述摘编[M]. 北京：中央文献出版社，2017. 111.

④ 习近平对党和国家功勋荣誉表彰工作作出重要指示：强调发挥功勋荣誉精神引领典型示范作用推动全社会见贤思齐崇尚英雄争做先锋强调[N]. 人民日报，2016-05-19(1).

⑤ 把培育和弘扬社会主义核心价值观作为凝魂聚气强基固本的基础工程[N]. 人民日报，2014-09-26(1).

第二章　教师育人

教师是立教之本。习近平指出，“百年大计，教育为本。教育大计，教师为本。国家繁荣、民族振兴、教育发展，需要我们大力培养造就一支师德高尚、业务精湛、结构合理、充满活力的高素质专业化教师队伍，需要涌现一大批好老师。”“一个人遇到好老师是人生的幸运，一个学校拥有好老师是学校的光荣，一个民族源源不断涌现出一批又一批好老师则是民族的希望。”① 教师是教育主体之一，在教育过程中发挥主导作用，决定着教育质量的高低。1978 年，《关于加强和发展师范教育的意见》颁布，开启了与改革开放同步发展教师政策的改革。2018 年初，中共中央、国务院《全面深化新时代教师队伍建设改革的意见》颁布，作为关于教师队伍建设的里程碑式文件，开启了教师队伍建设的新征程。这两个教师政策文件的颁布间隔 40 年，展现了改革开放 40 年来教师队伍建设和发展的政策路径。改革开放 40 年来，我国教师政策日趋完善，教师队伍建设取得长足发展，为社会主义建设培养了数以万计的社会主义建设者和接班人。

---

① 习近平. 做党和人民满意的好老师——同北京师范大学师生代表座谈时的讲话[N]. 人民日报,2014-09-10(1).

一、改革开放以来教师育人的政策变迁

（一）1978—1992年：提升教师队伍基本素质

1978年12月，党的十一届三中全会胜利召开，确定全党工作的重点转移到社会主义现代化建设上来。“大力加强实现现代化所必需的科学和教育工作”① 成为现代化建设面临的紧迫任务。中共中央提出，“教育方面要大干快上，各级各类学校加快发展速度，扩大发展规模，提高教育质量。”② 1978年，国家教委发布《关于加强和发展师范教育的意见》（以下简称《意见》），指出：“试行九年制义务教育，提高基础教育的水平，关键在于建设一支有足够数量的、合格而稳定的师资队伍。办好师范教育是解决师资问题的根本途径。各级教育部门，必须进一步提高对办好师范教育的认识，树立历史的责任感。”③ 大力发展师范教育是提高教育质量、振兴教育事业的根本大计。《意见》要求：“全国各地建立师范教育网，积极扩大招生；强调要争取在三五年内，使目前文化程度较低的小学教师、初中教师、高中教师，通过有组织、有计划的教育培训，大多数人都能分别达到中师、师专、师范院校的毕业程度。”④ 以此为标志，教师政策进入服务现代化建设、提升教师基本素质的阶段。

改革开放之初，我国教师数量不足、素养不高，教师队伍建设主要是立足现有师资，开展全方位的培训，以提升教师的基本素质。1980年，《教育部关于加强中小学在职教师培训工作的意见》颁布，强调“要制定和完善中小学在职教师培训计划，建立和健全在职教师绩效的

---

① 编写组. 十一届三中全会以来历次党代会、中央全会报告公告决议决定[M]. 北京：中国方正出版社，2008. 14.

② 中央教育科学研究所. 中华人民共和国教育大事记（1949—1982）[G]. 北京：教育科学出版社，1984. 495.

③ 王震川. 中国改革开放新时期年鉴[M]. 北京：民主法制出版社，2015. 350.

④ 何东昌. 中华人民共和国重要教育文献（1976—1990）[G]. 海口：海南出版社，1998. 1648.

考核制度，改善教师进修院校办学条件等。”[①] 此后，《关于加强中小学在职教师培训工作的意见》《关于科学和教育工作的几点意见》《关于进一步加强中小学在职教师培训工作的意见》《关于试行小学教师进修中等师范教学计划的通知》等多个政策文件陆续发布，教师培养、培训政策开始走向规范化。

20 世纪 80 年代到 90 年代，我国开始推行包括政治体制改革、经济体制改革、科技体制改革、教育体制改革在内的综合体制改革。教师队伍的改革侧重于提升教师的综合素质，以培养适应经济社会发展需要的人才。教师的专业素质和业务能力提升跃升为这个阶段教师队伍建设的主题。国家通过完善有关政策，提升教师队伍的社会地位。1984 年，中共中央颁布《中共中央关于经济体制改革的决定》，指出：“进行社会主义现代化建必须尊重知识、尊重人才，同一切轻视科学技术、轻视智力开发、轻视知识分子的思想和行为作斗争……采取有力措施提高知识分子的社会地位，改善他们的工作条件和生活待遇。”1985 年，中共中央颁布《关于科学技术体制改革的决定》，指出：“科学技术人员是新的生产力的开拓者。必须造就千百万有社会主义觉悟，掌握现代科学技术知识和技能的科学技术队伍，并充分发挥他们的作用。”[②]《中共中央关于经济体制改革的决定》《中共中央关于科技体制改革的决定》作为指导中国经济、科技领域改革的纲领性文件，为教师社会地位的提升营造了良好的社会环境。1985 年，中共中央颁布《关于教育体制改革的决定》（以下简称《决定》），开启了教育体制改革的历史进程。《决定》系统阐明了教育体制改革的目标、任务和相关措施，旨在解决中国教育同社会主义现代化建设，尤其是教育如何同经济建设相互协调一致发展的问题，确定了教育在国家战略发展中的重要地位。1986 年，国家教委发布《中小学教师考核合格证书试行办法》，是教师专业化发展的起点。《中小学教师考核合格证书试行办法》强调了教师专业培训的重要性，就落实培训政策制定了明确的程序，确定了教师的资历标准。1985 年，

① 何东昌. 中华人民共和国重要教育文献(1976—1990)[G]. 海口:海南出版社,1998. 1832.

② 中央党校教务部编. 十一届三中全会以来党和国家重要文献选编 1(1978 年 12 月—1992 年 9 月)[M]. 北京:中共中央党校出版社,1998. 173.

第六届全国人大常委会第九次会议确定每年 9 月 10 日为教师节。1986 年，国家将各级各类学校的教师纳入专业技术职务序列。教师的地位、待遇、职称以国家政策形式逐步得以确定。1992 年中国共产党第十四次全国代表大会报告指出：“加速科技进步，大力发展教育，充分发挥知识分子的作用”，其中特别强调“加强师资队伍的培养和建设”。①

表 2-1　1978—1992 年教师育人主要相关政策文件

序号	时间	政策文件	发文机构及发文号
1	1978 年 3 月	在全国教育科学大会开幕式上的讲话	
2	1978 年 4 月	邓小平在全国教育工作会议开幕式上的讲话	
3	1978 年 10 月	关于加强和发展师范教育的意见	教育部
4	1978 年 10 月	关于加强中小学在职教师培训工作的意见	教育部
5	1980 年 8 月	关于进一步加强中小学在职教师培训工作的意见	教育部
6	1982 年 8 月	关于试行小学教师进修中等师范教学计划的通知	教育部（［82］教师字 010 号）
7	1982 年 10 月	关于加强教育学院建设若干问题的暂行规定	教育部

① 中共中央文献研究室. 十四大以来重要文献选编(上)[M]. 北京:中央文献出版社,1995. 23.

续表

序号	时间	政策文件	发文机构及发文号
8	1986 年 2 月	关于加强中小学在职教师培训工作的意见	国家教委 （［86］教师字 002 号）
9	1986 年 7 月	中华人民共和国义务教育法	中共中央、国务院
10	1986 年 9 月	中小学教师考核合格证书试行办法	国家教委
11	1991 年 12 月	关于开展小学教师继续教育的意见	国家教委 （教师［1991］8 号）
12	1992 年 4 月	全国高等师范学校师资培训“八五”计划要点	国家教委 （教人［1992］9 号）

（二）1993—2002 年：实施教师队伍综合改革

1993 年，《中国教育改革与发展纲要（1993）》（以下简称《纲要》）发布，对我国教育体制改革作出了部署，教育管理体制、招生体制和教师体制等方面的改革逐步深入。《纲要》提出，“教育必须为社会主义现代化建设服务，必须与生产劳动相结合，培养德、智、体全面发展的建设者和接班人”的教育方针。① 1993 年 10 月 31 日，《中华人民共和国教师法》在第八届全国人民代表大会常务委员会第四次会议上获得通过，对教师的权利和义务、资格和任用、培养和培训、考核、待遇、奖励、法律责任等进行了法律规定。1995 年 5 月，中共中央、国务院发布《关于加速科学技术进步的决定》，首次明确提出“科教兴国”战略。② 党的十五大强调，实施科教兴国战略，把发展教育和科学作为文化建设的基础工程。1999 年 6 月，第三次全国工作会议召开，发布

① 中共中央文献研究室. 十四大以来重要文献选编(上)[M]. 北京:中央文献出版社,1995. 60.

② 中共中央文献研究室. 十四大以来重要文献选编(中)[M]. 北京:中央文献出版社,1995. 348.

《关于深化教育改革，全面推进素质教育的决定》，强调要“优化结构，建设全面推进素质教育的高质量的教师队伍”，[①] 对高质量教师队伍建设标准、教师培养实施路径、优化师资队伍建设的有效机制、教师资源的合理配置以及学校领导和管理干部队伍建设提出了具体要求和建设思路。教师队伍建设的法律、政策体系逐步形成，明确了教师发展的整体方向、基本思路和发展目标，通过教师队伍改革，加快教育发展的思路更加明确。

教师的经济地位和政治地位在法律中进行了明确规定，以保障教师队伍建设。《中华人民共和国教师法》第 25 条规定：“教师的平均工资水平应当不低于或者高于国家公务员的平均工资水平，并逐步提高。建立正常晋级增薪制度。”1994 年，李鹏同志在全国教育工作会议上发表讲话，指出：“《教师法》规定教师的平均工资水平不应当低于或者高于国家公务员的平均工资水平的目标，各级人事、财政和教育部门应采取切实措施认真加以落实，并尽快到位。要建立有效机制，杜绝拖欠教师工资的现象，对侵犯教师合法权益和挪用教育经费的，要坚决依法追究责任。”[②] 1995 年，国家教委发布《关于〈中华人民共和国教育法〉若干问题的意见》，规定：“各级教育行政部门要会同人事、财政、计划等有关部门，建立和完善教师工资按时足额发放的保障机制，建立正常的工资增长机制和教师工资水平监控机制”。与此同时，教师准入条件有了明确规定，《中华人民共和国教师法》规定：“国家实行教师资格制度。”同年国务院发布《教师资格条例》，对教师资格的种类、条件、考试、认定等作出了具体规定，教师的准入标准进一步提升。《中国教育改革和发展纲要》规定：“要制定合理的学校人员编制标准，严格考核，精简人员，提高每一教师负担的学生人数。”1997 年，党的十五大胜利召开，会议的主题是“高举邓小平理论伟大旗帜，把建设有中国特色社会主义事业全面推向二十一世纪”，明确提出：“要切实把教育摆在优先

---

① 中共中央文献研究室. 十五大以来重要文献选编(中)[M]. 北京:中央文献出版社,1995. 47.

② 中共中央文献研究室. 十四大以来重要文献选编(中)[M]. 北京:中央文献出版社,1995. 739.

发展的战略地位。尊师重教，加强师资队伍建设。”① 通过教育、通过教师，提升全民族的科技文化素质，为经济建设转移到依靠科技进步和提高劳动者素质的轨道提供人才支撑，成为教师队伍建设的重要方向，教师和教师的职业日益受到尊重，教师地位相应提升。

21 世纪，我国进入了社会主义建设的新阶段。培养面向 21 世纪的创新型人才成为我国教育跨世纪的重要任务，建设一支数量充足、质量高的跨世纪教师队伍，对新世纪我国教育发展具有至关重要的作用。1998 年，教育部制定《面向 21 世纪教育振兴行动计划》，决定“实施‘跨世纪园丁工程’，大力提高教师队伍素质”；“实施‘跨世纪素质教育工程’，提高国民素质”；“实施‘高层次创新性人才工程’，加强高等学校科研工作，积极参与国家创新体系建设”。② 从国家层面，确立了我国教育未来的发展方向和目标，其中“跨世纪园丁工程”从师德建设、中小学骨干教师队伍建设、教师聘任制改革三个方面就面向 21 世纪的教师队伍建设进行了部署，是跨世纪教师队伍发展的指针和方向。在科教兴国战略布局中，高等教育担负着培养高级专门人才和知识创新、技术创新的重要历史使命，高等教育的发展水平在很大程度上取决于教师队伍的整体素质。1999 年，《关于新时期加强高等学校教师队伍建设的意见》颁布，指出世纪之交是我国实施科教兴国发展战略、实现社会主义现代化建设目标的关键时期，提出使教师队伍建设的目标、任务落到实处，将高等学校教师队伍建设推向新的发展阶段，以适应教育改革与发展的需要。2000 年，教育部颁布《〈教师资格条例〉实施办法》，对教师资格认定条件、申请程序、证书的管理作出了具体规定，这是规范教师职业、强化教师职业专业性的重要文件。

2001 年，国务院发布《关于基础教育改革与发展的决定》，指出“建设一支高素质的教师队伍是扎实推进素质教育的关键”。同时强调：“全面实施教师资格制度，严把教师进口关。”“推行教师聘任制，建立‘能进能出、能上能下’的教师任用新机制。”对于教师的资格准入、聘

① 中共中央文献研究室. 十五大以来重要文献选编(上)[M]. 北京:中央文献出版社,1995. 31.

② 教育部. 面向 21 世纪教育振兴行动计划[BO/LG]. http://old.moe.gov.cn/publicfiles/business/htmlfiles/moe/s6986/200407/2487.html.

任制度、专业发展等进行规范，以此全面提升教师综合素质。2002年，教育部颁布《教育部关于“十五”期间教师教育改革与发展的意见》，指出“十五”期间教师教育事业改革与发展的主要任务是：到2005年，初步形成以现有师范院校为主体，其他高等学校共同参与，培养和培训相衔接的开放的教师教育体系，基本形成适应全面推进素质教育需要的基础教育教师队伍。同年颁布《关于推进教师教育信息化建设的意见》和《教育部关于进一步加强县域教师培训机构建设的指导意见》，从业务能力、信息化能力、职业素养等多方面，强化教师能力提升，以适应信息化社会发展的现实需要。

表2-2　1993—2002年教师育人主要相关政策文件

序号	时间	政策文件	发文机构及发文号
1	1993年2月	中国教育改革和发展纲要	中共中央、国务院 （中发〔1993〕3号）
2	1993年2月	关于加强中等师范学校师资培训工作的通知	国家教委
3	1993年10月	中华人民共和国教师法	全国人大常委会 （主席令第15号）
4	1994年7月	关于《中国教育改革和发展纲要》的实施意见	国务院 （国发〔1994〕39号）
5	1994年11月	关于开展小学新教师试用期培训的意见	国家教委
6	1995年3月	中华人民共和国教育法	全国人大常委会 （主席令第45号）
7	1995年5月	关于加速科学技术进步的决定	中共中央、国务院

续表

序号	时间	政策文件	发文机构及发文号
8	1995 年 10 月	关于《中华人民共和国教师法》若干问题的实施意见	国家教委 （教人［1995］81 号）
9	1997 年 8 月	关于保障教师工资按时发放有关问题的通知	国务院办公厅 （国办发［1997］27 号）
10	1998 年 12 月	面向 21 世纪教育振兴行动计划	国家教委
11	1999 年 6 月	关于深化教育改革全面推进素质教育的决定	中共中央、国务院
12	1999 年 8 月	关于新时期加强高等学校教师队伍建设的意见	教育部 （教人［1999］10 号）
13	2000 年 9 月	《教师资格条例》实施办法	教育部 （中华人民共和国教育部令第 10 号）
14	2001 年 5 月	关于基础教育改革与发展的决定	国务院 （国发［2001］21 号）

（三）2003—2012 年：完善教师队伍建设体系

2002 年，党的十六大报告指出："要全面贯彻党的教育方针，坚持教育为社会主义现代化建设服务，为人民服务，与生产劳动和社会实践相结合，培养德、智、体、美全面发展的社会主义建设者和接班人，造就数以亿计的高素质劳动者、数以千万计的专门人才和一大批拔尖创新人才。"① 2003 年，全国人才工作会议强调："紧密配合国家重大发展战

① 中共中央文献研究室．十六大以来重要文献选编(上)[M]．北京：中央文献出版社，2006．31．

略的实施开发和配置人才资源，促进人才资源和经济社会发展相协调”，[①]“做出实施人才强国战略的重大决策”，[②]“要紧紧围绕科教兴国、可持续发展、西部大开发、振兴东北地区等老工业基地等战略的实施，有针对性地吸引、调配和补充紧缺人才和重点人才，以保证重大发展战略的顺利实施”。[③]从改革开放到党的十六大召开，我国的教师队伍数量、质量大步提升，但由于区域经济、社会差距所造成的教育资源不均衡问题日渐凸显，中东西部、城乡、校际差距，在教师队伍建设领域表现为教师队伍结构不合理、师资质量不平衡、城乡资源配置不均衡等。针对上述问题，党的十七大报告提出了明确要求，为教师队伍建设指明了方向。

党的十七大报告指出：“优先发展教育，建设人力资源强国”，强调“教育公平是社会公平的重要基础”，要“优化教育结构，促进义务教育均衡发展，加快普及高中阶段教育，大力发展职业教育，提高高等教育质量”。针对教师队伍建设领域，明确“加强教师队伍建设，重点提高农村教师素质”。[④]为贯彻落实党的十七大报告的精神和要求，2008 年，教育部先后颁布《教育部关于大力推进城镇教师支援农村教育工作的意见》《关于组织实施 2008 年“中国移动西部农村中小学校长培训项目”有关工作的通知》和《关于组织实施中西部万名农村寄宿制学校校长国家级远程专题培训的通知》三个政策性文件，对发展落后地区和农村教师发展从政策上给予倾斜和重点扶持，加强薄弱地区教师队伍建设。针对西部地区、贫困地区教师质量不高、资源配置不均衡的问题，《教育部直属师范大学师范生免费教育实施办法（试行）》《关于实施农村义务教育阶段学校教师特设岗位计划的通知》《关于做好 2008 年农村义务教育阶段学校教师特设岗位计划工作的通知》等政策文件陆续发布，教育

---

① 中共中央文献研究室. 十六大以来重要文献选编(上)[M]. 北京:中央文献出版社,2006. 583.

② 中共中央文献研究室. 十六大以来重要文献选编(上)[M]. 北京:中央文献出版社,2006. 569.

③ 中共中央文献研究室. 十六大以来重要文献选编(上)[M]. 北京:中央文献出版社,2006. 583.

④ 中共中央文献研究室. 十七大以来重要文献选编(中)[M]. 北京:中央文献出版社,2009. 29.

部先后实施免费师范生政策、特岗教师政策，为薄弱地区补充师资，为发展相对落后地区培养优秀教师发挥了重要作用。2011 年之后，教育部颁布《关于做好 2011 年“中小学教师国家级培训计划”实施工作的通知》《关于做好 2012 年“国培计划”实施工作的通知》《关于组织实施西部初中骨干体育教师国家培训的通知》《关于启动新一轮民族、贫困地区中小学教师综合素质培训项目暨新课程师资培训计划（2004—2008 年）的通知》等，通过国培计划、专项计划等培训教师，提升教师素养，缩小区域和城乡教师素养差距，增强教师队伍整体素质。2012 年，《国务院关于深入推进义务教育均衡发展的意见》提出，要推动优质教育资源覆盖面，发挥优质学校的辐射带动作用，整体提升办学水平；均衡配置办学资源，中央财政加大对中西部地区的义务教育投入，省级政府要加强统筹，加大对农村地区、贫困地区以及薄弱环节和重点领域的支持力度。其中，教师队伍建设目标是：“教师配置更加合理，提高教师整体素质。”[①]“在促进发展的同时，把维护社会公平放到更加突出的位置，综合运用多种手段，逐步建立以权利公平、社会公平、规则公平、分配公平为主要内容的社会公平保障体系，使全体人民共享改革发展的成果，使全体人民朝着共同富裕的方向稳步向前。”[②] 通过提升薄弱地区的教师素养，促进教育公平，进而促进社会的公平正义。

2010 年，《国家中长期教育改革和发展规划纲要（2010—2020 年）》提出，实施科教兴国战略和人才强国战略，优先发展教育，完善中国特色社会主义现代教育体系，办好人民满意的教育，建设人力资源强国。党的十七大确立教育发展的基本方向是“优先发展、育人为本、改革创新、促进公平、提高质量”。[③] 2011 年，《人力资源和社会保障部、教育部关于印发深化中小学教师职称制度改革扩大试点指导意见的通知》，扩大全国深化中小学教师职称制度改革试点范围，涉及 30 个省（区、

---

① 中共中央文献研究室. 十七大以来重要文献选编(下)[M]. 北京:中央文献出版社,2009. 1112.

② 胡锦涛. 在省部级领导干部提高构建社会主义和谐社会能力专题研讨班上的讲话[N]. 人民日报,2005-6-27(要闻).

③ 中共中央文献研究室. 十七大以来重要文献选编(中)[M]. 北京:中央文献出版社,2011. 865.

市）和新疆生产建设兵团的 109 个地级市、11.2 万多所中小学校（含幼儿园）、387 万多名中小学教职工。按照新的评价标准和评价办法，近 300 万名中小学教师进行了职称（职务）过渡，806 名新教师晋升正高级职称，近 4 万名教师晋升高级职称。通过改革，进一步拓宽了中小学教师职业发展通道，激发了中小学教师长期从教、终身从教的决心，调动了广大中小学教师投身教育的积极性。

表 2-3　2003—2012 年教师育人主要相关政策文件

序号	时间	政策文件	发文机构及发文号
1	2004 年 3 月	2003—2007 年教育振兴行动计划	国务院 （国发［2004］5 号）
2	2006 年 6 月	中华人民共和国义务教育法（2006 修订）	全国人大常委会 （主席令第 52 号）
3	2007 年 5 月	教育部直属师范大学师范生免费教育实施办法	国务院办公厅 （国办发［2007］34 号）
4	2008 年 12 月	义务教育学校实施绩效工资指导意见	国务院办公厅 （国办发［2008］133 号）
5	2012 年 8 月	国务院关于加强教师队伍建设的意见	国务院 （国发［2012］41 号）
6	2012 年 9 月	教育部关于印发《幼儿园教师专业标准（试行）》《小学教师专业标准（试行）》《中学教师专业标准（试行）》的通知	教育部 （教师［2012］1 号）

（四）2013 年以来：培养高素质的教师队伍

党的十八大报告指出，努力办好人民满意的教育；强调加强师德师风建设，培养高素质教师队伍，倡导全社会尊师重教。[①] 统一标准、提

① 中共中央文献研究室. 十八大以来重要文献选编(上)[M]. 北京:中央文献出版社,2014. 27.

升素养、促进公平，满足人民群众对优质教育资源的需求，成为党的十八大以来教师队伍发展的关键。2012 年 8 月 20 日，国务院发布《关于加强教师队伍建设的意见》，就全面加强教师队伍建设提出了指导性意见。《关于加强教师队伍建设的意见》在宏观层面，包括总体教师政策 68 项，涵盖了幼儿园教师政策 8 项，义务教育阶段教师政策 26 项，普通高中教师政策 19 项，高等教育教师政策 3 项；微观层面，教师政策的重点集中在教师培训，修订和补充教师准入资格，完善教师待遇，注重师德建设，明确教师编制标准，将幼儿园教师、中小学校长纳入“国培计划”等。[①] 2012 年，国务院颁布《教育督导条例》，全国基本建立了一支超过 1.7 万专职督学、10.3 万兼职督学、7.3 万评估专家和 1.4 万督导行政工作人员的督导评估队伍，有力地推动贯彻落实党的教育方针政策和法律法规，切实提升教师职业能力和素质。2013 年，教育部印发《中小学教师资格考试暂行办法》和《中小学教师资格定期注册暂行办法》，进一步严格教师职业准入、保障教师队伍质量，中国教师质量的国家标准初步建立。同时，全面加强大中小学领导班子建设，教职工党员占 56.6%，各级各类学校党建水平不断提升。

以培养高素质教师为目标，在教师准入、教师（干部）培养、职称评聘等多方面，国家综合施策推进教师队伍均衡发展。2013 年，教育部颁布《关于大力推进农村义务教育教师队伍建设的意见》，提出“到 2020 年，建立起较为完善的、准入严格、管理规范、保障有力的农村教师队伍建设长效机制，造就一支师德高尚、数量充足、配置均衡、城乡一体、结构合理、乐教善教、稳定而充满活力的高素质农村教师队伍。”“各地要依法保障并逐步提高农村义务教育教师工资待遇，确保平均工资水平不低于当地公务员平均工资水平。”之后，《教育部办公厅、财政部办公厅关于做好 2013 年农村义务教育阶段学校教师特设岗位计划有关实施工作的通知》《教育部办公厅、财政部办公厅关于做好 2013 年中西部农村偏远地区学前教育巡回支教试点工作的通知》等多部涉及偏远地区、欠发达地区教师发展的政策相继颁布，以支持落后地区教师

① 教育部师范司，中央教育科学研究所. 中国中小学教师发展报告[D]. 北京：教育科学出版社，2011.

发展。2014 年 8 月，教育部联合财政部、人力资源和社会保障部制定《关于推进县（区）与域内义务教育学校校长教师交流轮岗的意见》，指出，“校长教师交流轮岗是加强农村学校、薄弱学校校长教师补充配备，破解择校难题，促进教育公平，推进义务教育均衡发展的重要举措”，旨在深入推进义务教育均衡发展，优化教师资源配置。2014 年 11 月，中央编办、教育部、财政部颁布《关于统一城乡中小学教职工编制标准的通知》，将县镇、农村中小学教职工编制标准统一到城市标准，即初中学生与教职工比为 13.5∶1，小学为 19∶1，提出“根据当前基础教育均衡发展的新要求，各地在严格执行国家关于向农村边远地区倾斜等规定的同时，重点对学生规模较小的村小、教学点，按照教职工与学生比例和教职工与班级比例相结合的方式核定教职工编制”，促进编制标准城乡统一并向农村边远地区倾斜。2015 年，《中华人民共和国教育法（修订）》对教师享有法律规定的权利，履行法律规定的义务；教师的合法权益，改善教师的工作条件和生活条件，提高教师的社会地位、教师的工资报酬、福利待遇；教师资格、职务、聘任制度，通过考核、奖励、培养和培训，提高教师素质等进行了更为深入的规定。同年，习近平主持中央深改小组会议，审议通过了《关于深化教育体制机制改革的意见》和《关于深化教育领域综合改革情况汇报》，扩大高校在编制以及岗位管理、职称评审等方面的自主权。全面推进依法治教，《教育法》《高等教育法》《民办教育促进法》等相关法律修订完成，教师政策进一步规范化。

习近平强调重视教育就是重视未来，重视教育才能赢得未来，高度关心广大教师的成长发展，并提出殷切期望。党的十九大报告强调：“加快教育现代化，办好人民满意的教育”，“加强师德师风建设，培养高素质教师队伍，倡导全社会尊师重教”。为造就一支党和人民满意的高素质专业化创新型教师队伍，中共中央、国务院就全面深化新时代教师队伍建设颁布了《国务院关于全面深化新时代教师队伍建设改革的意见》，全文 19 次提到“师德”，20 次提到“素质”，明确了中国特色社会主义教师队伍建设新征程的着力点。

表 2-4　2013 年至今教师育人主要相关政策文件

序号	时间	政策文件	发文机构及发文号
1	2013 年 8 月	中小学教师资格考试暂行办法、中小学教师资格定期注册暂行办法	教育部 （教师［2013］9 号）
2	2014 年 8 月	关于推进县（区）域内义务教育学校校长教师交流轮岗的意见	教育部、财政部 人力资源和社会保障部 （教师［2014］4 号）
3	2014 年 11 月	关于统一城乡中小学教职工编制标准的通知	中央编办、教育部、财政部 （中央编办发［2014］72 号）
4	2015 年 12 月	中华人民共和国教育法（修订）	全国人大常委会 （主席令第 39 号）
5	2017 年 1 月	教育部 2017 年工作要点	教育部 （教政法［2017］4 号）
6	2017 年 9 月	关于深化教育体制机制改革的意见	中共中央、国务院
7	2018 年 1 月	中共中央国务院关于全面深化新时代教师队伍建设改革的意见	中共中央、国务院
8	2018 年 1 月	教育部 2018 年工作要点	教育部 （教政法［2018］1 号）
9	2018 年 3 月	教师教育振兴行动计划（2018—2022 年）	教育部 （教师［2018］2 号）

二、改革开放以来教师育人的政策特征

（一）教师队伍建设从外延发展到内涵发展

我国教师政策体系的确立和完善，是我国教育事业改革和发展的重

要保障。从改革开放之初的教师政策确立，到教师政策转型，再到发展完善，我国教师政策实现了由点及面、由外及里、由外延到内涵的发展过程，逐步从数量增强向质量提升转化。改革开放 40 年来，我国教师政策发展经历了“扩大发展规模” “为教育战线不断补充合格的教师”[①]，到造就“高素质专业化创新型教师队伍”[②] 的历史发展轨迹。

改革开放初期，随着经济、社会、政治、文化各项工作的系统推进，需要大量人才，而人才的培养离不开教师。“一个学校能不能为社会主义建设培养合格的人才，培养德智体美全面发展、有社会主义觉悟的有文化的劳动者，关键在教师”[③]，培养数量充足的教师成为改革开放初期教师队伍政策关注的核心。伴随着改革开放进程的加快，教师队伍建设逐渐由数量化的外在要求向教师综合素质提高的内在要求转化。人才竞争是国家国际竞争力的核心要素，国际间人才竞争由数量、到质量、再到战略型创新人才。教师作为人才培养的主体，对其综合素质和业务能力的要求日益提高，国家由此颁布大量的教师政策文件，以促进教师队伍的内涵式发展。同时，根据教育综合改革的要求，点面结合，通过专门途径、面向专门群体、针对专门问题，有计划、有布局地培养特殊教育、农村教育、特殊地区的教师。

（二）教师队伍建设从差别编制到同一编制

改革开放 40 年来，我国教师数量达到 1600 万，[④] 与改革开放初期相比，教师数量翻了数倍，规模位居世界第一。2001 年，教育部颁布《关于制定中小学教职工编制标准的意见》，规定“小学阶段生师比，城市 19∶1，县镇 21∶1，农村小学 23∶1；中学阶段，城市13.5∶1，县镇 16∶1，农村 18∶1”。2014 年，中央编办、教育部、财政部颁布《关于统一城乡中小学教职工编制标准的通知》，将县镇、农村中小学教

---

① 何东昌. 中华人民共和国重要教育文献(1976—1990)[G]. 海口：海南出版社，1998. 1615.

② 中共中央国务院关于全面深化新时代教师队伍建设改革的意见[N]. 人民日报，2018-02-01(1).

③ 中共中央文献研究室. 邓小平文选(第二卷)[M]. 北京：人民出版社，1994. 108.

④ 刘延东. 深入学习贯彻党的十九大精神 全面开创教育改革发展新局面[J]. 求是，2018(6)：3-15.

职工编制标准统一到城市标准，即初中学生与教职工比为 13.5∶1，小学为 19∶1，提出“根据当前基础教育均衡发展的新要求，各地在严格执行国家关于向农村边远地区倾斜等规定的同时，重点对学生规模较小的村小、教学点，按照教职工与学生比例和教职工与班级比例相结合的方式核定教职工编制”。按照 2001 年编制标准，我国中小学教职工数超编达 264.43 万人；按照 2014 年编制标准，超编达 173.29 万人。按区域划分，我国 31 个省级行政区域中有 28 个省级行政区存在不同程度的超编现象。虽然教师数量整体超编，但是区域性缺编和部分专业教师缺编的结构性问题依然严峻。例如，广大农村中小学校音乐、体育、美术、科学、英语、信息技术教育等学科的专业教师，结构性缺编突出。虽然如此，我国教师队伍建设从差别编制到同一编制，是对教育公平发展诉求的有力回应，通过优化教师资源配置，促进教育公平发展。至于总量超编、结构缺编问题，则应该是发展中的问题，需要用发展战略，逐步解决城镇化进程中教师资源配置不平衡不充分的问题。

（三）教育队伍学历从参差不齐到有序提升

改革开放 40 年来，我国教师队伍整体素质普遍提高，截至 2016 年，我国普通高等学校拥有专任教师 1627182 人，其中博士 367089 人、硕士 587849 人、本科 651672 人、专科以下 20572 人。[①] 1978 年，我国普通高等学校有专任教师 385352 人，其中博士 1972 人、硕士 33411 人，未获得博士、硕士学位的 12935 人。2016 年，专任教师数量是 1979 年的 4.2 倍，其中博士人数是 1978 年的 186.2 倍，硕士是 1978 年的 18 倍。[②] 初等教育阶段，1978 年，教师数量为 5433820 人，其中中师、高中以上毕业 3563497 人，中师、高中毕业 1610004 人，中师、高中以下 26032 人。2016 年，分学科专任教师 5789145 人，研究生 44914 人，本科 2874007 人，专科 2502616 人，高中阶段 364105 人，高中阶

---

① 刘昌亚. 中国教育统计年鉴[M]. 北京：中国统计出版社，2017. 699.

② 国家教育委员会计划财务司. 中国教育事业统计年鉴[M]. 北京：北京工业大学出版社，1988. 423.

段以下3503人。[①] 改革开放以来，我国教师学历层次实现了大幅度提升，教师专业素质、业务能力提升较快。

三、教师育人新形势、新挑战和新问题

（一）新形势

新时代，世情、国情、社情等发生了深刻变化，对教育事业尤其是对教师的学历、素养、能力等提出了更高的要求，教师的战略定位、目标任务、权利义务、管理体制、保障机制等亟须进一步完善。当今世界正处于大发展、大变革、大调整时期，面对激烈的国际竞争，一个国家能否抢占先机、赢得主动，越来越取决于国民素质、取决于人才的数量和质量。人才规模的扩大和素质的提升最终取决于教师素质和能力的提高，教育现代化对教师应该具备的信息技术和能力提出了更高要求。我国经济建设取得重大成就、全面深化改革取得重大突破、民主法治建设迈出重大步伐、思想文化建设取得重大进展、人民生活不断改善、生态文明建设成效显著、强军兴军开创新局面、港澳台工作取得新进展、全方位外交布局深入展开、全面从严治党成效卓著，为新时代教师队伍建设营造了良好的氛围，为提升教师综合素质提供了基础，为办好人民满意的教育创造了条件。

（二）新挑战

党的十九大报告明确提出，“新时代我国社会主要矛盾是人民日益增长的美好生活需要和不平衡不充分的发展之间的矛盾。”人们接受公平而有质量的教育的美好期许和教育发展不平衡不充分的现实之间的矛盾，是教育进一步改革和发展的目标。教育改革和发展中，办学水平有待提高、公平程度有待提升，教育还不能完全适应新时代的发展需求，一些深层次的体制机制障碍亟须破解。新的历史方位下，如何落实好党

① 刘昌亚. 中国教育统计年鉴[M]. 北京:中国统计出版社,2017. 160.

和国家“培养担当民族复兴大任的时代新人”的任务，是教师队伍建设需要面对的重要挑战。以习近平新时代中国特色社会主义思想为指导，优先发展教育事业，建设教育强国，重点在于优先建设高素养的教师队伍，形成打造“梦之队”的“筑梦人”队伍。

（三）新问题

新时代教师队伍建设面临新问题。其一，教师队伍发展不够平衡，城乡之间、学校之间、地区之间、群体之间的教师数量、教师质量不够均衡，导致了教育质量发展的不平衡不充分。其二，教师队伍的理想信念、综合素质有待进一步提升，伴随着西方意识形态的渗透和多元社会思潮的冲击，教师队伍出现了思想不够坚定、职业倦怠等问题，亟须加强师德、师风建设以适应新时代教育发展和教师个人成长的需要，完善教师队伍培养体制机制。其三，教师队伍建设保障体制机制不够完善，教师地位、待遇、职称、职业发展的政策体系有待完善，政策执行面临部门协同、层级治理问题，教师安心、热心、舒心、静心从教的氛围尚未有效形成，让教师在岗位上有幸福感、事业上有成就感、社会上有荣誉感的尊师重教的社会氛围尚未形成。

四、新时代教师育人的趋势和政策路径

党的十九大报告指出：“经过长期努力，中国特色社会主义进入了新时代，这是我国发展新的历史方位。”“国将兴，必贵师而重傅；贵师而重傅，则法度存。”一个国家的发展离不开教师，兴教必先强师，教师是教育发展的第一资源，中国梦的实现，关键在人才，基础在教育，根本在教师。“努力培养造就一大批一流教师，不断提高教师队伍整体素质，是当前和今后一段时间我国教育事业发展的紧迫任务。”[①] 教师

---

① 习近平. 做党和人民满意的好老师——同北京师范大学师生代表座谈时的讲话[N]. 人民日报,2014-09-10(2).

是教育之本，新时代不仅要选拔好教师、留住好教师，更要培养好教师，建立与时代发展相适应、与教育规律相契合的教师队伍，实现教师育人的新发展。

（一）完善教师政策的顶层设计

《关于全面深化新时代教师队伍建设改革的意见》（以下简称《意见》）对如何破解当前亟待解决的突出问题、培养高素质教师队伍等作出了顶层设计和明确要求，这是中华人民共和国成立以来专门面向教师队伍建设的，具有里程碑式意义的政策文件。文件从顶层设计的路径就合理规划教师队伍建设总体布局，培养高素质、专业化、创新型的教师队伍做了具体要求，这既是教育和时代的期待，更是党和人民的期待。新时代教师队伍建设应以习近平新时代中国特色社会主义思想为指导，落实《意见》精神，努力建设一支师德高尚、业务精湛、结构合理、充满活力的高素质专业化教师队伍。

1. 完善教师队伍建设制度

教师承担着最庄严、最神圣的使命。梅贻琦先生说："所谓大学者，非谓有大楼之谓也，有大师之谓也。"这样的大师，既是学问之师，又是品行之师。教师要时刻铭记教书育人的使命，甘当人梯，甘当铺路石，以人格魅力引导学生心灵，以学术造诣开启学生的智慧之门。[①]"好老师不是天生的，而是在教学管理实践中、在教育改革发展中锻炼成长起来的"[②]，要完善教师队伍建设制度，从准入机制、人才供给、激励导向等方面采取积极有效、创新性的措施，引进、用好、用活教师。完善教师准入制度，进一步提升教师资格证认证工作专业化程度，严格把关，选拔标准从"具备什么条件可以当老师"向"什么样的人可以当老师"转变，入口适当前移，以强化教师职业的专业化要求，为提升教师素养打好基础。教师资格证认证中，实施教师职业测评制度，强调教师职业和个人的匹配性，选择适合于从事教师职业的人加入教师队

① 习近平.青年要自觉践行社会主义核心价值观[N].人民日报,2014-05-04(2).

② 习近平.做党和人民满意的好老师——同北京师范大学师生代表座谈时的讲话[N].人民日报,2014-09-10(2).

伍，为培养优秀教师打好基础。招聘教师时，注重个人的基本素质，让优秀的教师从事教育工作，科学选拔人才，公平公正，积极探索和实践备案制管理、定向培养等有效举措，满足教育事业快速发展对教师数量和质量的基本需求。教师职业管理中，完善培训和职称制度，为教师专业发展创造良好条件。根据学科和专业的差异，完善教师资格的种类、条件、考试、认定制度，分区域规划、分类指导，特别加强对中西部地区、贫困地区教师的培养、选拔，“制定切实可行的政策措施，鼓励有志青年到农村、到边远地区为国家教育事业建功立业”①，提升中西部地区、贫困地区教师学历层次和业务能力。建立符合教育行业特点、不同学段要求、适教善教乐教的教师队伍。

2. 强化激励教书育人导向

习近平同北京师范大学师生代表谈话时指出：“我们要在广大教师中、在全社会大力宣传和弘扬优秀教师的先进事迹和高尚品德。”② 教师队伍建设中，要强化教师激励政策，通过深化教师关爱服务，留住教师，提供平台用好教师，加强培训发展好教师。地方教育行政管理机关和学校应结合当地实际，完善政策体系，对紧缺型教师给予相应奖励，吸引和留住更多优秀教师扎根基层，特别是偏远、贫穷地区从事教育教学工作。用人单位、学校也要依据教师的专业特点、成长规律，为教师提供更多的专业发展机会和自我成长空间，让教师教有所获、教有所得，为教师的职业发展提供更多机会。省级教育行政主管部门要统筹教师队伍布局、优化岗位设置，急需不受岗位总量、结构比例限制，核定一定数量的专用编制，调剂使用编制总量。新时代教师队伍建设要加大教师育人激励力度，加大农村优秀教师先进事迹宣传力度，营造关心支持优秀教师的良好氛围，让优秀教师“肯进来、留得住、教得好”，提升教师质量。教师队伍建设还要坚持正确舆论导向，大力宣传教师的地位和作用，让全社会广泛了解教师工作的重要性和特殊性。大力树立和

① 习近平. 做党和人民满意的好老师——同北京师范大学师生代表座谈时的讲话[N]. 人民日报,2014-09-10(2).

② 习近平. 做党和人民满意的好老师——同北京师范大学师生代表座谈时的讲话[N]. 人民日报,2014-09-10(2).

宣传优秀教师先进典型，通过组织举办形式多样、务实有效的活动，深入宣传优秀教师先进事迹，充分展现当代教师的精神风貌，弘扬高尚师德，弘扬主旋律，增强正能量。教育行政主管部门针对教师队伍建设中出现的热点、难点问题，要及时应对并加以引导，指导督促各地各校研究制订贯彻落实师德建设系列文件的实施细则办法，进一步加大对违反师德行为查处力度，切实形成威慑力。教育主管部门、教师用人单位要充分利用教师节等重大节庆日、纪念日的契机，联合电视、广播、报纸、网络等多种媒体集中宣传优秀教师先进事迹，努力营造尊师重教的浓厚社会氛围，强化正向激励的教师教书育人导向。

3. 促进教师资源供给侧改革

我国经济总量虽然已经是世界第二，但我国还是世界上最大的发展中国家，还处在社会主义初级阶段，各种教育资源历史积累不足，地区之间教育发展不平衡，教育总体条件还不是很理想，教师特别是基层教师收入总体水平不高，办学条件标准不高，教育管理水平亟待提高。① 教师作为教育改革和发展的第一资源，是重要的教育供给要素。如何增加教师的有效供给，是摆在我国教育事业面前的紧迫任务。创新教师教育供给方式，根据教师需求，统筹安排师范类高校招生规模，建立教师培养与就业的联动机制，实现精准培养、精准就业。适度放宽紧缺教师的进入政策，对紧缺的音乐、体育、美术等学科的大学毕业生，适当放宽学历、年龄、专业、服务年限等条件，加强职后培养力度，鼓励教师扎根山区、服务农村。扶贫必扶智。让贫困地区的孩子们接受良好教育，是扶贫开发的重要任务，也是阻断贫困代际传递的重要途径。② 因地制宜、综合利用多种社会资源、采取有效措施，解决贫困地区教师短缺和结构性紧缺问题。一方面，加强中西部地区教师理想信念教育，引导其“牢记使命、不忘初衷，扎根西部、服务学生，努力做教育改革的奋进者、教育扶贫的先行者、学生成长的引导者，为贫困地区教育事业

① 习近平. 做党和人民满意的好老师——同北京师范大学师生代表座谈时的讲话[N]. 人民日报,2014-09-10(2).

② 习近平. 习近平给“国培计划(2014)”北师大贵州研修班参训教师回信[N]. 人民日报,2015-09-10(11).

发展、为祖国下一代健康成长继续作出自己的贡献”。[①] 另一方面，要不断提升优秀教师的辐射力，实现优质教育资源共享，通过项目合作、结对帮扶、共建学校等方式实现优质学校的优秀教师资源共享。加强校长教师交流轮岗政策体系的建设，提升薄弱学校教育教学管理的科学化、规范化水平，提升教育管理和教育治理能力。

（二）强化教师的综合素养提升

提高人才培养质量，关键在教师。教师队伍素质直接决定着办学能力和水平。建设社会主义现代化强国，需要一大批各方面各领域的优秀人才。这对我们教师队伍能力和水平提出了新的更高的要求。[②] 采取有效路径提升教师综合素质是新时代教师队伍建设的新任务。要从培养社会主义建设者和接班人的高度，考虑大学师资队伍的素质要求、人员构成、培训体系等。[③]

1. 强化教师队伍师德师风建设

评价教师队伍素质的第一标准应该是师德师风。[④] “以德施教、以德立身的楷模”是习近平对教师育人的殷切希望。习近平在致全国教师慰问信中明确提出了教师要弘扬改革创新精神，深刻揭示了教师在教育创新实践中的主体地位，为教师走好教书育人之路指明了方向。[⑤] 教师承担着“塑造灵魂、塑造生命、塑造人的神圣使命”，履行的是“传播知识、传播思想、传播真理的职责”。教师自身的道德情操直接影响和决定教书育人的水平，教师是社会公德的遵守者、崇高职业道德的践行者。“今天的学生就是未来实现中华民族伟大复兴中国梦的主力军，广大教师就是打造这支中华民族‘梦之队’的筑梦人”。教师作为育人的主体，要通过过硬的师德师风，做好学生的“指路人”和“筑梦者”。

---

① 习近平. 习近平给“国培计划(2014)”北师大贵州研修班参训教师回信[N]. 人民日报,2015-09-10(11).

② 习近平. 在北京大学师生座谈会上的讲话[N]. 人民日报,2018-05-03(2).

③ 习近平. 在北京大学师生座谈会上的讲话[N]. 人民日报,2018-05-03(2).

④ 习近平. 在北京大学师生座谈会上的讲话[N]. 人民日报,2018-05-03(2).

⑤ 评论员. 牢固树立改革创新意识——九论学习贯彻习近平总书记致全国教师慰问信精神[N]. 中国教育报,2013-09-20(1).

习近平指出，“教师教给学生的知识，多年以后可能会过时，可能会遗忘，但教给学生为人处世的道理是学生一生的财富，会让他们终生难忘。教师要成为学生做人的镜子，以身作则、率先垂范，以高尚的人格魅力赢得学生敬仰，以模范的言行举止为学生树立榜样，把真善美的种子不断播撒到学生心中。”① 教师要以“爱”为桥梁，积极将“爱”和“责任”贯彻到日常教学工作中，在“平凡、普通、细微”的教育教学中“做学生锤炼品格的引路人，做学生学习知识的引路人，做学生创新思维的引路人，做学生奉献祖国的引路人”。

习近平不仅提出了什么是良好的师德师风，而且也指出了培养良好师德师风的途径。“师德师风建设应该是每一所学校常抓不懈的工作，既要有严格制度规定，也要有日常教育督导。”② 一方面，要加强制度建设，树立良好师德师风的硬约束，明确教师可为、不可为的道德界限；建立好教师道德奖励机制和教师触及师德师风底线的惩戒机制，构筑教师道德失范的底线。另一方面，要建立师德师风动态监督管理机制，实时、长效关注教师的思想状况和教育教学活动。

2. 强化教师队伍理想信念教育

习近平强调：“经过几千年的沧桑岁月，把我国 56 个民族、13 亿多人紧紧凝聚在一起的，是我们共同经历的非凡奋斗，是我们共同创造的美好家园，是我们共同培育的民族精神，而贯穿其中的、更重要的是我们共同坚守的理想信念。”③ 理想信念是最高层次的理想和最高层次的信念的统一，是把一种未来的社会蓝图视为最高价值，高度地信服和敬仰，并以之统摄自己的精神生活，作为自己的精神寄托，矢志不渝、自觉追求的精神状态，它是对于一定社会理想的自觉认同和执着追求，是世界观、人生观和价值观的核心和集中体现。④ 教师对共产主义的崇高理想就是把共产主义的理想和信念视为自己的最高价值，高度地信服和敬仰，并将其作为自己精神生活的统摄和寄托，矢志不渝、坚定不移

---

① 张烁. 把思想政治工作贯穿教育教学全过程 开创我国高等教育事业发展新局面[N]. 人民日报,2016-12-09(1).

② 习近平. 在北京大学师生座谈会上的讲话[N]. 人民日报,2018-05-03(2)

③ 习近平在第十二届全国人民代表大会第一次会议上的讲话[N]. 人民日报,2013 -03-18(1).

④ 吴潜涛. 正确理解理想信念的科学含义[J]. 教学与研究,2011(4):5-9.

地坚守和践行。教师对中国特色社会主义理想信念的坚定，是对中国特色社会主义的道路自信、理论自信、制度自信、文化自信的自觉认同和坚定信奉，是世界观、人生观和价值观的核心和集中体现。[①] 要坚持教育者先受教育，让教师更好担当起学生健康成长指导者和引路人的责任。[②] “希望全国广大教师牢固树立中国特色社会主义理想信念，带头践行社会主义核心价值观，自觉增强立德树人、教书育人的荣誉感和责任感，学为人师，行为世范，做学生健康成长的指导者和引路人。”[③] 对中国特色社会主义共同理想的坚守，对共产主义崇高理想的执着，对中国特色社会主义道路、理论、制度、文化的自信是教师理想信念的核心。

3. 强化教师队伍专业精神培养

习近平指出：“随着信息化不断发展，知识获取方式和传授方式、教和学关系都发生了革命性变化。这也对教师队伍能力和水平提出了新的更高的要求。”[④]“扎实的知识功底、过硬的教学能力、勤勉的教学态度、科学的教学方法是老师的基本素质，其中知识是根本基础。”[⑤] 信息化带来的首先是知识体量的无限增加和知识深度的大幅提升，过去教师“要给学生一碗水，教师要有一桶水，现在看，这个要求已经不够了，应该是要有一潭水”[⑥]。“玉不琢，不成器；人不学，不知道。”教师把自己知识的基石打深、打牢，才能带领学生求真学问，求真理、悟道理、明事理，才能帮助学生构建整体性、全面化的知识体系。新时代教师要引导学生掌握事物发展规律，通晓道理，丰富学识，增长见识。习近平指出：“人的潜力是无限的，只有在不断学习、不断实践中才能充分发掘出来。”广大教师要以“刻苦钻研、严谨笃学”的精神，勤学

---

① 吴潜涛. 正确理解理想信念的科学含义[J]. 教学与研究, 2011(4): 5-9.

② 习近平. 在北京大学师生座谈会上的讲话[N]. 人民日报, 2018 -05-03(2).

③ 习近平. 做党和人民满意的好老师——同北京师范大学师生代表座谈时的讲话[N]. 人民日报, 2014-09-10(2).

④ 习近平. 在北京大学师生座谈会上的讲话[N]. 人民日报, 2018-05-03(2).

⑤ 习近平. 做党和人民满意的好老师——同北京师范大学师生代表座谈时的讲话[N]. 人民日报, 2014-09-10(2).

⑥ 习近平. 做党和人民满意的好老师——同北京师范大学师生代表座谈时的讲话[N]. 人民日报, 2014-09-10(2).

苦练，耐得住寂寞、守得住清贫、放得下身段、沉得下心思，不断学习，拓宽视野、获得新知、更新知识，不断提升业务能力，不断充实、拓展、提高自身综合素质，以扎实的业务知识和能力，提升教育质量，为社会主义现代化强国建设培养人才，实现为国育人、为民造福。

（三）培养大批“四有”好教师

教师不仅是知识的传播者，思想的塑造者、真理的播种者，更是灵魂的塑造着、生命的缔造者。要培养大批“有理想信念、有道德情操、有扎实学识、有仁爱之心”的“四有”好老师。怎样才能成为好老师？习近平提出的四个标准是基本遵循：理想信念是指路明灯，道德情操是重要条件，扎实学识是根本，仁爱之心是灵魂。第一，要有理想信念。教育是为人民服务、为中国特色社会主义服务、为改革开放和社会主义现代化建设服务的，培养的是社会主义事业建设者和接班人。好老师的理想信念应该以此为基准。第二，要有道德情操。老师对学生的影响，离不开老师的学识和能力，更离不开老师为人处世、于国于民、于公于私所持的价值观。好老师的道德情操最终要体现到对所从事职业的忠诚和热爱上来。第三，要有扎实学识。扎实的知识功底、过硬的教学能力、勤勉的教学态度、科学的教学方法是老师的基本素质，其中知识是根本基础。好老师还应该是智慧型的老师，既授人以鱼，又授人以渔。第四，要有仁爱之心。没有爱就没有教育。好老师要用爱培育爱、激发爱、传播爱，通过真情、真心、真诚拉近同学生的距离，滋润学生的心田，成为学生的好朋友和贴心人。① 做“四有”好老师，既是教育发展、民族振兴的现实呼唤，也是教师自我超越、价值实现的内在诉求。

分学段、有重点地培养“四有”好教师。强化高等教育教师队伍建设，以培养高素质创新人才为目标，全面提升高等教育教师学历、提高教师质量，建设高素质创新型的高等教育教师队伍。搭建高校教师协同发展平台，从协同培训、协同科研、协同施教等多方面搭建区域间、学

---

① 习近平.做党和人民满意的好老师——同北京师范大学师生代表座谈时的讲话[N].人民日报,2014-09-10(2).

校间人才培养协同新路径。基础教育阶段，逐步提升教师学历层次，提升教师培养质量；有效提升贫困地区、中西部地区和农村地区教师培养质量；评估国家有关教师培训项目效益，加强统筹，提高培训的时效性，启动基础教育一流校长、一流教师队伍建设，造就一支政治过硬、品德高尚、业务精湛、教育有方的校长、教师队伍。

（四）加强教师职业荣誉建设

习近平指出，“百年大计，教育为本。教师是立教之本、兴教之源，承担着让每个孩子健康成长、办好人民满意教育的重任。”① 这一论述深刻阐释了教师队伍建设的重要性，指出了教师在教育活动中的基础性、主导性作用，表明了教师队伍建设对国家发展的全局性、战略性影响。教师是人类历史上最古老的职业之一，也是最伟大、最神圣的职业之一。② 教师直接决定了为谁育人，育什么样的人和怎么育人的根本问题，教师事关中国特色社会主义事业后继有人，事关中华民族伟大复兴中国梦的实现。教育作为上层建筑具有极强的阶级属性，国家的性质决定教育的性质。“教育是一种武器，其效果是决定于谁把他掌握在手中，用这个武器去打击谁”③。习近平强调，教师肩负着培养社会主义建设者和接班人，发展中国特色社会主义事业的重要使命；肩负着提高人民综合素质，促进人的全面发展的重任；更承载着中华民族振兴、社会进步的历史使命。④ 为此，“全社会要大力弘扬尊师重教的良好风尚，使教师成为最受社会尊重的职业”。⑤

重视教师职业，提升教师职业地位，需要从提高教师的经济地位着

① 习近平. 正在乌兹别克斯坦访问的习近平向全国广大教师致慰问信[N]. 人民日报,2013-09-10(1).

② 习近平. 做党和人民满意的好老师——同北京师范大学师生代表座谈时的讲话[N]. 人民日报,2014-09-10(2).

③ 斯大林. 斯大林选集(下)[M]. 北京:人民出版社. 1979. 363-364.

④ 习近平. 正在乌兹别克斯坦访问的习近平向全国广大教师致慰问信[N]. 人民日报,2013-09-10(1).

⑤ 习近平. 正在乌兹别克斯坦访问的习近平向全国广大教师致慰问信[N]. 人民日报,2013-09-10(1).

手。习近平在 2013 年和 2014 年的教师节讲话中均提出“改善教师待遇”，2016 年在北京市八一中学考察时，再次提出要“深化人事薪酬制度改革”，不断提高待遇，真正让教师成为令人羡慕的职业。习近平要求“各级党委和政府要把加强教师队伍建设作为教育事业发展最重要的基础工作来抓，提升教师素质，改善教师待遇，关心教师健康，维护教师权益，充分信任、紧紧依靠广大教师，支持优秀人才长期从教、终身从教，使教师成为最受社会尊重的职业”。[①]2016 年教师节，习近平再次强调“各级党委和政府要满腔热情关心教师，让广大教师安心从教、热心从教、舒心从教、静心从教，让广大教师在岗位上有幸福感、事业上有成就感、社会上有荣誉感，让教师成为让人羡慕的职业”。[②] 继续开展全国教书育人楷模推选活动，开展全国师德楷模、全国师德标兵评选表彰活动，支持媒体开展“寻找最美乡村教师 ”等活动，通过多种形式展示“四有”好老师时代风采。组织好每年教师节宣传庆祝活动，持续推进国家教师荣誉制度立法工作，让全社会对教师的尊重既体现在教师生活条件的改善上，也体现在教师政治地位的提高上。

---

① 习近平. 正在乌兹别克斯坦访问的习近平向全国广大教师致慰问信[N]. 人民日报，2013-09-10(1).

② 习近平. 全面贯彻落实党的教育方针努力把我国基础教育越办越好[N]. 人民日报，2016-09-10(1).

第三章　家庭育人

习近平高度重视家庭育人功能，“无论时代如何变化，无论经济社会如何发展，对一个社会来说，家庭的生活依托都不可替代，家庭的社会功能都不可替代，家庭的文明作用都不可替代。无论过去、现在还是将来，绝大多数人都生活在家庭之中。我们要重视家庭文明建设，努力使千千万万个家庭成为国家发展、民族进步、社会和谐的重要基点，成为人们梦想启航的地方。”[①] 这是他在会见第一届全国文明家庭代表时发表的重要讲话内容，连用三个“不可替代”，阐述了家庭生活、家庭的社会功能和家庭的文明作用。从古至今，家庭履行教育功能的地位和方式发生了重大变化，但家庭教育一直都是教育的重要组成内容。在学校教育成为专门活动的今天，作为社会基本单元的家庭，依然是教育的主要场所。教育改革发展的成功与否、顺利与否离不开学校、家庭之间的密切配合。

一、改革开放以来家庭育人的政策变迁

（一）1978—2000 年：家庭教育的基本规范初步构建

2000 年以前，我国社会改革发展的重点在经济领域，家庭教育相

① 习近平. 在会见第一届全国文明家庭代表时的讲话[N]. 人民日报,2016-12-16(2).

对薄弱。1992 年，国务院发布《九十年代中国儿童发展规划纲要》，是党和政府首次颁布的有关家庭教育的政策文件，政府开始参与家庭教育事业。这一时期的家庭教育政策重在规范家庭内部夫妻、父母与子女间的社会关系，以及如何保护未成年人和防范未成年人失足。

表 3-1　1978—2000 年家庭育人主要相关政策文件

序号	时间	政策文件	发文机构及发文号
1	1981 年 5 月	中共中央转发全国妇联党组《关于两个会议情况及 1981 年妇联工作要点的报告》的通知	中共中央 （中发［1981］19 号）
2	1982 年 12 月	中华人民共和国宪法（1982）	全国人民代表大会
3	1991 年 9 月	中华人民共和国未成年人保护法	全国人大常委会
4	1992 年 2 月	九十年代中国儿童发展规划纲要	国务院
5	1996 年 9 月	全国家庭教育工作“九五”计划	全国妇联、国家教委
6	1997 年 3 月	家长教育行为规范（试行）	国家教委、全国妇联 （教基［1997］4 号）
7	1998 年 3 月	全国家长学校工作指导意见（试行）	全国妇联、教育部 （妇字［1998］9 号）

1981 年 5 月，中共中央向各省市自治区转发全国妇联党组《关于两个会议情况及 1981 年妇联工作要点的报告》的通知。该通知建议全国妇联把教育 3 亿以上的儿童少年作为工作重点，把“帮助家长加强和改进对子女的教育，关心和培养从事儿童和少年工作的人员”作为六大环节之一和重要工作手段。随后，各级地方妇联和教育部门等围绕独生子女教育的具体对策进行了较为广泛的讨论。

1992 年 2 月，国务院颁布《九十年代中国儿童发展规划纲要》。该文件提及“家庭教育”8 次，主要围绕家庭教育立法、家庭教育育人机制、家庭教育课程建设、家庭教育工作队伍建设和家庭教育政策宣传机制方面的内容展开，构建了相对完整的家庭教育政策框架思路。一是提出要制定和完善家庭教育法。二是要求建立起学校（托幼园所）教育、社会教育、家庭教育相结合的育人机制，明确提出要建立家校合作机制。三是开展家庭教育课程建设，基于师范院校试点，由有关学术机构和学术团体开展家庭教育的理论研究支持，逐步开设家庭教育课程，改善儿童成长的家庭、社会环境。四是针对城乡不同的居住和生活特点建立差别化的家长学校机制，在城市以社区为依托，举办新婚夫妇学校、孕妇学校和婴幼儿、小学生、中学生的家长学校，向不同年龄阶段儿童的家长提供较全面的家庭教育知识和方法；在农村，通过广播父母学校与县、乡、村的家长学校、家庭教育辅导站、辅导员相结合的方式，推广正确的保育、教育方法。五是提出建设家庭教育工作队伍，层层培训家庭教育工作骨干。六是丰富家庭教育政策宣传方法和路径，充分利用各种大众传播媒介和群众喜闻乐见的形式，开展全国性家庭教育宣传、咨询、服务工作。①

1996 年 9 月，全国妇联、国家教委联合印发《全国家庭教育工作“九五”计划》（以下简称“九五”计划）。“九五”计划提及“家庭教育”89 次，50 次提及“家长”，33 次提及“学校”。对家庭教育在国家和社会发展中的地位、家庭教育的总目标和分目标、开展家庭教育工作的措施、组织实施和检查评估做了详细的说明和部署。“九五”计划指出，家庭教育是社会主义教育的组成部分，家庭教育工作是社会主义精神文明建设的重要内容，家庭教育与学校教育、社会教育密切结合是培育“四有”公民的有效途径。“九五”计划的目标是到 2000 年实现 90％儿童（14 岁以下）的家长不同程度地掌握保育、教育儿童的知识。依据我国区域发展差异和家庭教育工作基础的实际情况，按照“划三片，分两步走”的原则，以省为单位确定了阶段性目标。政策措施涵盖家庭教育工作的领导、家庭教育宣传普及工作、家庭教育理论研究工作、办好各种类型的家长学校四方面的内容。尤为重要的是确定了以国务院妇女儿童工作委员会为统筹协调机构，全国妇联、国家教委为实施

① 九十年代中国儿童发展规划纲要[EB/OL]. http://www.nwccw.gov.cn/2017-04/19/content_157196.htm.

负责部门，地方依据具体落实的家庭教育工作体制机制。[①]

1997 年 3 月，国家教委、全国妇联联合颁发《家长教育行为规范（试行）》的通知。通知 5 次提及家庭教育。从家庭教育的优良传统、面临的新情况新问题，家庭教育组织、家长学校与妇联工作的协同，指出家长教育的重要性和具体开展路径。《家长教育行为规范》一共有 10 条，377 个字，其中第八条专门提及家庭教育。建议家长“保持家庭和睦，创建民主、平等、和谐的关系，形成良好的家庭教育环境。”[②]

这一时期，从国家法律体系机构的角度来看，主要有两部法律为家庭教育工作提供政策依据。一部是《中华人民共和国宪法》。宪法第 49 条规定：“婚姻、家庭、母亲和儿童受国家的保护。夫妻双方有实行计划生育的义务。父母有抚养教育未成年子女的义务，成年子女有赡养扶助父母的义务。”2018 年 3 月 11 日，第十三届全国人民代表大会第一次会议通过的《中华人民共和国宪法修正案》重申了这一原则。最新宪法修正案的第 49 条在前款基础上，保留了前四次修订的内容“禁止破坏婚姻自由，禁止虐待老人、妇女和儿童。”[③] 作为具有国家最高效力的根本大法《宪法》，为完善制订具体的家庭教育政策提供了方向指引。另一部是《中华人民共和国未成年人保护法》。未成年人保护法以对未成年人的法律保护，充实了家庭教育的法律条款。《未成年人保护法》总则第 4 条规定，“国家、社会、学校和家庭对未成年人进行理想教育、道德教育、文化教育、纪律和法制教育，进行爱国主义、集体主义和社会主义的教育，提倡爱祖国、爱人民、爱劳动、爱科学、爱社会主义的公德，反对资本主义的、封建主义的和其他的腐朽思想的侵蚀。”该法从思想道德、爱国主义等方面充实了家庭教育的具体内容。第 2 章的家庭保护中，对父母或其他监护人的教育责任进行了明确的规定和说明。如第 10 条规定要求父母或其他监护人为未成年人创造良好、和睦的家

---

① 全国妇联国家教委印发全国家庭教育工作“九五”计划[EB/OL]. http://www.people.com.cn/BIG5/99013/99041/100695/100772/6185939.html.

② 家长教育行为规范[EB/OL]. http://www.chinalawedu.com/falvfagui/fg22598/32455.html.

③ 中华人民共和国宪法[EB/OL]. http://www.npc.gov.cn/npc/xinwen/2018-03/22/content_2052489.htm.

庭环境。第 11 条规定要关注未成年人的生理、心理状况和行为习惯，以健康的思想、良好的品行和适当的方法教育和影响未成年人。第 12 条对父母或其他监护人的家庭教育知识提出了明确要求，同时规定“有关国家机关和社会组织应当为未成年人的父母或者其他监护人提供家庭教育指导”。[①]

（二）2001—2010 年：家庭教育的政策框架初步形成

这一时期的家庭教育政策，以两个全国家庭教育工作的五年计划为代表，依然聚焦儿童发展和未成年人思想道德建设。与前一时期相比，政策发布的频度更高。家庭教育政策的专门性组织和政策形成，为新时期进一步改革发展家庭教育事业奠定了良好的基础条件。

表 3-2　2001—2010 年家庭育人主要相关政策文件

序号	时间	政策文件	发文机构及发文号
1	2001 年 5 月	中国儿童发展纲要（2001—2010 年）	国务院
2	2001 年 5 月	中国妇女发展纲要（2001—2010 年）	国务院
3	2001 年 9 月	公民道德建设实施纲要	中共中央
4	2002 年 5 月	全国家庭教育工作“十五”计划	全国妇联、教育部（妇字［2002］16 号）
5	2004 年 3 月	关于进一步加强和改进未成年人思想道德建设的若干意见	中共中央、国务院（中发［2004］8 号）
6	2007 年 5 月	全国家庭教育工作“十一五”规划	全国妇联等八部委
7	2010 年 2 月	全国家庭教育指导大纲	全国妇联、教育部、文明办联合教育部等六部委

① 中华人民共和国未成年人保护法[EB/OL]. http://www.moe.gov.cn/s78/A02/zfs_left/s5911/moe_622/201001/t20100129_3166.html.

2002 年 5 月，全国妇联、教育部联合颁布《全国家庭教育工作“十五”计划》（以下简称“十五”计划）。“十五”计划 88 次提及家庭教育，31 次提及家长，21 次提及学校，[①] 表明家长、学校是与家庭教育工作高度相关的两大主体。“十五”计划分为总体目标与主要任务、具体目标与分区要求、实施措施与检查评估等方面，将家庭教育工作的科学化、社会化、法制化提上日程，体现了同一时期妇联、教育两个部门对于家庭教育制度建设的推动。与“九五”计划相比，“十五”计划扩大了家庭教育指导对象的范围，由原来的 14 岁以下儿童家长扩大到 0—18 岁儿童家长，同时对特殊儿童、流动儿童、0—3 岁儿童等儿童群体进行了专门的政策关注，吸纳了“九五”计划的成功经验、理论成果，家庭教育政策的科学性、全面性大幅提升。2007 年 5 月，全国妇联、教育部等 8 个部门联合颁布《全国家庭教育工作“十一五”规划》（以下简称“十一五”规划）。“十一五”规划 114 次提及家庭教育，34 次提及家长，25 次提及学校。从“十一五”时期开始，全国家庭教育政策文件首次用“规划”替换为“计划”，一方面表明了家庭教育工作在国家教育和经济社会发展中的重要位置，另一方面体现了家庭教育治理体系和治理能力现代化水平的提升。

2001 年 5 月，国务院发布《中国儿童发展纲要（2001—2010 年）》。该纲要 5 次提及家庭教育，15 次提及学校，8 次提及家长。与 20 世纪 90 年代相比，党和政府对家庭教育政策提高了要求，对家庭教育工作提出了具体指标。该纲要提出通过增加家长学校的数量、提高儿童家长家庭教育知识的知晓率等，提高家庭教育水平。同时，明确提出要建立和完善多元化的家校合作机制。建立多元化的家长学校办学体制，办好各类家长学校，帮助家长树立正确的保育、教育观念，掌握科学的教育知识与方法。发挥学校、家庭、社会各自的教育优势，充分利用社会资源形成教育合力，促进学校教育、家庭教育、社会教育的一体化。进一步加大家庭教育政策宣传力度，重视和改进家庭教育，加强家庭教育知识的宣传和理论研究。

---

① 全国家庭教育工作“十五”计划[EB/OL]. http://www.moe.gov.cn/s78/A06/jcys_left/moe_705/s3326/201001/t20100128_82003.html.

国务院《关于进一步加强和改进未成年人思想道德建设的若干意见》强调，“各级妇联组织、教育行政部门和中小学校要切实担负起指导和推进家庭教育的责任。要与社区密切合作，办好家长学校、家庭教育指导中心，并积极运用新闻媒体和互联网，面向社会广泛开展家庭教育宣传，普及家庭教育知识，推广家庭教育的成功经验，帮助和引导家长树立正确的家庭教育观念，掌握科学的家庭教育方法，提高科学教育子女的能力。充分发挥各类家庭教育学术团体的作用，针对家庭教育中存在的突出问题，积极开展科学研究，为指导家庭教育工作提供理论支持和决策依据。”这是以国务院文件形式，较为系统地对家庭教育的工作目标、原则、方法等提出明确要求，突出强调了科学实施家庭教育的重要意义。全国妇联主导，教育、民政、中央文明办等多个部门参与，制定了专门针对家庭教育的《全国家庭教育指导大纲》（以下简称《大纲》）。《大纲》总结了我国多年来围绕家庭教育的理论研究和实践探索经验，遵循家庭教育特点、儿童身心成长规律，进一步完善了家庭教育工作的指导原则、具体内容和指导形式，并依据年龄和儿童类型区分了0—3岁年龄段、3—6岁年龄段、特殊儿童和特殊家庭及灾害背景下的家庭教育四类家庭教育指导内容体系。《大纲》广泛适用于各级各类家庭教育指导机构和相关职能部门、社会团体、宣传媒体等，以此为标准对新婚夫妇、孕妇、18岁以下儿童的家长或监护人开展家庭教育指导。

（三）2011年以来：家庭教育的政策体系逐步完善

与前两个时期相比，这一时期家庭教育政策建设的步伐明显加快，各个法律政策规章之间的衔接性进一步增强，对于各个家庭教育工作主体的职责界定得更加明确，教育部门在家庭教育政策制定中的主体作用越来越凸显。

表 3-3　2011 年至今家庭育人主要相关政策文件

序号	时间	政策文件	发文机构及发文号
1	2012 年 2 月	关于建立中小学幼儿园家长委员会的指导意见	教育部（教基一［2012］2 号）
2	2012 年 3 月	关于指导推进家庭教育的五年规划（2011—2015）	全国妇联、教育部、中央文明办等 7 部门
3	2014 年 12 月	国家贫困地区儿童发展规划（2014—2020）	国务院办公厅（国办发［2014］67 号）
4	2015 年 10 月	关于加强家庭教育工作的指导意见	教育部（教基一［2015］10 号）
5	2016 年 2 月	关于加强农村留守儿童关爱保护工作的意见	国务院（国发［2016］13 号）
6	2016 年 12 月	在会见第一届全国文明家庭代表时的讲话	

2016 年两会期间，教育部有关负责人表示，家庭教育是教育的重要方面，教育规划纲领明确提出要制定家庭教育法，教育部门配合全国妇联联合起草家庭教育法草案，随后会向社会广泛征求意见。专家认为，应该通过家庭教育立法强调政府的主导作用，明确家长的主体责任，家长或相关责任人要切实担负起教育责任。同时，家庭教育立法中，应该明确规定尊重孩子的权利，与我国承认的国际上关于儿童权利的公约内容相衔接。① 2011 年，全国妇联将家庭教育的立法作为工作要点之一，2016 年，以提案形式发表《关于将制定出台〈家庭教育促进条例〉纳入国务院法制办立法规划的建议》，从目的、功能、主要内容三个方面对家庭教育立法进行了具体阐述。从目的上看，家庭教育主要调整对象是家庭政策和支持系统，关注政府、社会、学校等对家庭教育

① 教育部副部长称家庭教育立法草案正在起草，将征求意见[EB/OL]. http://www.china.com.cn/education/2016-03/13/content_38010111.htm.

的支持、服务和帮助。从功能上看，核心功能有三方面，一是指导建立市场化与公益性并存的指导服务机构；二是通过明确各类责任主体，建立由政策、经费和机构支撑的支持保障体系；三是规范指导机构、服务机构等相关机构的行为。从内容上看，主要内容应包括界定家庭教育的主体和内容、基本原则与核心价值理念、工作机制、特别措施、法律责任等五个方面。[①] 2018 年两会期间，部分全国人大代表再次建议，将制定家庭教育法列入全国人大五年立法规划。[②]

二、改革开放以来家庭育人的政策特征

（一）政策定位：从家庭事务逐步到国家关注

党的十八大以来，习近平提出了实现中华民族伟大复兴的“中国梦”，系统阐述了“中国梦”的深刻内涵。实现中华民族伟大复兴的中国梦，就是要实现国家富强、民族振兴、人民幸福，既深深体现了今天中国人的理想，也深深反映了我们先人们不懈追求进步的光荣传统。中国梦归根到底是人民的梦，必须紧紧依靠人民来实现，必须不断为人民造福。[③] 历史和现实告诉我们，家庭的前途命运同国家和民族的前途命运紧密相连。我们要认识到，千家万户都好，国家才能好，民族才能好。[④] 习近平深刻地揭示了“中国梦”与“家庭梦”的关系，实现中华民族伟大复兴的“中国梦”，需要从筑好每个家庭的“家庭梦”开始。建设好每个家庭，让每个家庭幸福美满，既是实现“中国梦”的强大动力，也是必然归宿。实现“中国梦”，必须凝聚起每个家庭的力量。

---

① 关于将制定出台《家庭教育促进条例》纳入国务院法制办立法规划的建议[J]. 中国妇运，2016(3):29-30.

② 全国人大代表邓丽建议:将制定家庭教育法列入全国人大五年立法规划[EB/OL]. http://www.women.org.cn/art/2018/3/6/art_19_154587.html.

③ 习近平在第十二届全国人民代表大会第一次会议上的讲话(2013 年 3 月 17 日)[EB/OL]. http://cpc.people.com.cn/n/2013/0318/c64094-20819130.html? q/f7xp7/index.html.

④ 习近平. 在会见第一届全国文明家庭代表时的讲话[N]. 人民日报,2016-12-16(2).

中国梦不单纯是国家的梦，还是中国人的梦。中国梦为中国人个体的奋斗提供了广阔的空间和制度保障，中国梦的实践主体是人民，人民既是中国梦的主体，也是受益者、设计者、实践者，中国梦是中国人民共同的梦，共同奋斗的目标，共同选定的道路。从国家梦与个体梦的关系角度论述了家庭幸福作为个人梦与中国梦的有机联系。中国教育在中国梦中主要体现为“有教无类、因材施教、终身学习、人人成才”①。建设学习型社会，关键是建设学习型家庭，将社会主义核心价值观融入中小学教育教学全过程，要发挥好家庭教育的基础作用，推动形成政府主导、部门协作、家长参与、学校组织、社会支持的家庭教育工作格局。

（二）政策内容：从群团工作逐步到政府工作

长期以来，我国的家庭教育工作由妇联、教育、关工委等部门分别开展，特别是妇联，充分发挥了其联系妇女、联系家庭、联系社区的组织特点和优势，致力于家庭教育工作，将家庭教育作为重要的工作方向和内容。《中华全国妇女联合会章程》第一章关于中华全国妇女联合会的任务中规定，代表妇女参与社会管理和公共服务，推动保障妇女权益法律政策和妇女、儿童发展纲要的实施；推动全社会为妇女儿童和家庭服务。家庭教育自然是“为家庭服务”的一部分。20 世纪 90 年代以前，我国家庭教育领域的制度建设是非常薄弱的。政策文件的有无和颁布频率说明了家庭教育在政策议程设置和排序中的地位。法律层面，仅有《宪法》对夫妻关系、处于不同年龄阶段的父母子女关系进行了原则性的规定。《未成年人保护法》从预防失足和犯罪的角度，对家庭教育未成年人进行了有效监护和教育的一般性要求。20 世纪 90 年代中后期开始，我国家庭教育领域制度建设速度加快，在全国妇联、教育部门的推动下，逐渐纳入到政府专门工作范畴中，形成了从中央到地方的家庭教育工作网络。从家庭教育工作的“九五”计划开始，家庭教育政策从价值定位、框架体系、主要内容、工作队伍等方面逐渐成为体系，与家

---

① 我的中国教育梦[EB/OL]. http://old.moe.gov.cn//publicfiles/business/htmlfiles/moe/s7238/201303/148386.html.

庭教育相关的未成年人保护、未成年人预防犯罪，妇女儿童、母婴保护，精神文明建设等因与家庭密切相关，部分的融入了家庭教育的内容。

21 世纪的第一个 10 年，围绕家庭教育制定的专门性政策文件主要有 6 份，虽然数量上比上一个 10 年略少，但政策的效力显著增强，体量显著扩大，对家庭教育的内容设计更加全面、科学、合理。我国家庭教育工作的加强，顺应了我国经济社会发展的时代需要，精神文明和物质文明两手抓，作为精神文明重要载体的家庭教育在国家整体的政策体系中崭露头角，逐渐获得了专门性的地位。家庭教育由原来的全国妇联、国家教委为主推动，逐渐获得中共中央、国务院、全国人大等机构的支持和重视。这一方面是国内经济社会发展的现实需要，同时也深受国际发展环境和国际竞争的影响。20 世纪 80 年代以后，世界多个国家依据国际趋势和本国具体情况改革教育体系，均将家庭教育作为重要的组成部分。美国学者科尔曼针对 4000 所学校 60 万儿童的追踪性定量研究发现，影响学生学习成绩的主要因素不仅仅包括财政投入，家庭是与之同等重要的影响因素。家庭教育是学校教育永远的背景和永远的底色。改革开放以来，我国采取了扩大投入、增加入学机会、优化资源配置等政策措施，在一定程度上缓解了教育不公平，但大量的研究发现，政策削减的只是受公共资源影响的教育差距，对家庭教育造成的教育差距影响甚小。将家庭教育纳入政府工作体系，制定专门的家庭教育政策，不仅符合家庭教育的国内外发展趋势，更是全面推进依法治国、全面推进依法治教、提升教育治理体系与治理能力现代化的需要。

（三）权责分工：从家庭责任逐步到部门协同

家庭教育责任主体的变迁主要体现为由传统的单一强调父母或其他监护人的教育责任，转变为政府、学校、社会对家庭教育的支持与指导，即帮助家长转变教育意识、增强教育能力、改善教育方法。家庭教育首先是家长的教育责任，政府、学校、社会对家长履行家庭教育具有支持责任。

自然意义上的父亲、母亲与社会意义上的父亲、母亲并不能完全等同。现实中，我们常发现一个问题孩子的背后往往是一个问题家庭。部分家长对孩子生而不养、养而不教、教而无方，据相关部门统计，截至2017年8月，全国无人监护的农村留守儿童有35.7万人，一方外出另一方无监护能力的有41.2万人；部分家长教而不当，“重智轻德、重知轻能、重养轻教”等现象在一定范围内存在。据全国妇联家庭教育状况调查显示，50%的家长不知道用什么方法教育孩子。多数父母存在不同程度的养育焦虑，过于关注学习，缺乏对孩子思想品德、行为习惯的养成和劳动、运动等能力的培养。① 留守家庭、单亲家庭、组合家庭、特殊家庭、问题家庭等不同类型家庭的广泛存在及其特殊化的家庭教育需求，亟须政府引导、政策干预和支持。

地方实践中，家庭教育出现了比较具有代表性的三种模式：一是教育行政部门牵头、推进家庭教育的山东潍坊模式；二是政府拨款、妇联牵头推进家庭教育的广东中山模式；三是关工委牵头、推进家庭教育的江苏淮安模式。总体情况表明，家庭教育与学校教育、社会教育结合不够紧密，与整体的经济、社会、文化、环境、生态建设的融合还有很大的提升空间。切实做好家庭教育工作，一是需要建立起部门协同的体制机制，加强政策保障，将人、财、物的配置纳入制度安排；二是需要建立专业化的工作队伍，发挥高等学校、科研机构、社会部门等组织的作用，开展家庭教育理论与政策研究，探索建立具有中国特色的家庭教育体系；三是依托教育行政部门及中小学和幼儿园，通过家长委员会、家长学校，整合社会资源，探索有效的家庭教育模式。逐渐树立新型的家庭教育观，即家庭教育并非只是教育孩子的事业，而是每一个家庭成员的共同成长，包括家长自身在内的成长；家庭教育并非只是配合学校或幼儿园的要求开展工作，而是首先要注重家庭建设，把家庭建设成为富有魅力的幸福乐园；家庭教育并非只是家庭之内的事情，而是要在家庭与学校、社会之间搭建桥梁，培养具有社会责任感的现代公民。②

---

① 全国人大代表邓丽建议：将制定家庭教育法列入全国人大五年立法规划[EB/OL]. http://www.women.org.cn/art/2018/3/6/art_19_154587.html.

② 孙云晓. 家庭教育工作的新格局与新举措[EB/OL]. http://www.moe.gov.cn/jyb_xwfb/moe_2082/zl_2015n/2015_zl48/201510/t20151020_214343.html.

（四）实施路径：从家长教育逐步到家校合作

在妇联、教育部门推动下，与家庭教育相关的政策逐步纳入政策议程。与妇联工作对象密切相关的“家庭”、与教育工作密切相关的“学校”间的合作，居于家庭教育政策的核心位置。

家长学校作为连接家庭和学校的组织平台，其数量的增长从侧面证实了二者联系的紧密度。截至 2016 年，全国依托幼儿园、中小学等建立的家长学校接近 34 万所。[①] 家长学校是培训家长、提高家长素质的基本手段，是家长学习科学的家庭教育知识、提高家长素质的主要途径。教育孩子是父母或者其他监护人的法定职责。中小学幼儿园建立健全支持家庭教育的体制机制，统筹家长委员会、家长学校等多种家校沟通渠道，强化学校对家庭教育工作的指导，加大学校对家庭教育的支持力度。家庭教育纳入教育行政干部和中小学校长的培训内容，学校安排的家庭教育指导服务计入教师工作量。教育部门联合妇联、关工委从队伍、场所、教学计划、活动开展等方面给予协助，共同办好家长学校。[②] 通过设计具体的家庭教育纲目和学习模块，开发家庭教育教材和活动指导手册，采用专家、志愿者和优秀家长现身说法等方式，以亲子活动、家长会、公益讲座、专题培训等形式，增强对家庭教育的支持力度和科学性、专业性。“学校要担负主体责任，对学生负责，对学生家庭负责。家长要尊重学校教育安排，尊敬老师创造发挥，配合学校搞好孩子的学习教育，同时要培育良好家风，给孩子以示范引导。”[③]

家庭教育相关政策的演变清晰地呈现了家校合作在家庭教育政策中的重要地位。全国家庭教育工作“九五”计划在总目标中提出，要“家庭、学校、社会协调配合”，“各级教育行政部门负责指导中小学、幼儿园开展家庭教育工作，举办家长学校”。“十五”计划的表述是“使家庭

---

① 傅国亮. 家校合作亟待三个转变[N]. 中国教育报,2018-02-04(3).

② 教育部关于加强家庭教育工作的指导意见(教基一[2015]10 号)[EB/OL]. http://www.moe.gov.cn/srcsite/A06/s7053/201510/t20151020_214366.html.

③ 霍小光,张晓松. 习近平在北京市八一学校考察时强调 全面贯彻落实党的教育方针[EB/OL]. http://politics.people.com.cn/n1/2016/0909/c1024-28705358.html. 2016-09-09.

教育与学校教育、社会教育紧密配合”，将家校合作的内容具体化、明确化，“加强家长学校、家庭教育指导队伍、家庭教育理论研究及家庭教育教材等基础建设”。《关于全国家长学校工作的指导意见》十分明确地规定了以家长学校促进家校合作的政策路径。“教育行政部门负责对中小学、幼儿园家长学校工作的具体指导，妇联组织负责协调推动社会各方面办学，参与指导社区及其他家长学校工作。”《全国家庭教育“十一五”规划》要求：“进一步完善家庭教育工作长效机制，推动构建学校、家庭、社会‘三结合’的教育网络。”“大力发展多元化、多类型、满足不同群体需求的家长学校，规范对家长学校的管理，提高办学质量。中小学、幼儿园普遍建立家长学校。”2011 年，全国妇联、教育部、中央文明办发布《关于进一步加强家长学校工作的指导意见》，规定：“教育行政部门对幼儿园、中小学校、中等职业学校家长学校工作进行具体指导”，“各有关部门要相互配合，形成合力，共同推进家长学校建设和发展”。2015 年，教育部颁布《关于加强家庭教育工作的指导意见》，将家庭教育纳入教育系统工作，重申了“家长在家庭教育中的主体责任”和“学校在家庭教育中的重要作用”，继续推动“家庭、学校、社区密切配合，共同培养德智体美劳全面发展的社会主义建设者和接班人”。

（五）政策体系：从规章制度逐步到推动立法

围绕家庭教育工作主体职责界定、工作目标和内容的规划，以及家长、教育行政部门、家庭教育工作机构责任要求，中共中央、国务院、妇联、教育等部门发布了系列性家庭教育指导意见和多个家庭教育政策规章制度。

《国家贫困地区儿童发展规划（2014—2020 年）》指出，儿童发展关系国家未来和民族希望，关系社会公平公正，关系亿万家庭的幸福。集中连片特殊困难地区的 4000 万儿童，在健康和教育等方面的发展水平明显低于全国平均水平，亟须采取措施，促进贫困地区儿童发展，切断贫困代际传递。其中，采取的重要政策措施有：“强化父母和其他监护人的监护责任并提高其监护能力，加强家庭教育指导服务，引导外出务工家长以各种方式关心留守儿童”。[①]《国务院关于加强农村留守儿童关爱保护工作的意见》指出，加强对农村留守儿童父母、受委托监护人的家庭教育指导，引导他们及时关注农村留守儿童身心健康状况，加强亲情关爱。[②]

全国妇联围绕家庭教育条例、家庭教育立法多次提交议案提案。早在2011年，全国妇联将形成家庭教育法草案等作为工作重点。2016年提出《关于将制定出台〈家庭教育促进条例〉纳入国务院法制办立法规划的建议》。2018年两会期间，全国妇联提交了《关于将制定家庭教育法列入全国人大五年立法规划的议案》。家庭教育作为一个人接受的最基础的教育，关乎民族整体素质的提高，关乎国家命运和社会进步。面对社会转型、家庭变迁、教育变革等外部环境带来的挑战，需要制定出台家庭教育法律，以化解当前教育的突出问题，促进儿童健康成长，保障社会和谐稳定。从必要性和紧迫性来看，妇联认为应该通过专门法规明确家庭教育的法律地位，明确政府、社会、学校和家庭在家庭教育中的责任义务，规范家庭教育服务和支持系统。从可行性来看，制定出台《家庭教育促进条例》具备较好的公众认识和社会基础，74.3%的人认为有必要或非常有必要通过法律来规范家庭教育服务和管理工作，78.1%的人认为政府应在家庭教育服务工作中发挥重要作用，可以借鉴国内地方探索的成功经验和国际家庭教育法制的有益做法，贵州、山西、重庆、天津等省市已制定了家庭教育促进条例，德国、日本等国家关于父母监护责任的法律监督职责值得借鉴。2018年，全国人大代表、全国妇联副主席、书记处书记邓丽联名代表共同提交了《关于将制定家庭教育法列入全国人大五年立法规划的议案》。邓丽认为，与学校教育、社会教育在教育法律体系中的地位相比，家庭教育的地位没有得到确立，当前关于家庭教育的规定零散地分布在民法总则、婚姻法、未成年人保护法等法律之中，缺乏具有基础性地位的家庭教育基本法。现行相关法律法规对于父母或其他监护人如何正确开展家庭教育，政府相关部门和社会组织如何提供家庭教育指导服务，缺乏清晰明确的规范，建议

① 国务院办公厅关于印发《国家贫困地区儿童发展规划(2014—2020年)》的通知[EB/OL]. http://www.moe.gov.cn/jyb_xxgk/moe_1777/moe_1778/201501/t20150116_183064.html.

② 国务院关于加强农村留守儿童关爱保护工作的意见[EB/OL]. http://www.gov.cn/zhengce/content/2016-02/14/content_5041066.htm.

全国人大“将制定家庭教育法列入下一轮五年立法规划”。针对家庭教育法重点要解决的问题，议案建议：一是提升家庭教育地位，使家庭教育与学校教育、社会教育协同发展，共同促进儿童健康成长；二是强化家长的家庭教育主体责任，规范家庭教育行为，把立德树人，培育和践行社会主义核心价值观作为家庭教育的核心；三是规范家庭教育指导服务，对各类指导服务机构特别是市场化指导服务机构管理作出明确规定；四是为家庭教育提供重要的支持保障，完善家庭教育工作机制，明确政府相关部门、群团组织、社会力量等在家庭教育中的职责任务；五是对父母或其他监护人、家庭教育指导服务机构不履职和不当履职提出罚则。①

在教育部门主导下，将家庭教育立法纳入了国家中长期教育发展规划纲要，出台了多部关于家庭教育指导的意见。《国家中长期教育改革和发展规划纲要（2010—2020年）》提出，要制定有关考试、学校、终身学习、学前教育、家庭教育等法律。《教育部关于加强家庭教育工作的指导意见》指出，积极发挥家庭教育在少年儿童成长过程中的重要作用。我国正处于全面建成小康社会的关键阶段，提升家长素质，提高育人水平，家庭教育承担着重要的责任和使命。要进一步明确家长在家庭教育中的主体责任，充分发挥学校在家庭教育中的重要作用，加快形成家庭教育社会支持网络，推动家庭、学校、社会密切配合，共同培养德智体美等方面全面发展的社会主义建设者和接班人。该政策文件从家长在家庭教育中的主体责任、学校在家庭教育中的重要作用、家庭教育社会支持网络、家庭教育工作保障措施四个方面，对家庭教育的权责分工、落实路径和政策保障进行了详细的说明和规定。②

---

① 全国人大代表邓丽建议：将制定家庭教育法列入全国人大五年立法规划[EB/OL]. http://www.women.org.cn/art/2018/3/6/art_19_154587.html.

② 教育部关于加强家庭教育工作的指导意见[EB/OL]. http://www.moe.gov.cn/srcsite/A06/s7053/201510/t20151020_214366.html.

三、家庭育人新形势、新挑战和新问题

（一）新形势

首先，习近平系列重要讲话为新时代家庭教育事业改革发展提供了方向指引。党的十八大以来，以习近平为核心的党中央站在时代发展、民族进步和实现中国梦的战略高度，站在治国理政、强国兴邦的全局高度，作出“五位一体”总体布局，“四个全面”战略布局。习近平高度重视家庭教育，围绕注重家庭、注重家教、注重家风，作出了一系列重要论述，提出了一系列新思想、新论断、新要求，深刻回答了为什么要重视家庭教育、需要什么样的家庭教育、如何实施家庭教育这三个根本问题。“五位一体”总布局是一个有机整体，其中经济建设是根本，政治建设是保证，文化建设是灵魂，社会建设是条件，生态文明建设是基础。在推进社会建设方面，习近平高度重视家庭建设的重大作用，他强调：家庭是社会的细胞。家庭和睦则社会安定，家庭幸福则社会祥和，家庭文明则社会文明。① 社会建设是实现“两个一百年”奋斗目标的重要条件，家庭是搞好社会建设的重要基础。

其次，2018 年政府工作报告就政府如何保障家庭履行教育功能提出了明确的举措。报告共有 31 处提及教育，5 处提及家庭，从经费、税收优惠等方面为家庭教育、终身学习营造良好的政策条件和社会氛围。报告提出，要尽量保障低收入住房困难家庭享受公租房政策；降低家庭宽带费用；提高个人所得税起征点，增加子女教育等专项费用扣除；加大对各类学校家庭困难学生的资助力度；儿童是家庭的希望，要多渠道增加学前教育资源供给；发展继续教育和网络教育，办好人民满意的教育，让每个人都有平等机会通过教育改变自身命运、成就人生梦想。② 这些政策措施，从降低家庭生活成本、补贴家庭教育开支、推进

① 习近平. 在会见第一届全国文明家庭代表时的讲话[N]. 人民日报，2016-12-16(2).

② 李克强. 政府工作报告(文字实录)——2018 年 3 月 5 日在第十三届全国人民代表大会第一次会议上[EB/OL]. http://www.gov.cn/premier/2018-03/05/content_5271083.htm.

教育机会公平多方面入手，强化了对家庭教育功能的条件保障。

最后，家校合作体制机制深化，进一步助力家庭教育改革发展。《教育部关于加强家庭教育工作的指导意见》提出，要进一步明确家长在家庭教育中的“主体责任”，家长应依法履行家庭教育职责，严格遵循孩子成长规律，不断提升家庭教育水平；充分发挥学校在家庭教育中的“重要作用”，学校要加强家庭教育工作指导，丰富学校指导服务内容，发挥好家长委员会作用，办好家长学校。2017 年中共中央办公厅、国务院办公厅印发《关于深化教育体制机制改革的意见》，提出要加强学校教育、家庭教育、社会教育的有机结合，构建各级党政机关、社会团体、企事业单位及街道、社区、镇村、家庭共同育人的格局；改善家庭教育，加强家庭教育指导服务，帮助家长树立正确的教育观念，合理安排孩子的学习、锻炼和休息时间。①

（二）新挑战

一方面，我国社会主要矛盾变化对家庭教育提出了新挑战。2017 年 10 月 18 日，中国共产党第十九次全国代表大会在北京隆重召开。大会的主题是：不忘初心，牢记使命，高举中国特色社会主义伟大旗帜，决胜全面建成小康社会，夺取新时代中国特色社会主义伟大胜利，为实现中华民族伟大复兴的中国梦不懈奋斗。十九大充分肯定了十八大以来党和国家各项事业发展取得的重大成就，确定了我国发展的新的历史方位，中国特色社会主义进入了新时代。中国特色社会主义进入新时代，我国社会主要矛盾已经转化为人民日益增长的美好生活需要和不平衡不充分的发展之间的矛盾。我国社会主要矛盾的变化是关系全局的历史性变化，对党和国家工作提出了许多新要求。家庭教育领域存在发展不平衡不充分矛盾。培育和践行社会主义核心价值观，要从家庭做起，从娃娃抓起，推进家庭美德建设，创建绿色家庭。② 但不同区域、不同经济

① 中共中央办公厅 国务院办公厅印发《关于深化教育体制机制改革的意见》[EB/OL]. http://www.gov.cn/xinwen/2017-09/24/content_5227267.htm.

② 习近平. 决胜全面建成小康社会，夺取新时代中国特色社会主义伟大胜利——在中国共产党第十九次全国代表大会上的报告[D]北京：人民出版社，2017.

发展水平和不同类型家庭间的家庭教育观念、家庭教育方法和家庭教育效果间还存在明显的差距，这种差距影响并放大了宏观上的教育不平等，为解决教育领域的不平衡不充分矛盾提出了新的挑战。

另一方面，系列教育法律的修订、全面贯彻党的教育方针对家庭教育也提出了新挑战。2015 年 12 月 27 日，第十二届全国人民代表大会常务委员会第十八次会议通过了《关于修改〈中华人民共和国教育法〉的决定》。其中，新修订的教育法第五条规定，“教育必须为社会主义现代化建设服务、为人民服务，必须与生产劳动和社会实践相结合，培养德智体美等方面全面发展的社会主义建设者和接班人。”① 党的十九大强调要“贯彻落实党的教育方针”，新修订的教育法的第五条的内容是“教育方针的法律性表述”，是当前至今后相当长时期内国家教育决策、管理和实践活动的总依据，具有极强的权威性和指导性。党和国家教育方针的落实、法律的实施，离不开家庭教育。

（三）新问题

我国家庭教育事业取得了积极发展，但依然面临系列问题，一些固然是家长认识不到位、家庭教育方法不恰当的老问题，一些则是随着教育综合改革和社会整体发展出现的新问题。

教育领域内，学生课后负担重作为老问题，随着校外培训机构的井喷式发展，以新的形式呈现，不利于素质教育的全面推进。2018 年，教育、民政、人力资源和社会保障、工商总局等部门联合发布《关于切实减轻中小学生课外负担，开展校外培训机构专项治理行动的通知》，指出，一些面向中小学生举办的非学历文化教育类培训机构（简称“校外培训机构”）开展以“应试”为导向的培训，违背了教育规律和青少年成长发展规律，造成了学生课外负担过重，增加了家庭经济负担，社会反响强烈。提出了 6 个方面的治理任务和整改要求：对存在重大安全隐患、不符合办理证件条件的校外培训机构停办整改；对超纲教学、提前教学、强化应试等不良培训行为坚决纠正；对组织等级考试和竞赛，

① 全国人大常委会关于修改《中华人民共和国教育法》的决定[EB/OL]. http://www.gov.cn/zhengce/2015-12/28/content_5029900.htm.

并与中小学入学挂钩的培训行为严禁开展；对部分中小学不遵守教学计划、“非零起点教学”等行为进行查处和整改；加强舆论宣传，引导家长树立正确教育观念，理性看待参加校外培训的作用，不盲目攀比，切实减轻子女校外培训负担。① 十三届全国人大一次会议记者会上，教育部部长陈宝生就“努力让每个孩子都能享有公平而有质量的教育”答记者问时指出，解决好教育面临的发展不平衡、不充分的各种问题，让每一个孩子都能享有优质而又公平的教育，是老百姓的刚性需求。教育部门要减轻的“负担”是指违背教学规律和学生身心发展规律，超出教学大纲、额外增加的学习内容。减负应通过校内外多种方式，合力减负，家长减负是重要途径。告诫家长不要只听培训机构的鸡汤和忽悠，要多听政府部门的忠告。② 包括“减负”在内的重智轻德、重知轻能、过分宠爱、过高要求等不良家庭教育现象仍然广泛存在，通过非理性择校、大班额、超大规模学校等外在形式表现出来。

家庭自身的变化和社会改革的进行，对家庭教育产生了极大影响。一方面，我国的家庭结构和稳定性发生了很大变化，承担教育的能力受到影响。离婚率升高使得单亲家庭、组合家庭的比例不断增高。家庭结构的不完整和不稳定性直接影响儿童的身心发展，离婚家庭的子女更容易发生抑郁、恐惧、多动、攻击等精神健康问题和行为问题。与大规模的城乡人口流动伴生的流动儿童和留守儿童，多处于实际的“不完整家庭”环境中，而完整、稳定的家庭是开展家庭教育的基础条件。另一方面，公共政策对家庭教育功能的制度保障比较弱。目前只有“三无对象”“五保户”和孤残儿童能够得到政策保障，有家庭的社会成员常常难以得到政府补贴，家庭在现实生活中成为其获得政策支撑的障碍。③ 流动儿童、留守儿童，虽然他们处于家庭中，但实际上并没有享受到

① 教育部办公厅等四部门关于切实减轻中小学生课外负担开展校外培训机构专项治理行动的通知[EB/OL]. http://www.moe.edu.cn/srcsite/A06/s3321/201802/t20180226_327752.html.

② 十三届全国人大一次会议记者会;教育部部长陈宝生就“努力让每个孩子都能享有公平而有质量的教育”答记者问[EB/OL]. http://www.china.com.cn/zhibo/content_50707656.htm.

③ 张秀兰,徐月宾.建构中国的发展型家庭政策[J].中国社会科学,2003(6):84-96.

“完整的家庭教育”。如何破解这些新问题，是摆在家庭教育面前的重大难题。

四、新时代家庭育人的趋势和政策路径

不论时代发生多大变化，不论生活格局发生多大变化，我们都要重视家庭建设，注重家庭、注重家教、注重家风，紧密结合培育和弘扬社会主义核心价值观，发扬光大中华民族传统家庭美德，促进家庭和睦，促进亲人相亲相爱，促进下一代健康成长，促进老年人老有所养，使千千万万个家庭成为国家发展、民族进步、社会和谐的重要基点。[①] 家庭是社会的基本细胞，是人生的第一所学校。新时代，要深入学习贯彻落实习近平关于家庭教育的系列重要讲话和重要指示精神，切实推进家校合作，推动家庭教育事业更快更好发展。

（一）家国相连，热爱家庭和热爱国家相统一

“天下之本在家”。家庭是社会的基本细胞。家庭和睦则社会安定，家庭幸福则社会祥和，家庭文明则社会文明。历史和现实告诉我们，家庭的前途命运同国家和民族的前途命运紧密相连。千家万户都好，国家才能好，民族才能好。国家富强，民族振兴，人民幸福，最终都要体现在千千万万个家庭的幸福美满上。[②] 陕西省延安市梁家河村村民从 20 世纪 60 年代“几个月吃不到一块肉”到现在的“吃肉不是问题”的变化，是改革开放以来中国社会发展进步的一个缩影，这说明中国人民的生活发生了巨大的变化。但是，按照我们自己的贫困标准，我国还存在大量深度贫困人口、贫困家庭。全体中国人民都要过上美好生活，还要继续努力，还要继续坚持“发展”这一第一要务，集中力量提高全体中国人民的生活水平，全面小康一个都不能落下、一个家庭都不能落下。

---

① 习近平. 在 2015 年春节团拜会上的讲话[N]. 人民日报,2015-02-18(2).

② 习近平. 在会见第一届全国文明家庭代表时的讲话[N]. 人民日报,2016-12-16(2).

中国梦必须同人民对美好生活的向往结合起来才能取得成功。[①] 修身齐家治国平天下，从个人到国家、到天下，“家”是最重要的纽带。家庭与国家构成息息相通、密不可分的命运共同体。[②] 习近平指出，不论时代发生多大变化，不论生活格局发生多大变化，家庭都是国家发展、民族进步、社会和谐的重要基点。[③]

家是缩小了的国，国是放大了的家。国家富强，民族复兴，人民幸福，不是抽象的，最终要体现在千千万万个家庭都幸福美满上，体现在亿万人民生活不断改善上。[④] 建设和谐家庭是家庭教育的基本任务。要加强家庭建设，教育引导人们自觉承担家庭责任，树立良好家风，巩固家庭养老基础地位。[⑤] 建设和谐家庭贵在“和”，“家和万事兴”。“和”的根本在于礼。中华民族历来倡导尊老爱幼、妻贤夫安、母慈子孝、兄友弟恭。“和”是家庭兴旺的基础，社会进步的基石。建设和谐家庭贵在“情”。家庭不只是人们身体的住处，更是人们心灵的归宿。习近平用三个“无论”和“三个不可替代”，从个人、时代、社会变迁等方面，充分肯定了家庭是人的精神家园、情感港湾。建设和谐家庭在“传”，耕读传家、晴耕雨读。不仅强调传统的农业生产，今天的在岗尽职，还强调了对中华传统美德、社会主义核心价值观的传承与弘扬。家庭的日常行为、生活方式、社会观念、教育理念、教育方式等对孩子影响深远。“家庭是社会的基本细胞，千千万万个家庭的家风好，子女教育得好，社会风气好才有基础。”[⑥]

国家好，民族好，家庭才能好。“要在家庭中培育和践行社会主义核心价值观，引导家庭成员特别是下一代热爱党、热爱祖国、热爱人民、热爱中华民族。”当前，全党全国各族人民正在实现“两个一百年”

---

① 习近平谈治国理政(第二卷)[M]. 北京:外文出版社,2017. 29-31.

② 新华社评论员. 让文明家庭成为梦想启航的地方[EB/OL]. http://news.xinhuanet.com/politics/2016-12/12/c_129401271.htm,2016-12-12.

③ 习近平在2015年春节团拜会上的讲话[N]. 人民日报,2015-02-18(2).

④ 习近平. 在会见第一届全国文明家庭代表时的讲话[N]. 人民日报,2016-12-16(2).

⑤ 习近平. 推动老龄事业全面协调可持续发展[EB/OL]. http://bbs1.people.com.cn/post/1/1/2/156412732.html,2016-05-29.

⑥ 以千万家庭好家风支撑全社会好风气[EB/OL]. http://www.xinhuanet.com/2016-12/13/c_1120104867.htm,2016-12-13.

奋斗目标、实现中华民族伟大复兴中国梦的新长征路上砥砺前行。只有实现中华民族伟大复兴的中国梦，家庭梦才能梦想成真。一个国家、一个民族，要同心同德迈向前进，必须要有共同的理想信念作支撑。因此，我们要在全社会持续深入开展建设中国特色社会主义宣传教育，高扬主旋律，唱响正气歌，不断增强“四个自信”，让共同的理想信念指引每一个家庭的家庭教育方向。在培育和践行社会主义核心价值观的过程中，要大力倡导共产党人的世界观、人生观和价值观；大力加强家庭社会公德、职业道德、家庭美德和个人品德建设，营造全社会崇德向善的浓厚氛围；大力弘扬中华民族优秀传统文化，让中华民族文化基因通过家庭教育的言传身教在广大青少年心中生根发芽。① 习近平在考察海淀民族小学时表示，书法是中华文化瑰宝，包含着很多精气神的东西，一定要传承和发扬好。中国字是中国文化传承的标志。书法课必须坚持。殷墟甲骨文距离现在 3000 多年，3000 多年来，汉字结构没有变，这种传承是真正的中华基因。② 只有把爱家和爱国统一起来，把实现家庭梦融入民族梦之中，心往一处想，劲往一处使，4 亿多家庭、13 亿多人民的智慧和热情才能汇聚成国家富强、民族复兴的磅礴力量。无论是古时所讲的精忠报国，还是革命战争年代母亲教儿打东洋、妻子送郎上战场，或是社会主义建设时期先大家后小家、为大家舍小家，还是改革开放时期的先富帮后富、全面建设小康一个都不能落下，都体现着国家强大、民族振兴，和谐幸福家庭才能有坚强后盾。

（二）家校合作，家庭教育和学校教育相结合

家庭教育的有效开展，离不开家庭，也离不开学校。家长切实担负起家庭教育的主体责任，学校发挥好家庭教育指导的重要作用，家庭教育和学校教育相结合，是保障家庭履行好教育职责的有效路径。培育和践行社会主义核心价值观是当前家校合作开展教育的重要内容。对于少

---

① 习近平谈治国理政(第二卷)[M]. 北京:外文出版社,2017. 323-324.

② 习近平看望少年儿童:精忠报国是一生的目标[EB/OL]. http://news.xinhuanet.com/politics/2014-05/30/c_1110943512.html.

年儿童来说，有记住要求、心有榜样、从小做起、接受帮助四个方面的具体要求。记住要求，就是要把社会主义核心价值观的基本内容熟记熟背，让它们融化在心灵里、铭刻在脑子中。心有榜样，就是要学习英雄人物、先进人物、美好事物，在学习中养成好的思想品德追求。从小做起，就是要从自己做起、从身边做起、从小事做起，一点一滴积累，养成好思想、好品德。接受帮助，就是要听得进意见，受得了批评，在知错就改、越改越好的氛围中健康成长。让社会主义核心价值观在少年儿童中培育起来，家庭、学校、少先队组织和全社会都有责任。①

家庭是家庭教育的主要场所，家长是家庭教育的主体责任人，品德教育最重要。“家庭是人生的第一个课堂，父母是孩子的第一任老师。”②“家长应该担负起教育后代的责任。家长特别是父母对子女的影响很大，往往可以影响一个人的一生。”③ 关于如何进行家庭教育，习近平提出，“家庭教育中最重要的是品德教育，这是如何做人的教育。父母长辈对子女的教育，是中华民族生生不息的土壤。”“作为父母和家长，应该把美好的道德观念从小就传递给孩子，引导他们有做人的气节和骨气，帮助他们形成美好心灵，促使他们健康成长，长大后成为对国家和人民有用的人。”家长还要时时处处给孩子做榜样，用正确行动、正确思想、正确方法教育引导孩子。要善于从点滴小事中教会孩子欣赏真善美、远离假丑恶。要注意观察孩子的思想动态和行为变化，随时做好教育引导工作。要不断更新家庭教育观念，坚持立德树人导向，以端正的育儿观、成才观、成人观引导孩子逐渐形成正确的世界观、人生观、价值观。“孩子们从牙牙学语起就开始接受家教，有什么样的家教，就有什么样的人。”④“爱子，教之以义方”，“爱之不以道，适所以害之也”。

家庭教育的科学开展，离不开学校的重要支持，学校具有引导家庭

① 习近平在北京市海淀区民族小学主持召开座谈会时的讲话[N]. 人民日报,2014-05-31(2).

② 习近平. 在会见第一届全国文明家庭代表时的讲话[N]. 人民日报,2016-12-16(2).

③ 习近平. 在会见第一届全国文明家庭代表时的讲话[N]. 人民日报,2016-12-16(2).

④ 习近平. 在会见第一届全国文明家庭代表时的讲话[N]. 人民日报,2016-12-16(2).

教育的责任，要与家庭合作，通过完善家长委员会、家长学校平台，指导家长树立科学、有效的教育观念和方法。“基础教育是全社会的事业，需要学校、家庭、社会密切配合。家长要尊重学校教育安排，尊敬老师创造发挥，配合学校搞好孩子的学习教育，同时要培育良好家风，给孩子以示范引导。”2016 年，在第 32 个教师节前夕，习近平在视察北京市八一学校时发表的重要讲话强调了家长对学校教育工作的尊重、理解和配合，以及通过家风引导、巩固学校教育效果，家校协同开展教育的重要性。习近平要求学校“担负主体责任，对学生负责，对学生家庭负责”[①]。强调学校要以“负责”的立场切实加强家庭教育指导工作，指导家庭把德育放在更加重要的位置，根据少年儿童特点和成长规律，循循善诱，春风化雨，努力做到每一堂课不仅传播知识、而且传授美德，每一次活动不仅健康身心、而且陶冶性情，让同学们都得到倾心关爱和真诚帮助，让社会主义核心价值观的种子在学生们心中生根发芽。[②]《国家教育事业“十三五”规划》指出，切实推进教育公平，注重有教无类，让全体人民、每个家庭的孩子都有机会接受比较好的教育，加强学生的家庭美德教育。建立政府、学校、社会、家庭全面参与的协同育人工作体制机制。明确家庭教育责任，强化家长教育，普及家庭教育常识，引导父母做好学生的第一任老师，促进青少年人格养成、心理健康成长。[③]

（三）注重家风，家庭教育与文明建设相融合

家风是社会风气的重要组成部分。家庭不只是人们身体的住处，更是人们心灵的归宿。家风好，就能家道兴盛、和顺美满；家风差，难免殃及子孙、贻害社会。要充分发挥母亲在家风建设和家庭教育中的独特作用。母亲对子女的影响很大，往往可以影响一个人的一生一世。要注

---

① 习近平. 全面贯彻落实党的教育方针 努力把我国基础教育越办越好[N]. 人民日报,2016-09-10(1).

② 习近平在北京市海淀区民族小学主持召开座谈会时的讲话[N]. 人民日报,2014-05-31(2).

③ 关于印发国家教育事业发展“十三五”规划的通知[EB/OL]. http://www.gov.cn/gongbao/content/2017/content_5168473.htm.

重发挥妇女在弘扬中华传统美德、树立良好家风方面的独特作用，这关系到家庭和睦，关系到下一代健康成长。① 要引导广大父母自觉担负起尊老爱幼、教育子女的责任，把爱学习、爱劳动、爱祖国的中华传统家庭美德的观念从小就传递给孩子。“要积极传播中华民族传统美德，传递尊老爱幼、男女平等、夫妻和睦、勤俭持家、邻里团结的观念，倡导忠诚、责任、亲情、学习、公益的理念，推动人们在为家庭谋幸福、为他人送温暖、为社会作贡献的过程中提高精神境界、培育文明风尚。”②

言传身教是家庭教育的有效方法。家庭教育需要科学方法，要重言传、重身教。不仅要教知识，更要培育品德，身体力行、耳濡目染，帮助孩子扣好人生的第一粒扣子，迈好人生的第一个台阶。第一，家长要不断提高自身素质，重视以身作则和言传身教，要时时处处给孩子做榜样，以自身健康的思想、良好的品行影响和帮助孩子养成好思想、好品格、好习惯。家长要时时处处给孩子做榜样，用正确行动、正确思想、正确方法教育引导孩子。要注意观察孩子的思想动态和行为变化，善于从点滴小事中教会孩子欣赏真善美、远离假丑恶。③ 北京一所中学的调查显示，87%的学生认为他的人格和品格来自于家长。家庭教育要把立德树人作为根本任务，把培育和践行社会主义核心价值观作为主旋律，把引导孩子培养好思想、好品行、好习惯作为根本目标，最大限度地发挥家庭教育在价值引领、道德教化方面的积极作用。第二，家庭教育要严格遵循教育规律、儿童身心发展规律和人的全面发展需求规律。学龄前儿童重在提供健康、丰富的生活和活动环境，培养孩子健康体魄、良好生活习惯和品德行为，让孩子们在快乐的童年生活中获得有益于身心发展的经验。中小学阶段，重在督促孩子坚持体育锻炼，增长自我保护、安全的基本知识和基本技能，参与劳动，养成良好生活自理习惯和学习习惯，引导孩子学会感恩父母、诚实为人、诚实做事。培养孩子积

---

① 习近平. 坚持男女平等基本国策，发挥我国妇女伟大作用[EB/OL]. http://www.xinhuanet.com/politics/2013-10/31/c_117956150.htm.

② 习近平. 在会见第一届全国文明家庭代表时的讲话[N]. 人民日报，2016-12-16(2).

③ 习近平参加北京市海淀区民族小学庆祝“六一”活动[EB/OL]. http://china.cnr.cn/news/201405/t20140531_515606547.shtml.

极学业态度，与学校配合减轻孩子过重学业负担，指导孩子学会自主选择，切实消除不合理的校外培训负担。第三，家庭教育应该贯彻社会主义核心价值观。只要是中国人，就应该自觉培育和践行社会主义核心价值观。我们倡导的富强、民主、文明、和谐，自由、平等、公正、法治，爱国、敬业、诚信、友善的社会主义核心价值观，体现了古圣先贤的思想，体现了仁人志士的夙愿，体现了革命先烈的理想，也寄托着各族人民对美好生活的向往。任何一个思想观念，要在全社会树立起来并长期发挥作用，就要从少年儿童抓起，从家庭教育抓起。[①] 第四，家风建设要充分学习继承中华优秀传统文化、中华民族传统美德、中华优秀革命传统精神。诸葛亮戒子格言、颜氏家训、朱子家训等是中华优秀传统文化中体现家风的代表性作品，传递了尊老爱幼、男女平等、夫妻和睦、邻里团结观念，彰显了忠诚、亲情、学习、公益的高尚情怀。毛泽东、周恩来、朱德等中国共产党老一辈革命家的家信，也充分反映了他们对文明家风的高度重视，对子女的殷殷希望，都是我们学习的榜样。第五，家庭教育要反对包括家庭暴力在内的一切社会歧视和社会性别偏见，尊重妇女、尊重母亲，为家庭教育营造良好的社会氛围和环境。习近平在全球妇女峰会上的讲话指出，妇女是物质文明和精神文明的创造者，是推动社会发展和进步的重要力量。没有妇女，就没有人类，就没有社会。妇女接受教育在全球 143 个国家得到立法确认，成为社会共识。中国会采取措施确保所有女童上得起学和安全上学，发展面向妇女的职业教育和终身教育，帮助她们适应社会和就业市场变化。努力构建和谐包容的社会文化，创造有利于妇女和儿童发展的国际环境。[②]

领导干部带头做好家风的表率。党员干部的家风，是反映党风和社会风气的一个重要“窗口”，也是党风廉政建设的“晴雨表”。对领导干部来说，家风关系的不仅是一身之进退、一家之荣辱，更关系到党风、政风、国风。一心可以丧邦，一心可以兴邦，只在公私之间尔。领导干部的家风不是个人的小事、家庭私事，而是领导干部作风的重要表现。各级领导干部特别是高级干部要继承和弘扬中华优秀传统文化，继承和

---

① 习近平在北京市海淀区民族小学主持召开座谈会时的讲话[N]. 人民日报，2014-05-31(2).

② 习近平：促进妇女全面发展，共建共享美好世界——在全球妇女峰会上的讲话[EB/OL]. http://cpc.people.com.cn/n/2015/0928/c64094-27640721.html.

弘扬革命前辈的红色家风，向焦裕禄、谷文昌、杨善洲等同志学习，做家风建设的表率，把修身、齐家落到实处。各级领导干部要保持高尚道德情操和健康生活情趣，树立遵纪守法、艰苦朴素、自食其力的良好观念。广大干部应该严格要求亲属子女、管好身边工作人员，为全社会做表率。① 习近平从自身做起，做家风建设的典范。他的父亲 88 岁大寿，时任福建省省长的习近平因工作原因未能回家为父亲祝寿。在写给父亲的信中，他表达了自己希望从父亲那里继承和吸取的高尚品质：一是学父亲做人，二是学父亲做事，三是学父亲对信仰的执着追求，四是学父亲的赤子情怀，五是学父亲的俭朴生活。“父亲的节俭几近苛刻。家教的严格，也是众所周知的。我们从小就是在父亲的这种教育下，养成勤俭持家习惯的。这是一个堪称楷模的老布尔什维克和共产党人的家风。这样的好家风应世代相传。”无论是在福建、浙江还是在上海工作，习近平都在干部大会上公开郑重表态，不允许任何人打他的旗号谋私利，并欢迎大家监督。习近平总是告诫亲朋好友：不能在我工作的地方从事任何商业活动，不能打我的旗号办任何事，否则别怪我六亲不认。

制度建设为各级领导干部的家风建设树立“规矩”。2015 年，中央全面深化改革领导小组第十次会议审议通过了《上海市开展进一步规范领导干部配偶、子女及其配偶经商办企业管理工作的意见》，要求对领导干部的家庭建设情况定期检查。2016 年，《中国共产党廉洁自律准则》第八条明确要求，党员领导干部要廉洁齐家，自觉带头树立良好家风。十八届六中全会审议通过的《关于新形势下党内政治生活的若干准则》要求：领导干部特别是高级干部必须注重家庭、家教、家风，教育管理好亲属和身边工作人员。禁止利用职权或影响力为家属亲友谋求特殊照顾，禁止领导干部家属亲友插手领导干部职权范围内的工作、插手人事安排。《中国共产党党内监督条例》第十四条规定：中央政治局委员要带头树立良好家风，加强对亲属和身边工作人员的教育和约束，严格要求配偶、子女及其配偶不得违规经商办企业，不得违规任职、兼职取酬。

---

① 习近平. 在会见第一届全国文明家庭代表时的讲话[N]. 人民日报,2016-12-16(2).

第四章　文化育人

源远流长、灿烂辉煌的中华文化是民族的血脉所在，是人民的信仰驻所、精神纽带，是面临挑战屹立不倒、历经劫难百折不挠的力量源泉。传承和弘扬优秀文化传统、保护历史文化遗产是中国当代文化建设的题中之义，受到全党、全国、全社会的高度重视。改革开放以来，我国文化建设契合社会主义市场经济发展的时代要求，遵循精神文明建设的内在规律，取得了举世瞩目的伟大成就。党的十八大以来，习近平多次强调要保护与传承中华文化。在中国共产党成立 95 周年大会上，习近平首次将“文化自信”作为中国特色社会主义的“四个自信”之一提出，指出积淀中华民族最深层的精神追求和精神标识的文化涵括中华优秀传统文化、革命文化和社会主义先进文化。党的十九大之后，我国将中国特色社会主义文化写入《中国共产党章程》，这必将极大地推动中华优秀文化的创造性转化、创新性发展，带动文化事业大发展、大繁荣。习近平就中国国情深入思考了文化化人、文化育人的重要作用，并立足于当前的社会发展、基于广阔的时空维度系统地回答了文化育人的当代价值及实现途径。

文化是一个国家和民族的根之所系、魂之所在，是国家和民族品格的集中体现。文化熔铸在民族的凝聚力、生命力与创新力之中，是民族团结、社会和谐的关键环节和推动发展的力量源泉与精神支撑。在开创中华民族美好未来与塑造人、培养人的历史进程中，文化既是经济社会全面协调发展的强大精神动力，也是经济社会发展不可或缺的重要部分。繁荣发展中华优秀传统文化、革命文化和社会主义先进文化，树立民族自信、振奋民族精神，培育社会主义建设者和接班人，从而为实现全面建设小康社会宏伟目标、构建社会主义和谐社会提供思想保证和精神动力。在继承中创新、在创新中传承，使中华文化叶茂根深、青春永葆，形成中国特色、中国风格、中国气派的文化教育，构筑中国文化精神、文化价值、文化力量，为各族人民提供精神指引。对我国改革开放以来文化育人政策变迁的研究，梳理政策变化特征，揭示文化育人的发展规律，有助于我们更准确地判定当前文化育人中存在的问题、挑战，为其未来发展提供有益思的考建议。

一、改革开放以来文化育人的政策变迁

（一）1978—1992 年：文化育人政策的初步显现

改革开放初期，国家出台的与文化育人有关的政策数量较少，共颁布 4 份有关文化育人的政策文件（详见表 4-1）。《共青团中央关于开展文化体育活动促进青少年健康成长的意见》30 次提到文化，其中从文化育人与建设发展的角度提及 19 次、一般性的表述 11 次。作为有关文化育人的政策文件，其高度重视青少年文化教育，锚定青少年群体，通过文化体育运动的展开促进青少年成长。倡导认真抓业余文化体育活动，多办业余活动阵地，广泛开展文化体育活动。《文化部关于加强群众文化工作的几点意见》是这一阶段文化育人的代表性政策文件，共有 6 次提及教育，其中 5 次关涉文化或文化部门。该政策主要基于当时的经济社会发展情况，从群众文化工作方针、政策的贯彻落实，农村文化中心的建设，文化馆（站）、艺术馆的建设，文化工作的引导四个方面对群众文化工作进行具体设计。政策对象上，除在普遍意义上涉及群众外，还两次明确提及“青少年”群体。

表 4-1　1978—1992 年文化育人主要相关政策文件

序号	时间	政策文件	发文机构及发文号
1	1980 年 5 月	关于开展文化体育活动促进青少年健康成长的意见	共青团中央
2	1980 年 7 月	关于加强群众文化工作的几点意见	文化部（文群字第 1069 号）
3	1985 年 5 月	关于教育体制改革的决定	中共中央
4	1991 年 4 月	中华人民共和国国民经济和社会发展十年规划和第八个五年计划纲要	中共中央

1985 年，《中共中央关于教育体制改革的决定》颁布，标志着教育系统变革的开端，指明了我国未来教育改革和发展的方向，是我国教育发展史上重要的里程碑。① 该政策文件提及文化 15 次，内容主要涉及整个教育宏观方面的改革，并未对文化育人有专门的论述。《中华人民共和国国民经济和社会发展十年规划和第八个五年计划纲要》共出现 38 次“文化”，在“文化建设”部分提出“切实加强思想政治工作，繁荣社会主义文化事业，不断提高全民族的思想道德素质和科学文化素质”，明确了弘扬民族优秀文化的具体措施。此阶段的有关政策虽然提及了文化育人，但明确规定通过文化进行育人的政策内容比较少。

（二）1993—2003 年：文化育人政策的快速调整

经过 15 年的缓慢探索，文化育人进入了 10 年的快速调整阶段。以 1993 年颁布的《中国教育改革和发展纲要》为代表，该政策文件 16 次提及文化，其中直接提及文化教育 2 次，与科学、思想、技术相关的内容 11 次，一般性提及 3 次。政策内容明确提出“要重视对学生进行中

① 吴德刚. 中国教育改革发展报告——改革开放二十年回顾与展望[M]. 北京：中共中央党校出版社，1998. 8.

国优秀文化传统教育，对中小学生还要注重进行文明行为的养成教育”；“建设健康的、生动的校园文化，树立良好的校风、学风，使学校成为建设社会主义精神文明的重要阵地”。这是改革开放后首个明确阐述文化育人的政策文件，具有阶段性的重要指向意义。进一步提出“要制定和完善公共文化设施对学生开放和减免收费的制度”，为文化育人提供了公共空间和场所保障。

该阶段的文化育人政策内容日渐丰富，处于政策快速调整时期。这一阶段国家与有关部委共颁布 16 份有关“文化育人”的政策文件（详见表 4-2），政策发文量是上一阶段的 4 倍。从发文机构的数量看，较上一阶段更为频繁；从发文机构的类别看，不但有单独的发文机构，还出现了联合发文机构。6 份政策文件以中共中央、国务院、教育部为主制定并发布，中央与教育部门联动规范文化育人，该部分占比为 37.5%；7 份由文化部单独发布，1 份由文化部联合共青团中央发布，占比 43.75%，内容主要涉及农村、西部、基层与网络文化建设，关注弱势群体和地区的文化建设。从政策内容看，《面向 21 世纪教育振兴行动计划》明确将大学生群体纳入文化育人范畴，提出“加强高等学校中华民族优秀传统教育和革命传统教育、人文科学教育和艺术教育，提高学生的文化素质”，第一次将革命传统教育纳入文化育人范畴。《中共中央国务院关于深化教育改革，全面推进素质教育的决定》对文化育人提出了具体要求，关注农村中小学文化育人。《全国教育事业第十个五年计划》关注高校在民族优秀文化弘扬、先进文化传播中的主体作用，呼吁社会要为青少年提供优秀的精神文化产品，加强青少年活动场所等文化设施的投入和建设。中组部、文化部、教育部等 5 部门颁布了首个专门促进老年教育工作的政策文件《关于做好老年教育工作的通知》，提出在老年群体中开展文化育人，为满足老年人的文化教育需求提供了政策规范。《文化部关于加强网络文化市场管理的通知》对日渐兴起的网络塑风正气，引导并明确互联网的文化传播方向。

该阶段政策数量较前一段倍增，涵盖面更广，出现了很多“首次”，关注到更多新群体和新类别，但总体上政策文件规定的内容较为分散，系统性不够强，有待于进一步完善。

表 4-2 1993—2003 年文化育人主要相关政策文件

序号	时间	政策文件	发文机构及发文号
1	1993 年 2 月	中国教育改革和发展纲要	中共中央、国务院（中发［1993］3 号）
2	1997 年 2 月	文化事业发展“九五”计划和 2010 年远景目标纲要	文化部（文办发［1997］7 号）
3	1997 年 10 月	关于当前积极推进中小学实施素质教育的若干意见	国家教委
4	1998 年 11 月	关于进一步加强农村文化建设的意见	文化部（文社图发［1998］80 号）
5	1998 年 12 月	面向 21 世纪教育振兴行动计划	教育部
6	1999 年 6 月	关于深化教育改革，全面推进素质教育的决定	中共中央、国务院
7	2000 年 1 月	文化事业发展第十个五年计划纲要	文化部
8	2000 年 5 月	关于实施西部大开发战略 加强西部文化建设的意见	文化部
9	2001 年 1 月	文化部关于贯彻落实“三个代表”重要思想进一步加强农村文化工作的通知	文化部（文社图发［2001］3 号）
10	2001 年 5 月	关于基础教育改革与发展的决定	国务院（国发［2001］21 号）
11	2001 年 6 月	中组部、文化部、教育部、民政部、全国老龄工作委员会办公室关于做好老年教育工作的通知	中组部、文化部、教育部、民政部、全国老龄工作委员会办公室（文社图发［2001］22 号）

续表

序号	时间	政策文件	发文机构及发文号
12	2001年7月	全国教育事业第十个五年计划	教育部（教发［2001］33号）
13	2002年1月	关于进一步加强基层文化建设的指导意见	国务院办公厅（国办发［2002］7号）
14	2002年4月	文化部关于进一步活跃基层群众文化生活的通知	文化部（文社图发［2002］13号）
15	2002年4月	关于切实加强农村青年文化建设的意见	共青团中央、文化部（中青联发［2002］26号）
16	2002年5月	文化部关于加强网络文化市场管理的通知	文化部（文市发［2002］10号）

（三）2004—2012年：文化育人政策的逐步完善

《2003—2007教育振兴行动计划》提出，加强学生素质教育和校园文化建设，提高大学生的思想道德素质、人文素质、科学素质和身体心理素质。随后，《国务院关于进一步加强和改进未成年人思想道德建设的若干意见》《中共中央国务院关于进一步加强和改进未成年人思想道德建设的若干意见》《文化部、国家发展改革委、教育部、科技部、民政部、财政部、国家文物局、解放军总政治部、全国总工会、共青团中央、全国妇联、中国科协关于公益性文化设施向未成年人免费开放的实施意见》《关于进一步净化社会文化环境促进未成年人健康成长的若干意见》《文化部关于进一步加强少年儿童图书馆建设工作的意见》等5份政策文件，从物质与精神两个层面对青少年进行立体多维的文化教育指导，物质方面主要从提供与建设文化空间出发，充分为青少年创设类别丰富的文化熏陶客体；精神方面强调要加强青少年群体的文化建设，肃清精神层面的文化杂质，创造良好的社会生态环境，促进青少年健康成长。

《全国妇联、文化部关于加强农村家庭文化建设的通知》《文化部关于高度重视农民工文化生活，切实保障农民工文化权益的通知》《中宣部、中央文明办、教育部、民政部、文化部关于运用传统节日弘扬民族文化的优秀传统的意见》《中共中央办公厅、国务院办公厅关于进一步加强农村文化建设的意见》等4个政策文件，主要关注农村文化建设，将文化教育广泛覆盖农村家庭、农民工个体、农村社会，农村文化建设政策的层次逐渐明朗、方向逐步清晰。《国家“十一五”时期文化发展规划纲要》《文化部关于进一步深化文化系统文化体制改革的意见》《国家中长期教育改革和发展规划纲要（2010—2020年）》《文化部“十二五”时期文化改革发展规划》《中共中央关于构建社会主义和谐社会若干重大问题的决定》等5份政策文件，均谈及传承和弘扬优秀民族文化传统，保护民族文化遗产，高度重视各类群体文化权益的享有与文化教育的普及。

2011年，《中共中央关于深化文化体制改革推动社会主义文化大发展大繁荣若干重大问题的决定》共提及教育30次，涉及文化教育内容的共有24次，主要包括思想政治教育、精神教育、信念教育、革命传统教育、爱国主义教育、品德教育、传统文化教育、核心价值教育等。《中共中央关于深化文化体制改革推动社会主义文化大发展大繁荣若干重大问题的决定》明确指出，把社会主义核心价值体系融入国民教育、精神文明建设和党的建设全过程，深入开展形势政策教育、国情教育、革命传统教育、改革开放教育、国防教育，广泛开展民族精神教育，深入挖掘民族传统节日文化内涵，广泛开展优秀传统文化教育普及活动。这一决定总结了我国文化改革发展的丰富实践与经验，研究部署深化文化体制改革、推动社会主义文化大发展大繁荣，对社会主义文化建设兴起新高潮，开展文化育人，开创中国特色社会主义事业新局面具有重大而深远的意义。

表 4-3　2004—2012 年文化育人主要相关政策文件

序号	时间	政策文件	发文机构及发文号
1	2004 年 2 月	2003—2007 教育振兴行动计划	教育部
2	2004 年 2 月	关于进一步加强和改进未成年人思想道德建设的若干意见	中共中央、国务院（中发［2004］8 号）
3	2004 年 4 月	中共中央国务院关于进一步加强和改进未成年人思想道德建设的若干意见	文化部、国家文物局（文办发［2004］9 号）
4	2004 年 9 月	关于公益性文化设施向未成年人免费开放的实施意见	文化部公共文化司（文办法［2004］33 号）
5	2004 年 10 月	全国妇联、文化部关于加强农村家庭文化建设的通知	全国妇联、文化部（妇字［2004］38 号）
6	2004 年 12 月	文化部关于高度重视农民工文化生活，切实保障农民工文化权益的通知	文化部市场司（文市发［2004］51 号）
7	2005 年 6 月	关于运用传统节日弘扬民族文化的优秀传统的意见	中宣部（文明办［2005］11 号）
8	2005 年 11 月	关于进一步加强农村文化建设的意见	中共中央办公厅、国务院办公厅（中办发［2005］27 号）
9	2006 年 5 月	关于深入学习实践社会主义荣辱观大力加强思想道德建设的意见	中央精神文明建设指导委员会办公室

续表

序号	时间	政策文件	发文机构及发文号
10	2006 年 9 月	国家“十一五”时期文化发展规划纲要	中共中央办公厅、国务院办公厅
11	2006 年 10 月	文化部关于贯彻落实《国家“十一五”时期文化发展规划纲要》的通知	文化部（文政法发［2006］27 号）
12	2006 年 10 月	关于构建社会主义和谐社会若干重大问题的决定	中共中央
13	2007 年 8 月	文化标准化中长期发展规划（2007—2020）	文化部
14	2008 年 7 月	关于进一步深化文化系统文化体制改革的意见	文化部（文政法发［2008］30 号）
15	2009 年 1 月	关于进一步净化社会文化环境促进未成年人健康成长的若干意见	中共中央办公厅（中办发［2009］6 号）
16	2010 年 7 月	国家中长期教育改革和发展规划纲要（2010—2020 年）	中共中央、国务院（中发［2010］12 号）
17	2010 年 12 月	关于进一步加强少年儿童图书馆建设工作的意见	文化部（文社文发［2010］42 号）
18	2011 年 10 月	关于深化文化体制改革 推动社会主义文化大发展大繁荣若干重大问题的决定	中共中央
19	2012 年 5 月	文化部“十二五”时期文化改革发展规划	文化部（文政法发［2012］13 号）

（四）2013年以来：文化育人政策的突破创新

该阶段国家发布的政策文件是四个阶段中最多且政策内容更加深入，体现了国家对文化育人的高度关注。中共中央、国务院及教育部、文化部等部门共发布23份政策，年均发布政策4.6份，特别是2015年发布相关政策6份，2017年密集发布相关政策11份。2013年，《中共中央关于全面深化改革若干重大问题的决定》提及教育25次，提及文化59次，指出要围绕建设社会主义核心价值体系、社会主义文化强国，增强国家文化软实力，深化文化体制改革，加快完善文化管理体制和文化生产经营机制，建立健全现代公共文化服务体系和现代文化市场体系；提出加强社会主义核心价值体系教育，完善中华优秀传统文化教育。

文化育人的有关政策内容更加具体、明确。这一阶段的文化育人政策不但全面涵盖了教育的各个阶段、类别，并且针对的群体类别更为多样。从内容看，一方面是对宏观政策方向性的进一步规定。《关于加快构建现代公共文化服务体系的意见》要求，保障特殊群体基本文化权益，推动公共文化服务向优质服务转变；《关于进一步加强和改进新形势下高校宣传思想工作的意见》提出要高度关注高校校园网络文化建设；《关于推进基层综合性文化服务中心建设的指导意见》指出，以基层综合性文化服务中心为载体开展职工文化交流、青少年课外实践和妇女文艺健身培训等丰富多彩的文体活动，引导所联系群众继承和弘扬中华优秀传统文化，自觉培育和践行社会主义核心价值观；《国家“十三五”时期文化发展改革规划纲要》指出，要“扬弃继承、转化创新，推动中华文化现代化”。另一方面，是对各级各类学校文化育人进行了具体规定。《完善中华优秀传统文化教育指导纲要》指出，要加强中华优秀传统文化教育，进一步针对不同阶段的学生，依据小学低年级、小学高年级、初中、高中、大学，分学段有序推进中华优秀传统文化教育。《关于实施中华优秀传统文化传承发展工程的意见》把中华优秀传统文化全方位融入思想道德教育、文化知识教育、艺术体育教育、社会实践教育各环节，贯穿于启蒙教育、基础教育、职业教育、高等教育、继续教育各领域；《国务院关于印发国家教育事业发展“十三五”规划的通知》广泛涉及职业学校、高校、民族学校，指出要“坚持以美育人、以文化人。充分利用图书馆、博物馆、文化馆等各类文化资源，广泛开展中华民族优秀传统文化、革命文化、社会主义先进文化教育，培育青少年学生文化认同和文化自信”；《“十三五”时期文化扶贫工作实施方案》，提出以地区文化、民族文化对边疆干部进行培训，扩展了文化育人的范围。

表 4-4　2013 年至今文化育人主要相关政策文件

序号	时间	政策文件	发文机构及发文号
1	2013 年 1 月	文化部“十二五”时期公共文化服务体系建设实施纲要	文化部（文公共发［2013］3 号）
2	2013 年 9 月	文化部信息化发展纲要	文化部（文信息发［2013］44 号）
3	2013 年 11 月	关于全面深化改革若干重大问题的决定	中共中央
4	2014 年 3 月	完善中华优秀传统文化教育指导纲要	教育部（教社科［2014］3 号）
5	2014 年 10 月	关于全面推进依法治国若干重大问题的决定	中共中央
6	2015 年 1 月	关于加快构建现代公共文化服务体系的意见	中共中央办公厅、国务院办公厅（中办发［2015］2 号）
7	2015 年 1 月	关于进一步加强和改进新形势下高校宣传思想工作的意见	中共中央办公厅、国务院办公厅
8	2015 年 5 月	关于加强新时期中小学图书馆建设与应用工作的意见	教育部、文化部、新闻出版广电总局（教基一［2015］2 号）
9	2015 年 9 月	关于加强和改进高校宣传思想工作队伍建设的意见	中宣部、中共教育部党组（教党［2015］31 号）

续表

序号	时间	政策文件	发文机构及发文号
10	2015 年 10 月	关于推进基层综合性文化服务中心建设的指导意见	国务院办公厅（国办发［2015］74 号）
11	2015 年 11 月	关于制定国民经济和社会发展第十三个五年规划的建议	中共中央
12	2016 年 12 月	关于推进县级文化馆图书馆总分馆制建设的指导意见	文化部、新闻出版广电总局、体育总局、发展改革委、财政部（文公共发［2016］38 号）
13	2017 年 1 月	国家教育事业发展“十三五”规划	国务院（国发［2017］4 号）
14	2017 年 1 月	关于实施中华优秀传统文化传承发展工程的意见	中共中央办公厅、国务院办公厅
15	2017 年 2 月	文化部“十三五”时期文化发展改革规划	文化部政策法规司
16	2017 年 4 月	文化部“十三五”时期文化产业发展规划	文化部产业司
17	2017 年 4 月	文化部“十三五”时期文化科技创新规划	文化科技司（文科技发［2017］9 号）
18	2017 年 5 月	国家“十三五”时期文化发展改革规划纲要	中共中央办公厅、国务院办公厅
19	2017 年 5 月	“十三五”时期文化扶贫工作实施方案	文化部财务司（办财务函［2017］131 号）
20	2017 年 5 月	关于新形势下加强戏曲教育工作的意见	文化科技司（文科技发［2017］13 号）

续表

序号	时间	政策文件	发文机构及发文号
21	2017年6月	“十三五”时期文化扶贫工作实施方案	文化部
22	2017年7月	文化部“十三五”时期公共数字文化建设规划	文化部公共文化司（文公共发［2017］18号）
23	2017年9月	关于进一步做好戏曲进校园工作的通知	文化部办公厅（办艺函［2017］215号）

二、改革开放以来文化育人的政策特征

（一）政策主体：国家宏观引导到职能部门管理

第一阶段，1978年至1992年，与文化育人相关的4份政策文件的发布主体是中共中央、共青团中央和文化部，立足于宏观层面对文化育人进行顶层设计，基于国家宏观需要、部门工作需要开展文化育人。政策内容主要通过计划性与指令性的供给方式为社会提供文化教育指导与服务。第二阶段，1993年至2003年，16份政策发布的主体除中共中央、共青团中央、文化部外，增加了国务院、国家教委/教育部、国务院办公厅等部门。教育部、文化部等职能部门发布了有关政策文件，两个部门或多个部门联合发布了部分有关政策文件。政策文件发布主体基本呈现出以中共中央、国务院、文化部和教育部为主的特征。第三阶段，2004年至2012年，20份政策文件的发布主体有两个显著特征，一是国家文物局、全国妇联、中宣部、中央精神文明建设指导委员会办公室等职能部门开始参与文化育人的政策构建；二是政策文件的发布主体下移，如文化部公共文化司、文化部市场司、文化部政策法规司、文化部产业司、文化部科技司等司局单位，政策文件规定的内容更为具体。政策制定的主体进一步丰富，政策规定的内容的更为明确、操作性更

强。第四阶段，2013 年至 2017 年，共有 23 份政策文件。从横向上看，国家新闻出版广电总局、体育总局、发展改革委和财政部逐步关注文化育人；从纵向上看，文化部的司局增加了财务司和艺术司，教育部首次出现基教一司。文化育人有关政策文件发布的主体更多、涉及的内容更丰富，文化育人开展的制度保障更为有力。

（二）政策规定：国家宏观规定到具体精细明确

改革开放之初，文化育人的关注点主要是青少年的健康成长，在群众文化工作的基础上促进文化育人。政策内容缺乏强有力的规定，大部分政策规定是引导性的、指导性的，表述比较模糊。随着改革开放的不断深入和综合国力的持续增强，我国经济、文化、科技、教育事业蓬勃发展，与文化育人有关的政策文件逐渐增多。从政策内容来看，主要分为两类：一类是综合性政策，把文化育人有关的政策纳入其中，将之作为综合性政策的一部分；另一类是专门性政策，文化育人政策更为精细与准确，表述上更为清晰与具体。《中共中央关于全面深化改革若干重大问题的决定》《完善中华优秀传统文化教育指导纲要》《关于实施中华优秀传统文化传承发展工程的意见》等政策文件，清晰地呈现了文化育人的政策内容。

（三）政策内涵：由“一种文化”到“三种文化”

文化育人中的“文化”内涵随着时代发展不断变化。1993 年，《中国教育改革和发展纲要》指出，“要重视对学生进行中国优秀文化传统教育”。中国优秀文化传统源远流长，教育政策中首先将其明确。1999 年，《面向 21 世纪教育振兴行动计划》《中共中央国务院关于深化教育改革，全面推进素质教育的决定》指出，要开展中华民族优秀传统教育和革命传统教育，在中国优秀文化传统教育的基础上增加了革命传统教育，革命传统教育在我国的文化教育中占据了非常重要的位置，通过革命传统教育让学生铭记历史、砥砺前行。2004 年，《全国妇联、文化部、关于加强农村家庭文化建设的通知》提出“树立和落实科学发展观，促进社会主义先进文化建设”；2005 年，《中宣部、中央文明办、教育部、民政部、文化部关于运用传统节日弘扬民族文化的优秀传统的意见》再次提出“建设社会主义先进文化”；2006 年，《中央精神文明建设指导委员会关于深入学习实践社会主义荣辱观大力加强思想道德建设的意见》明确指出要发展和始终坚持社会主义先进文化，明确了社会主义先进文化；2017 年，《国务院关于印发国家教育事业发展“十三五”规划的通知》提出“充分利用图书馆、博物馆、文化馆等各类文化资源，广泛开展中华民族优秀传统文化、革命文化、社会主义先进文化教育，培育青少年学生文化认同和文化自信”。至此，文化育人的政策内涵经过不同时期的丰富，形成了完整意义上的“三种文化”，即习近平指出的“推动中华优秀传统文化创造性转化、创新性发展，继承革命文化，发展社会主义先进文化”。

（四）政策对象：由“部分关注”到“全面纳入”

文化育人的政策对象包括不同年龄与不同学段。从不同年龄段看，政策关注的不同年龄段渐进全面。《共青团中央关于开展文化体育活动促进青少年健康成长的意见》关注青少年群体；《文化部关于加强群众文化工作的几点意见》指出“要教育人民、特别是青少年树立崇高的革命理想和革命道德风尚”，关注人民群众整体的同时，突出了青少年群体。《中组部、文化部、教育部、民政部、全国老龄工作委员会办公室关于做好老年教育工作的通知》与《国务院办公厅转发文化部、国家计委、财政部关于进一步加强基层文化建设指导意见的通知》关注到了老年人群体。《关于切实加强农村青年文化建设的意见》关注到农村青年人群体，《中共中央国务院关于进一步加强和改进未成年人思想道德建设的若干意见》将目标确定为未成年人。

从不同学段看，文化育人政策由初期的单个关注发展为后期的所有阶段。《中国教育改革和发展纲要》提出“要重视对学生进行中国优秀文化传统教育，对中小学生还要注重进行文明行为的养成教育”，关注对象是中小学生。《面向 21 世纪教育振兴行动计划》提出“加强高等学校中华民族优秀传统教育和革命传统教育”，将大学生和高校纳入文化育人范畴。《中共中央国务院关于深化教育改革，全面推进素质教育的决定》明确指出高校、职业教育和成人教育三个阶段是素质教育的主体。《文化事业发展第十个五年计划纲要》明确拓展了学历后继续教育的文化育人。《国家“十一五”时期文化发展规划纲要》对义务教育中的文化育人进行了规定。《完善中华优秀传统文化教育指导纲要》指出要“加强中华优秀传统文化教育”，依据小学低年级、小学高年级、初中、高中、大学，分学段有序推进中华优秀传统文化教育。中共中央办公厅、国务院办公厅《关于实施中华优秀传统文化传承发展工程的意见》把中华优秀传统文化全方位融入思想道德教育、文化知识教育、艺术体育教育、社会实践教育各环节，贯穿于启蒙教育、基础教育、职业教育、高等教育、继续教育各领域。

三、文化育人新形势、新挑战和新问题

（一）新形势

改革开放以来，国家陆续发布了以《中国教育改革和发展纲要》《国家中长期教育改革和发展规划纲要（2010—2020年）》《中共中央关于深化文化体制改革推动社会主义文化大发展大繁荣若干重大问题的决定》《完善中华优秀传统文化教育指导纲要》《国务院关于印发国家教育事业发展“十三五”规划的通知》《关于实施中华优秀传统文化传承发展工程的意见》等为代表的多份与文化育人有关的重要政策文件，基本形成了文化育人的政策体系。党的十九大报告指出“经过长期努力，中国特色社会主义进入了新时代，这是我国发展新的历史方位”。[①] 在这承前启后、继往开来的新时代，文化育人面临新的形势。从国际看，全球正处于大发展、大变革、大调整时期，世界范围内各种思想文化交流、交融、交锋，日趋活跃的主流、非主流社会思想观念和价值取向同时并存，社会思潮纷纭激荡。从国内看，我国社会改革进入攻坚期与深

① 习近平. 决胜全面建成小康社会. 夺取新时代中国特色社会主义伟大胜利[N]. 人民日报，2017-10-28(1).

水区，各种深层次矛盾和问题不断呈现，各类风险和挑战不断增多，社会主要矛盾发生了重大转变，即人民日益增长的美好生活需要和不平衡不充分发展之间的矛盾。人民不仅对物质生活有更高要求，对于精神文化方面的需求在数量与质量上也日益增长。我国同外部世界的互动、交融、关联不断增强，在教育与文化传播交流方面，面临复杂的形势。目前，我国处于重要战略机遇期，处于从世界大国走向世界强国的关键时期，如何坚持文化育人，加快将我国从社会主义文化大国建设成为社会主义文化强国，增强文化软实力、提升国际话语权，实现文化自信，迫切需要我们在教育、文化领域中有所作为。

（二）新挑战和新问题

首先，当今世界纷繁复杂、竞争日益激烈，文化等软实力的竞争空前剧烈，中国特色社会主义文化面临新问题与新挑战。世界进入大发展大变革大调整时期，虽然时代发展的主题依然是和平、发展、合作，但同时面临诸多挑战。经济全球化虽然遭遇重大阻碍，但依然持续推进，各国相互依存程度不断加深，科技创新又有新突破，国家之间的文化交流日渐密切。与此同时，全球各类危机四伏，世界气候、生态变化频繁，重大自然灾害频发，国际金融市场波动依然，资源、粮食安全问题依旧存在，互联网安全隐患四伏，文化的重要地位和作用凸显。我国文化发展面临前所未有的挑战，坚持文化自信，增强中华文化国际影响力时不待我。深入开展文化育人，在尊重全球文化发展多样性的同时，增强文化软实力，将之发扬光大，扩大我国文化在世界的影响力，是我国现代化建设必须解决的重大战略问题。

其次，我国进入全面建设小康社会攻坚期，改革开放进入深水区，经济社会发展呈现新特征。改革开放以来，我国虽然取得了举世瞩目的多项成就，但基本国情尚未改变，发展依然是解决问题的关键。人民群众的精神文化需求日趋旺盛，文化活动的独立性、自主性、多变性、丰富性、差异性明显增强，对文化育人提出了更高要求。如何更为有效地推动物质文明与精神文明协同发展，继承发展优秀文化，促进文化育人，提升文化素养，建设中华民族精神家园，共享文化发展成果，成为迫切需要解决的问题。

再次，互联网的普及使得信息传播的速度迅猛提升，世界各国文明、文化成果相互交融的同时，部分不良文化影响到了国家文化安全。经济社会的急剧转型、多元文化的直接对撞，使人们在生活方式、思想观念上出现困顿与迷惑，导致价值空洞歪曲、精神萎靡虚浮、行为拜金享乐等社会问题。亟须树立正确的文化取向、文化价值和文化血脉上的理性自觉，建立并葆有高度的文化自信，在现代化、全球化发展中坚守文化阵地，抵御有害、腐朽的文化冲击，在文化传承中不断实现创新与发展优秀文化。

最后，受国内外多种势力和思潮的影响，覆盖文化外衣携带各种阴谋的反华势力、对国家经济社会发展别有用心的极端势力，严重影响文化认同，对中华民族文化传播、文化继承、文化自信造成了消极的影响。如何坚定文化自信，坚持中国特色社会主义文化，成为文化育人的重大挑战和问题。

四、新时代文化育人的趋势和政策路径

一个国家、一个民族的复兴与强盛，离不开文化的复兴与强盛。文化的传播与文明的绵延使得博大精深的中华文化继续向前推进，并随时代变迁而与时俱进，其价值和魅力在与他者文化交流、碰撞、融合中汲取优秀养分。习近平指出，“没有文明的继承和发展，没有文化的弘扬和繁荣，就没有中国梦的实现。”① 文化育人要求我们立足于中国特色社会主义文化，准确把握时代境遇。“任何超越现实、超越阶段而急于求成的倾向都要努力避免，任何落后于实际、无视深刻变化着的客观事实而因循守旧、故步自封的观念和做法都要坚决纠正。”② 习近平指出，

① 习近平. 在联合国教科文组织总部的演讲[N]. 人民日报,2014-03-28(3).

② 中共中央宣传部,习近平总书记系列重要讲话读本[M]. 北京 :学习出版社、人民出版社,2016. 210.

“我们说要坚定中国特色社会主义道路自信、理论自信、制度自信，说到底是要坚定文化自信。文化自信是更基本、更深沉、更持久的力量”。[①] 党的十九大报告明确提出，要推动中华优秀传统文化创造性转化、创新性发展，继承革命文化，发展社会主义先进文化，不忘本来、吸收外来、面向未来，更好地构筑中国精神、中国价值、中国力量。

文化自信是道路自信、理论自信、制度自信的内在要求，为其他三个自信提供精神支撑。文化自信是为中国特色社会主义文化提供有力精神支撑、引领社会思潮、凝聚社会共识、提振民族精神、传播中国声音的高度自信。坚定文化自信就是坚信中国特色社会主义文化蕴含着中华民族最深层的精神追求，代表着中华民族独特的精神标识，是有力展现中华文明、不断增强全党全国各族人民凝聚力的精神力量。中国特色社会主义文化是在 5000 多年文明发展中孕育的中华优秀传统文化，在党和人民伟大斗争中孕育的革命文化和社会主义先进文化。[②] 习近平指出，“核心价值观是文化软实力的革命文化与中国灵魂、文化软实力建设的重点，这是决定文化性质和方向的最深层次要素。”[③] 当代中国的核心价值观是社会主义核心价值观，它是中华优秀传统文化、革命文化与社会主义先进文化在价值观层面的集中反映和高度凝练。立足中国、借鉴国外，挖掘历史、把握当代，关怀民族、面向人类，着力构建中国特色社会主义文化，在指导思想、学科体系、学术体系、话语体系等方面充分体现中国特色、中国风格与中国气派。

（一）明确文化自信的文化涵义

1. 优秀传统文化

有着 5000 多年绵延不断历史的中华优秀传统文化是中国特色社会主义文化的源头，蕴含了中华民族的文化基因，饱含了中华民族最深沉、最持久的精神理想与价值体认。任何国家的“国民性”都离不开传统的滋养，中华民族的文化传统“已经成为中华民族的基因，植根在中

① 习近平. 在哲学社会科学工作座谈会上的讲话[N]. 人民日报,2016-05-19(2).

② 习近平. 在庆祝中国共产党成立 95 周年大会上的讲话[N]. 人民日报,2016-07-02(2).

③ 习近平谈治国理政[M]. 北京:外文出版社,2014. 163.

国人内心，潜移默化影响着中国人的思想方式和行为方式”。① 习近平指出，“优秀传统文化是一个国家、一个民族传承和发展的根本，如果丢掉了，就割断了精神命脉。”② 关于中华优秀传统文化教育，习近平强调，中华文化积淀着中华民族最深层的精神追求，代表着中华民族独特的精神标识。“深入挖掘和阐发中华优秀传统文化讲仁爱、重民本、守诚信、崇正义、尚和合、求大同的时代价值，使中华优秀传统文化成为涵养社会主义核心价值观的重要源泉。”“对历史文化特别是先人传承下来的价值理念和道德规范，要坚持古为今用、推陈出新，有鉴别地加以对待，有扬弃地予以继承，努力用中华民族创造的一切精神财富来以文化人、以文育人。”③

中华优秀传统文化滋养了中华民族个体，塑造了民族身份，“要讲清楚中华优秀传统文化的历史渊源、发展脉络、基本走向”④，搞清楚、回答好“从何处来”与“到何处去”的问题。习近平指出，中华优秀传统文化“体现着中华民族世世代代在生产生活中形成和传承的世界观、人生观、价值观、审美观等，其中最核心的内容已经成为中华民族最基本的文化基因。这些最基本的文化基因是中华民族和中国人民在修齐治平、尊时守位、知常达变、开物成务、建功立业过程中逐渐形成的有别于其他民族的独特标识”。⑤ 继承与弘扬中华优秀传统文化中极具历史意义与时代价值的内容，有利于增强文化认同感和凝聚力，团结全体人民努力拼搏，为实现“两个一百年”目标奋斗；有利于推动我国文化走出国门、走向世界，提升文化吸引力和影响力，为世界贡献中国智慧；有利于增强文化自信，以更加开放、积极的心态投入到国家建设当中，为中国发展、世界和平做出贡献。

---

① 习近平. 青年要自觉践行社会主义核心价值观[N]. 人民日报,2014-05-05(2).

② 习近平. 在纪念孔子诞辰 2565 周年国际学术研讨会暨国际儒学联合会第五届会员大会开幕会上的讲话[N]. 人民日报,2014-09-25(2).

③ 把培育和弘扬社会主义核心价值观作为凝魂聚气强基固本的基础工程[N]. 人民日报,2014-02-26(1).

④ 把培育和弘扬社会主义核心价值观作为凝魂聚气强基固本的基础工程[N]. 人民日报,2014-02-26(1).

⑤ 习近平. 在纪念孔子诞辰 2565 周年国际学术研讨会暨国际儒学联合会第五届会员大会开幕会上的讲话[N]. 人民日报,2014-09-25(2).

2. 革命文化

革命文化是近代中国社会寻求社会出路过程中中国共产党创立的先进文化，是中华文化发展中最具革命朝气、鲜明独特、奋发勇进的文化，以民族独立、人民解放，国家富强、人民富裕为不同时期的奋斗目标与抗争任务。革命文化既包括旧民主主义革命，也联通新民主主义革命。历经争斗与磨难，最终中国共产党经受住时代的考验，成为历史和人民的选择。革命文化是中国共产党团结和引领全党、全国各族人民在革命、建设和改革开放过程中创造的带有鲜明中国特色的文化形态，中国共产党近百年的奋斗史就是一部革命文化的塑造史。“一个民族的历史是一个民族安身立命的基础。”[①] 弘扬中国革命文化，有助于深入学习和探究党史、国史，继承发扬党的优良传统，坚定党和革命先辈的理想信念，更好地把握、学习、传承、创新红色精神。红色精神是民族精神在革命历史条件下的再现、创新与升华，是革命文化的浓缩和精髓，最能体现其本质特征和独特内涵。习近平高度总结与提炼出红色精神，提出“红船精神”概念，补充和完善了红色精神在 1927 年前的缺位；提出“载人航天精神”“丝路精神”等，展现了新形势下红色精神的新风貌与新品质。[②] 同时，习近平高度重视红色精神的继承与发扬，2016 年在江西考察调研时指出，“井冈山是中国革命的摇篮。井冈山时期留给我们最为宝贵的财富，就是跨越时空的井冈山精神。今天，我们要结合新的时代条件，坚持坚定执着追理想、实事求是闯新路、艰苦奋斗攻难关、依靠群众求胜利，让井冈山精神放射出新的时代光芒。”重点强调要传承好“井冈山精神”“苏区精神”“延安精神”“西柏坡精神”“长征精神”“抗战精神”等富有时代特征、民族特色的宝贵财富，脱胎于中华民族优秀文化传统的优良传统和作风、红色精神，同时又在新形势下不断进行着再生再造、凝聚升华，为在新的历史条件下推进文化建设奠定了坚实基础。结合新的时代条件，发扬光大革命文化，有助于不忘初心、满怀信心、永葆决心，继续高扬革命文化的理想信念，彰显红色精神的时代光芒。坚持用井冈山、苏区、延安精神等革命传统铸魂育

---

① 习近平. 在纪念毛泽东同志诞辰 120 周年座谈会上的讲话[N]. 人民日报,2013-12-27(2).

② 王毅. 习近平关于中国共产党人精神论述探析[J]. 毛泽东思想研究,2016,33(06):73-77.

人，践习党的创新理论、弘扬革命优良传统。

3. 社会主义先进文化

社会主义先进文化是马克思主义同中华优秀传统文化及革命文化相结合，以社会主义核心价值体系为灵魂，面向现代化、面向世界、面向未来的，民族的、科学的、大众的文化，它与中国社会的变迁步调一致，是代表最广大人民根本利益的中国特色文化。关于社会主义先进文化教育，习近平指出，第一，“当代中国价值观念，就是中国特色社会主义价值观念，代表了中国先进文化的前进方向。”[①] 第二，“中国梦意味着中国人民和中华民族的价值体认和价值追求，意味着全面建成小康社会、实现中华民族伟大复兴，意味着每一个人都能在为中国梦的奋斗中实现自己的梦想，意味着中华民族团结奋斗的最大公约数，意味着中华民族为人类和平与发展作出更大贡献的真诚意愿。”[②] 第三，“要使中华民族最基本的文化基因与当代文化相适应、与现代社会相协调，以人们喜闻乐见、具有广泛参与性的方式推广开来，把跨越时空、超越国度、富有永恒魅力、具有当代价值的文化精神弘扬起来。”[③]

坚持社会主义先进文化的前进方向，是应对西方文化的冲击渗透，是应对传统文化的牵扯羁绊，是应对敌对文化的否定拆解，是着力构建当代中国文化自信的必然要求。《中共中央关于全面深化改革若干重大问题的决定》强调“建设社会主义文化强国，增强国家文化软实力，必须坚持社会主义先进文化前进方向，坚持中国特色社会主义文化发展道路”。习近平在中共中央政治局第十二次集体学习时强调，“要弘扬社会主义先进文化，深化文化体制改革，推动社会主义文化大发展大繁荣”。[④] 在省部级主要领导干部学习贯彻党的十八届五中全会精神专题研讨班上，习近平再次强调，“要坚持社会主义先进文化前进方向，用社会主义核心价值观凝聚共识、汇聚力量，用优秀文化产品振奋人心、鼓舞士气，用中华优秀传统文化为人民提供丰润的道德滋养，提高精神

① 建设社会主义文化强国 着力提高国家文化软实力[N]. 人民日报,2014-01-01(1).
② 建设社会主义文化强国 着力提高国家文化软实力[N]. 人民日报,2014-01-01(1).
③ 建设社会主义文化强国 着力提高国家文化软实力[N]. 人民日报,2014-01-01(1).
④ 建设社会主义文化强国 着力提高国家文化软实力[N]. 人民日报,2014-01-01(1).

文明建设水平。”[①] 这为党和国家在新的历史起点上继续加强社会主义先进文化建设明确了目标要求与奋斗方向，提供了基本的思想遵循。

（二）继承发展与创新中华文化

1. 不忘本来

第一，秉承科学精神。“优秀传统文化是一个国家、一个民族传承和发展的根本，如果丢掉了，就割断了精神命脉。”[②] 习近平高度强调优秀传统文化的价值与存在意义。受历史条件的局限与制约，它不可避免地涵盖了部分在当前社会发展中显得过时或糟粕的内容，因而在学习与创新传统文化时需要做到“古为今用、以古鉴今，坚持有鉴别的对待、有扬弃的继承”[③]。第二，科学锚定历史位置。“在带领中国人民进行革命、建设、改革的长期历史实践中，中国共产党人始终是中国优秀传统文化的忠实继承者和弘扬者，从孔夫子到孙中山，我们都注意汲取其中积极的养分”。[④] 习近平将传统文化的历史方位准确的锚定在革命、建设与改革不同时期的历史实践中，指出进一步推进优秀传统文化的重要性与必要性。第三，全面诠释时代价值。“中华优秀传统文化是中华民族的突出优势，是我们最深厚的文化软实力”。[⑤] 习近平立足于软实力，指出根植于中华文化沃土的中国特色社会主义是实现中国梦的唯一道路。历经岁月洗礼与积淀、具有民族性和代表性的文化遗产，是国家和民族发展的重要基石。习近平指出，要“像爱惜自己的生命一样保护

---

① 中共中央文献研究室. 习近平总书记重要讲话文章选编[M]. 北京：中央文献出版社，党建读物出版社，2016. 394.

② 习近平. 在纪念孔子诞辰 2565 周年国际学术研讨会暨国际儒学联合会第五届会员大会开幕会上的讲话[N]. 人民日报，2014-09-25(2).

③ 习近平. 在纪念孔子诞辰 2565 周年国际学术研讨会暨国际儒学联合会第五届会员大会开幕会上的讲话[N]. 人民日报，2014-09-25(2).

④ 习近平. 在纪念孔子诞辰 2565 周年国际学术研讨会暨国际儒学联合会第五届会员大会开幕会上的讲话[N]. 人民日报，2014-09-25(2).

⑤ 习近平谈治国理政[M]. 北京：外文出版社，2014. 155.

好城市历史文化遗产”①，提高国家文化软实力，努力展示中华文化独特魅力。中华民族在5000多年文明发展进程中创造了博大精深、流传久远的灿烂文化，要把继承传统优秀文化又弘扬时代精神、立足本国又面向世界的当代中国文化创新成果传播出去。提高对外文化交流水平，完善与创新人文交流机制和方式，充分展示中华文化的特殊魅力。

2. 吸收外来

生生不息的中国传统文化缘于包容的胸怀，纳百川、采众长。世界不同文明形态各异、特征不一，要正确看待、对待不同文明，处理好文化之间的同异，积极、主动学习与借鉴国外的先进文化，将其中优秀的、能够促进中华民族文化进步的优秀内容为我所用，这是推动文化发展、创新的客观要求，也是中华文化的优良传统。在兼收并蓄中博采众长，善于吸收一切人类文明成果，是中华文明的鲜明品格。习近平强调，“中华优秀传统文化与社会主义市场经济、民主政治、先进文化、社会治理等还存在需要协调适应的地方”②，指出弘扬中华优秀传统文化要“处理好继承和创造性发展的关系”③，“努力实现传统文化的创造性转化、创新性发展，使之与现实文化相融相通，共同服务以文化人的时代任务”④。要系统梳理传统文化资源，让收藏在博物馆的文物、陈列在大地上的遗产、书写在古籍里的文字活起来，与当代、世界相关联、相融合；加强传统文化、革命文化、社会主义先进文化的研究，深入发掘蕴含其中的教育资源，为中华民族的伟大复兴提供强大的文化支撑。

“一个国家、一个民族的强盛，总是以文化兴盛为支撑的，中华民族伟大复兴需要以中华文化发展繁荣为条件。”⑤ 习近平立足于国家、

---

① 段金柱.“像爱惜自己的生命一样保护好文化遗产”[N].福建日报,2015-01-06(1).

② 十一、用社会主义核心价值观凝心聚力[N].人民日报,2016-05-05(9).

③ 习近平谈治国理政[M].北京:外文出版社,2014.164.

④ 习近平.在纪念孔子诞辰2565周年国际学术研讨会暨国际儒学联合会第五届会员大会开幕会上的讲话[N].人民日报,2014-09-25(2).

⑤ 认真贯彻党的十八届三中全会精神 汇聚起全面深化改革的强大正能量[N].人民日报,2013-11-29(1).

民族、世界、人类的高度肯定文化的重要推动作用，指出“人类在漫长的历史长河中，创造和发展了多姿多彩的文明……不论是中华文明，还是世界上存在的其他文明，都是人类文明创造的成果”。[①]习近平强调，“人类已经有了几千年的文明史，任何一个国家、一个民族都是在承先启后、继往开来中走到今天的，世界是在人类各种文明交流交融中成为今天这个样子的。”[②]“我们不仅要了解中国的历史文化，还要睁眼看世界，了解世界上不同民族的历史文化，去其糟粕，取其精华，从中获得启发，为我所用。”[③]

3. 面向未来

创新是发展的第一动力。文化创新，是理论创新、制度创新、道路创新的基础与出发点。文化创新需要在全社会范围内培育创新精神，习近平明确“要在全社会大力弘扬创新精神、提高创新能力，为坚持走中国特色自主创新道路、建设创新型国家奠定坚实的群众基础”。[④]习近平强调，“意识形态工作是党的一项极端重要的工作。”[⑤]习近平就苏联的解体和苏共的垮台指出，“一个重要原因就是意识形态领域的斗争十分激烈，全面否定了苏联历史、苏共历史，否定列宁，否定斯大林，搞历史虚无主义，思想搞乱了”。[⑥]习近平指出，“和平、发展、公平、正义、民主、自由，是全人类的共同价值。”[⑦]在作为物质和精神财富创造者的人民群众中间培育、形成创新精神与创造意识有利于推动文化创

---

① 习近平谈治国理政[M]. 北京:外文出版社,2014. 258.

② 习近平. 在纪念孔子诞辰 2565 周年国际学术研讨会暨国际儒学联合会第五届会员大会开幕会上的讲话[N]. 人民日报,2014-09-25(2).

③ 习近平. 在中央党校建校 80 周年庆祝大会暨 2013 年春季学期开学典礼上的讲话[N]. 人民日报,2013-03-03(2).

④ 赵永新. 全社会要弘扬创新精神提高创新能力 为建设创新型国家奠定坚实群众基础[N]. 人民日报,2009-09-20(4).

⑤ 习近平谈治国理政[M]. 北京:外文出版社,2014. 153.

⑥ 中共中央文献研究室. 十八大以来重要文献选编(上)[G]. 北京:中央文献出版社,2014. 113.

⑦ 习近平. 携手构建合作共赢新伙伴 同心打造人类命运共同体[N]. 人民日报,2015-09-29(2).

新。文化创新离不开文化体制改革，文化体制改革与文化创新二者密切联系、互为前提、共促共长。习近平强调，“要坚持走中国特色社会主义文化发展道路，弘扬社会主义先进文化，深化文化体制改革，推动社会主义文化大发展大繁荣，增强全民族文化创造活力，让一切文化创造源泉充分涌流。”① 这指明了我国文化体制深化改革的方向，弘扬、推动、发展中华文化，推动文化创新，丰富文化内涵与形式，树立文化自信。

（三）扩大中华文化世界影响力

1. 树立文化大国的国家形象

首先，持守中华文化精神。传承千年的中华文明，承载了难以计量的具有高度价值的优秀理念。“古人所说的‘先天下之忧而忧，后天下之乐而乐’的政治抱负，‘位卑未敢忘忧国’，‘苟利国家生死以，岂因祸福避趋之’的报国情怀，‘富贵不能淫，贫贱不能移，威武不能屈’的浩然正气，‘人生自古谁无死，留取丹心照汗青’，‘鞠躬尽瘁，死而后已’的献身精神等，都体现了中华民族的优秀传统文化和民族精神，我们都应该继承和发扬。”② 习近平强调，这些仁人情怀、志士正气，是需要学习和牢记的思想精华。

其次，增强国家文化实力。强大的文化实力是国家文化形象得以建立与奠基的牢固基础与坚强后盾。习近平将我国文化软实力的实现路径与目标要求具体化为“弘扬社会主义先进文化，深化文化体制改革，推动社会主义文化大发展大繁荣，增强全民族文化创造活力，推动文化事业全面繁荣、文化产业快速发展”。③

最后，有效提升文化开放程度。将“当代中国文化创新成果传播出去”，必须“提高对外文化交流水平，完善人文交流机制，创新人文交流方式，综合运用大众传播、群体传播、人际传播等多种方式”。“酒好也怕巷子深”，在充分利用多维传播方式与渠道传播优秀文化的同时，

---

① 建设社会主义文化强国 着力提高国家文化软实力[N]. 人民日报，2014-01-01(1).

② 习近平. 在中央党校建校 80 周年庆祝大会暨 2013 年春季学期开学典礼上的讲话[N]. 人民日报，2013-03-03(2).

③ 习近平谈治国理政[M]. 北京：外文出版社，2014. 160.

提升传播效果，“塑造我国作为文明大国、东方大国、负责任大国和社会主义大国的国家形象”。[①]

2. 对外交流中展现文化自信

文化交流是提升我国对外开放水平和程度的重要内容，同时是扩大、深化我国文化在世界范围影响力的重要途径。在文化交流中要坚持文明互鉴、开放包容，但更重要的是正视自己的主体地位，让他人的东西为我所用，取长补短，吸收借鉴国际优秀文明成果，积极参与世界文化的对话与交流。我们既要有美人之美、美美与共的博大胸襟与恢宏气度，同时也要有“自美其美”的个体自觉与自信。习近平强调，“没有高度的文化自信，没有文化的繁荣兴盛，就没有中华民族伟大复兴”。党的十九大报告指出，要引导人们树立正确的历史观、民族观、国家观、文化观。习近平指出，“介绍中国，既要介绍特色的中国，也要介绍全面的中国；既要介绍古老的中国，也要介绍当代的中国；既要介绍中国的经济社会发展，也要介绍中国的人和文化。”[②] 中国当代的文化是面向现代化、面向世界、面向未来的，要基于不同国家的历史、民族、国情的差异，讲清楚中华文化的深刻积淀、最深沉的精神追求，讲清楚植根于中华大地、反映民众意愿、适应我国和当代发展进步的中国特色文化。习近平强调，“在中外文化沟通交流中，我们要保持对自身文化的自信、耐力、定力。”[③]

3. 拓展中华文化影响力深度

博大精深、内涵丰富的中华文化是中华民族的强大精神支撑，是人类文明的珍宝。历史上，中华文明对周边国家乃至整个世界都产生了具有高度稳定性的深远影响。“一个国家的文化软实力，从根本上说，取决于其核心价值观的生命力、凝聚力、感召力。”[④] 这需要我们在传播中国文化的过程中注重内容含蕴的中国核心价值观。习近平指出，我们

---

① 习近平谈治国理政[M].北京:外文出版社,2014.161-162.

② 杜尚泽.习近平同德国汉学家、孔子学院教师代表和学习汉语的学生代表座谈[N].人民日报,2014-03-30(1).

③ 杜尚泽.习近平同德国汉学家、孔子学院教师代表和学习汉语的学生代表座谈[N].人民日报,2014-03-30(1).

④ 习近平谈治国理政[M].北京:外文出版社,2014.163.

不仅要让世界知道“舌尖上的中国”，还要让世界知道“学术中的中国”“理论中的中国”“哲学社会科学中的中国”，让世界知道“发展中的中国”“开放中的中国”“为人类文明作贡献的中国”。[①] 如此，才能让世界深度、准确地了解中国，更好地感知中华文化的深厚历史底蕴、各民族多元一体、文化多样和谐、繁荣稳定发展的真实样态。我们一方面要立足于自己的视角，传播声音、表达理念；一方面，也要考虑国际受众的审美习惯、接受程度，做好推介及交流。选择精美文艺产品，让受众、尤其是国际受众在轻松、愉悦中潜移默化地接受中华文化的影响，从而产生文化接纳与文化认同。要把中国的文化及产品艺术地呈现，将观点巧妙地渗透在有意味的故事情节中，使其耐人寻味、引人入胜，令海外受众对中华文化产生浓厚兴趣。“创新理念、内容、体裁、形式、方法、手段、业态、体制、机制”[②]，“用海外读者乐于接受的方式、易于理解的语言，讲述好中国故事，传播好中国声音，努力成为增信释疑、凝心聚力的桥梁纽带。”[③] 习近平指出，“我们应该维护各国各民族文明多样性，加强相互交流、相互学习、相互借鉴，而不应该相互隔膜、相互排斥、相互取代。”[④] 世界文化关系应是各美其美、美人之美、美美与共，天下大同。“积极发掘中华文化中积极的处世之道和治理理念同当今时代的共鸣点，继续丰富打造人类命运共同体等主张，弘扬共商共建共享的全球治理理念。”[⑤] 要充分发挥我国海外的各大使馆、孔子学院的作用，在各国办好中国文化节、艺术节等，发挥节日的传播与扩散作用，同时，鼓励并调动文化团体、研究机构、社会组织力量的广泛参与，使其发挥发挥官方渠道难以触及场域的积极、有效作用。

---

① 习近平. 在哲学社会科学工作座谈会上的讲话[N]. 人民日报,2016-05-19(2).

② 中共中央文献研究室. 习近平总书记重要讲话文章选编[M]. 北京:中央文献出版社,党建读物出版社, 2016. 428.

③ 用海外乐于接受方式易于理解语言努力做增信释疑凝心聚力桥梁纽带[N]. 人民日报,2015-05-22(1).

④ 习近平. 在纪念孔子诞辰 2565 周年国际学术研讨会暨国际儒学联合会第五届会员大会开幕会上的讲话[N]. 人民日报,2014-09-25(2).

⑤ 推动全球治理体制更加公正更加合理 为我国发展和世界和平创造有利条件[N]. 人民日报,2015-10-14(1).

第五章　榜样育人

榜样育人是以正面人物的优秀品质和模范行为对社会成员施加影响的育人方式，是以他人的高尚情操、模范行为、优秀事迹等来影响受教育者的方法，使其通过接受榜样精神的感染、熏陶和激励，行为动机得到激发和强化，思想境界得到净化和提升。榜样育人具有强烈的思想道德教育功能。① 通过树立榜样、弘扬榜样精神实现育人价值，是习近平关于教育的重要论述的重要组成部分。习近平在《要善于学典型》一文中说："'学所以益才也，砺所以致刃也'。我们就是要善于向先进典型学习，在一点一滴中完善自己，从小事小节上修炼自己，以自己的实际行动学习先进、保持先进、赶超先进。"② 社会转型期，面对纷繁复杂的社会现象和社会矛盾，人们常常无所适从。榜样是一种重要的舆论引导，其意义在于通过榜样确认、肯定并弘扬社会主流价值观，发挥"引路"和"示范"作用。榜样人物承载着一个社会、一个民族的核心价值观，他们身上所展现的闪光点，正是对核心价值观的最佳诠释。好的榜样，是最好的引导；好的楷模，是最好的说服。习近平指出，"伟大时代呼唤伟大精神，崇高事业需要榜样引领。""精神的力量是无穷的，道德的力量也是无穷的。"③ 党的十八大以来，以习近平同志为核心的党

---

① 戴锐. 榜样教育的有效性与科学化[J]. 教育研究，2002(08)：17-22.

② 温红彦，盛若蔚，吴储岐. 汇聚起新时代榜样的力量——党的十八大以来先进典型发挥引领作用综述[N]. 人民日报，2018-07-02(1).

③ 新华社. 习近平：为实现中国梦凝聚有力道德支撑[EB/OL]. http://www.xinhuanet.com/zgjx/2013-09/27/c_132754753.htm. 2013-09-27.

中央站在时代发展的制高点上，着眼实现中华民族伟大复兴中国梦的宏大愿景，把典型示范作为重要途径，用榜样的力量温暖人、鼓舞人、启迪人，将榜样的力量融入祖国改革发展的伟大事业之中，融入人民创造历史的伟大奋斗之中，激励全党全军全国各族人民撸起袖子加油干，凝心聚力谱华章，意气风发向未来。① 党和政府历来非常重视榜样教育，榜样育人提高了社会成员的认识水平和精神动力，为经济社会发展凝聚了宝贵的共识。

一、改革开放以来榜样育人的政策变迁

改革开放以来，我国榜样育人政策逐步体现出社会多元参与的特点，之后形成了围绕社会主义核心价值观构筑的榜样育人政策体系。党的十八大以来，逐步构建起多元化、广覆盖的榜样育人政策体系。

（一）1978—2000 年：由政治动员逐渐转向道德引领

党的十一届三中全会以后，中国拉开了改革开放的时代大幕，这个时期的中国历史是一段波澜壮阔的历史，其变化范围之广、力度之大、程度之深在人类历史上都是罕见的。在这个时期的改革过程中，亟须为全国人民寻找可以解放思想、唤醒精神的标杆。社会主义市场经济的发展引发了人们价值观念的深刻变化，社会成员的社会意识、自主意识、权利意识逐渐被唤醒，传统榜样的影响力和榜样教育的效果有所下降。随着现代化建设的日新月异和社会利益的多元化发展以及社会生活的日益丰富，榜样育人政策逐步由政治动员转向服务经济社会发展需要。(详见表 5-1)

① 温红彦，盛若蔚，吴储岐. 汇聚起新时代榜样的力量——党的十八大以来先进典型发挥引领作用综述[N]. 人民日报，2018-07-02(1).

表 5-1　1978—2000 年榜样育人主要相关政策文件

序号	时间	政策文件	发文机构及发文号
1	1983 年 5 月	关于深入开展学习宣传张海迪活动的通知	教育部
2	1995 年 4 月	向孔繁森同志学习	中组部、中宣部（中组发［1995］21 号）

这一时期的榜样育人政策的功能定位由政治动员逐渐转向道德引领。主要分为两类：一类是传统的社会道德楷模，如 1983 年，教育部印发《关于深入开展学习宣传张海迪活动的通知》，号召各级教育部门和各级各类学校认真学习和贯彻中央领导同志题词的精神，宣传向张海迪学习的重要意义，加强对学习宣传活动的领导；1995 年，中组部、中宣部号召全国广泛开展向孔繁森同志学习的活动，要求广大干部学习孔繁森同志顾全大局、无私奉献的坚强党性，热爱人民、服务人民的满腔热忱，艰苦奋斗、廉洁奉公的高尚品德，开拓进取、求真务实的优良作风。另一类则是行业精英，如敢闯敢拼的鲁冠球等一批企业家和夺取五连冠的中国女排等。1989 年，《中国青年报》发起中国首届十大杰出青年的评选。全国各地开展“十大杰出青年”“优秀企业家”“优秀青年”“巾帼英雄”等榜样选拔。他们拼搏不息、顽强奋斗的精神，成为社会成员学习的榜样。

（二）2001—2011 年：由单一榜样逐渐转向多元榜样

2001 年，中共中央印发《公民道德建设实施纲要》，指出要广泛开展向先进典型学习的活动，善于发现和运用先进典型，树立可亲、可敬、可信、可学的道德楷模，让广大群众学有榜样、赶有目标、见贤思齐，从先进典型的感人事迹和优秀品质中受到鼓舞、汲取力量，使先进典型的高尚情操成为社会的共同财富。以此为标志，我国榜样育人逐步走向系统化构建阶段，政策文件数量增加，发起主体和参与主体呈现多元化趋势。2002 年 10 月，中央电视台启动“感动中国年度人物”评选活动，这是国内媒体第一次以“感动中国”为主题评选年度人物。2003

年，中宣部新闻局对“感动中国”评选活动及颁奖晚会给予了高度评价，要求把“感动中国”作为品牌持续地坚持下去。鞠躬尽瘁的“化缘校长”莫振高、悬崖边上的护梦人格桑德吉、神舟七号航天员等榜样人物，都是“感动中国”评选的行业榜样。① 他们在不同的工作岗位上为社会进步和时代的发展做出了突出的贡献。2006 年，党的十六届六中全会第一次明确提出“建设社会主义核心价值体系”的重大命题和战略任务，提出了社会主义核心价值体系的内容，指出社会主义核心价值观是社会主义核心价值体系的内核。党的十八大明确提出了“三个倡导”，此后，围绕社会主义核心价值观成为构筑榜样育人政策体系和榜样形象的关键词，对于榜样人物的选择上也出现了“仁者见仁、智者见智”的特点。②

2007 年，中共中央宣传部、中央文明办、解放军总政治部、全国总工会、共青团中央、全国妇联等部门联合发起全国道德模范评选，全国第一届道德模范的评选活动正式开展。此后，评选表彰以每两年一次的频率进行，被全国人民熟知，是中华人民共和国成立以来规模最大、规格最高、选拔最广的道德模范评选。第一届道德模范由普通百姓从正式候选人中通过投票形式选出，真正做到了“人民选人民”，评选分为“助人为乐”“见义勇为”“诚实守信”“敬业奉献”“孝老爱亲”5 个类型，评选目的是充分展示社会主义思想道德建设丰硕成果，充分展现我国人民昂扬向上的精神风貌，进一步凝聚全国各族人民团结奋进的力量。这一时期，政府部门开始系统地构建榜样教育政策、树立多元榜样，社会力量逐步参与榜样教育政策构建。（详见表5-2）

---

① 王向阳. 中华丰碑——“100 位新中国成立以来感动中国人物”学习读本[M]. 郑州：大象出版社，2013. 35.

② 张茹粉. 榜样教育的理性诉求[J]，黑龙江高教研究，2008，(05)：119-121.

表 5-2　2001—2011 年榜样育人主要相关政策文件

序号	时间	政策文件	发文机构及发文号
1	2001 年 9 月	公民道德建设实施纲要	中共中央 （中发［2001］15 号）
2	2001 年 10 月	关于开展向优秀党员领导干部汪洋湖同志学习活动的决定	中纪委、中组部、中宣部 （中纪发［2001］18 号）
3	2003 年 4 月	向优秀共产党员邓练贤学习	中共教育部党组
4	2004 年 9 月	关于向吴玲、马祖光、陈学求同志学习的决定	中共教育部党组 （教党［2004］26 号）
5	2004 年 11 月	关于向霍懋征、邹有云、黄静华、盘振玉、林崇德五位模范教师学习的决定	中共教育部党组 （教党［2004］38 号）
6	2005 年 1 月	关于进一步加强和改进师德建设的意见	教育部 （教师［2005］1 号）
7	2005 年 2 月	在全国新闻界开展向甘远志同志学习活动的通知	中宣部、中华全国新闻工作者协会
8	2005 年 6 月	关于向郑琦同志学习的决定	中共教育部党组 （教党［2005］13 号）
9	2005 年 12 月	关于向徐精彩同志学习的决定	中共教育部党组 （教党［2005］28 号）
10	2005 年 12 月	关于向孟二冬同志学习的决定	中共教育部党组 （教党［2005］19 号）
11	2005 年 12 月	关于开展向洪战辉同学学习的通知	教育部 （教社政［2005］17 号）
12	2007 年 3 月	关于开展全国道德模范评选表彰活动的通知	中宣部、中央文明办、解放军总政治部、全国总工会、共青团中央、全国妇联
13	2011 年 10 月	关于教育系统向叶志平同志学习的通知	教育部 （教师［2011］7 号）

（三）2012 年以来：构建多元化、广覆盖榜样育人体系

党的十八大以后，多元化、广覆盖的榜样育人体系逐步形成。党的十八大报告明确提出“三个倡导”，即倡导富强、民主、文明、和谐，倡导自由、平等、公正、法治，倡导爱国、敬业、诚信、友善，突出强调了榜样的作用和力量，要求在全党、全军和全国各族人民中深入开展社会主义核心价值观教育，尤其是党员干部必须要做先行者，带领人民群众学习榜样，践行社会主义核心价值观。各级各类榜样层出不穷，进入大众视野。自发响应号召、群众广泛参与以及社会机构主导等方式使得榜样的推进力量发生了重大变革。① 通过这些形式树立的榜样与行政力量筛选、确立的榜样相互补充，形成推动主体多元化、覆盖范围广泛的榜样育人体系，如公益英雄、感动人物、青春偶像等。群众参与，通过群评群议开展的榜样教育，显示出社会力量的日益壮大。

“全国劳动模范”是中共中央、国务院授予在社会主义建设事业中做出重大贡献者的荣誉称号，表彰形式分为：大会表彰、工作会议、宣传报告等。2013 年 4 月 29 日，习近平在同全国劳动模范代表座谈时的讲话提出，“全国各族人民都要向劳模学习，以劳模为榜样，发挥只争朝夕的奋斗精神，共同投身实现中华民族伟大复兴的宏伟事业。广大劳动模范和先进人物要珍惜荣誉、再接再厉，爱岗敬业、无私奉献，做坚定理想信念的模范、勤奋劳动的模范、增进团结的模范。”② 劳动模范是民族的精英，是人民的楷模。2015 年 4 月 28 日，在北京人民大会堂以最高规格表彰全国劳动模范和先进工作者。习近平在会上发表重要讲话，并代表中共中央、国务院向他们致以节日的祝贺。这是中国继 1979 年后时隔 36 年再次对这一群体进行最高规格表彰，目的是弘扬劳模精神，弘扬劳动精神，弘扬中国工人阶级和广大劳动群众的伟大品格。习近平在会上指出，无论时代条件如何变化，我们始终都要崇尚劳动、尊重劳动者，始终重视发挥工人阶级和广大劳动群众的主力军作用。中共中央、国务院决定授予 2064 人全国劳动模范荣誉称号，授予 904 人全国先进工作者荣誉称号。2016 年，习近平倡导在全国范围内开

---

① 戴锐. 榜样教育的有效性与科学化[J]. 教育研究，2002，(08)：17-22.

② 习近平. 习近平同全国劳动模范代表座谈并发表重要讲话[N]. 人民日报，2013-04-29(2).

展“两学一做”学习教育。中央组织部、中央电视台录制电视节目《榜样》，引起了全国人民的称颂，通过节目将全国推选出来的优秀共产党员、党务工作者和基层党组织进行了宣传。用榜样的力量，激励全国共产党员不忘初心，继续前进。所有的这些榜样教育将新时代的榜样教育推向了高潮。[①]

教师作为榜样育人的主体，受到了广泛推崇。大众媒体的发展，特别是互联网的普及，给榜样教育提供了有效的媒介并创造更广阔的空间。[②] 有关地方和机构开始设置多种榜样教师的选拔和奖励，例如浙江2010年设立的“农村教师突出贡献奖”、湖南2012年设立的“湖南最可爱的乡村教师”、江西2013年设立的“江西省最美乡村教师”、北京师范大学设立的“中国启功教师奖”等。奖励范围从10名到1690名不等，奖励额度最低的为1000元/人，最高的为“中国启功教师奖”，达50万元/人。此外，还有“希望工程烛光奖”“希望工程园丁奖”“桂馨·南怀瑾乡村教师奖”等。教师榜样在教书育人工作实绩、师德等方面均有突出表现，体现了先进性、时代性、典型性，被普遍誉为教师队伍的优秀代表，发挥了重要的育人作用。

为贯彻落实习近平对黄大年同志先进事迹重要指示精神，2017年7月，教育部印发《关于开展全国高校黄大年式教师团队创建活动的通知》，号召全国教师向黄大年同志学习，在全国范围内开展“全国高校黄大年式教师团队”创建活动。旨在通过创建“全国高校黄大年式教师团队”，组织引导广大高校教师和科研工作者以黄大年同志为榜样，心有大我、至诚报国，教书育人、敢为人先，淡泊名利、甘于奉献，把爱国之情、报国之志融入祖国改革发展的伟大事业之中，融入人民创造历史的伟大奋斗之中，从自己做起，从本职岗位做起，为实现“两个一百年”奋斗目标、实现中华民族伟大复兴的中国梦贡献智慧和力量。各地各校高度重视、认真组织、扎实推进团队创建活动，择优推荐成绩突出的团队申报“全国高校黄大年式教师团队”。经审核，最终认定了吉林大学地球探测与信息技术教师团队等团队为首批“全国高校黄大年式教

① 申来津.有关榜样的理论思考[J].学校党建与思想教育,2009,(20):16-19.

② 岳晓东.论偶像—榜样教育[J].中国教育学刊,2004(09):21-24＋62.

师团队”。《关于公布首批全国高校黄大年式教师团队的通知》要求各地各校以“全国高校黄大年式教师团队”为示范，切实推进高校教师团队建设，打造高素质专业化创新型的高校教师队伍，为加快“双一流”建设，实现高等教育内涵式发展奠定基石。（详见表 5-3）

表 5-3　2012 年至今榜样育人主要相关政策文件

序号	时间	政策文件	发文机构及发文号
1	2012 年 11 月	关于广泛开展向全国优秀共产党员罗阳同志学习活动的通知	中组部、中宣部（中组发［2012］35 号）
2	2014 年 4 月	关于培育和践行社会主义核心价值观进一步加强中小学德育工作的意见	教育部（教基一［2014］4 号）
3	2014 年 4 月	关于在教育系统深入开展向“践行焦裕禄精神的好校长”张伟同志学习活动的通知	中共教育部党组（教党［2014］11 号）
4	2014 年 7 月	教育部号召全国教师和教育工作者向杨建一学习	教育部
5	2016 年 9 月	关于认真学习贯彻习近平总书记重要批示广泛开展向李保国同志学习活动的通知	中组部、中宣部、教育部（中组发［2016］16 号）
6	2017 年 8 月	关于开展全国高校黄大年式教师团队创建活动的通知	教育部
7	2018 年 2 月	关于全面落实研究生导师立德树人职责的意见	教育部（教研［2018］1 号）

二、改革开放以来榜样育人的政策特征

（一）榜样育人政策目标从政治动员转向道德引领

随着社会发展，人们不再拘泥于物质生活的追求，对精神层次的要求日趋多元，对于榜样的认识更为成熟和理性。21 世纪以来，新一轮信息技术革命深入发展，经济全球化浪潮席卷全球，“民族与外来、传统与现代的各种思想相互交融、激烈碰撞，社会各界利益追求和价值观念日益多样化，时代思潮、经济利益、价值观念、生活方式等呈现出明显的多层分化和多元取向的特征。”① 人们的生活方式、理想信念、价值观念等都发生了深刻变化，各种媒介信息从不同渠道融入到人们的生活中，对榜样的选择自然变得多元。正是在这种背景下，榜样育人政策目标逐步转向生活化和现实化，走向普通民众的日常生活。

（二）政策倡导榜样形象逐步由单一性走向多元化

随着经济社会发展和价值文化变迁，传统的无私奉献、艰苦奋斗、集体至上的榜样形象不再是一呼百应，榜样形象也不再是统一化、神圣化和标准化，而是更加个性化、生活化和偶像化。② 新时期的榜样形象与传统的榜样形象相比，表现出更为突出的时代特征，逐步倾向于实现物质获得和精神提升的双赢，在利益与理想面前寻求平衡。在这种背景下，榜样的类型从单一的政治榜样走向了科学家、改革家、企业家、文化家、体育明星、演艺明星以及普通劳动者（如城市农民工、个体工商业者）等多层次、多类型。传统榜样的影响力和榜样教育的效果都有所下降。人们不再沉湎于对“英雄人物”的呼唤和渴望，开始了自我主体意识的觉醒，这是个人与社会成熟和进步的体现，也是时代发展的必然。

---

① 张佳俊. 从“向雷锋同志学习”到“全国道德模范”评选——建国后中国共产党榜样教育模式变化之初探[J]. 经济研究导刊,2009(22):170-171.

② 冯建军,傅淳华. 多元文化时代道德教育的困境与抉择[J]. 西北师大学报(社会科学版),2008(01):35-40.

（三）公众参与、多维互动、树立的榜样日益广泛

社会力量在榜样评选、宣传、引导上的力度不断增强，公众参与榜样的选拔越来越普遍。从榜样的选择方式上看，由单向选择变成多维对话、互动。传统上，社会榜样一般由政府选择、树立和推出，再由各级各部门进行宣传，号召群众、发动群众、组织群众进行学习。如中华人民共和国成立以来，为表彰先进，国家设立了诸如新长征突击手、三八红旗手等多种荣誉奖项。近年来，又增加了道德模范、先进工作者等，设立了国家科学贡献奖等奖项，为榜样的涌现创造了条件、建立了平台。榜样人物的推选开始了由群众参与评选的方式产生，传统榜样的评选增加了公众投票环节，这是榜样产生方式的全新尝试。从榜样的类型上看，社会中的普通人成为榜样来源。“感动中国”人物的评选，先由各省市区推委会推选出认为合适的候选人物，组委会根据推委会的推选情况，再经公众投票和最终评议，确定“十大人物”。公众可以信件、短信、打电话形式投票，也可以在网络上投票。十大“感动中国”人物大都是平民英雄，当选2017年度“感动中国”人物的卢永根、消防英雄杨科璋等，他们可能没有杰出的重要成就，但他们在最平凡的事迹中绽放了人性的光辉。无论是感动人物、道德模范人物还是“双百人物”的评选，都体现出以人为本、深入生活、贴近群众的原则，呈现出大众参与、群评群议、遵从民愿的特点，榜样人物更具特色、吸引力和公信力。

（四）教育领域榜样形象日益凸显、作用日益增大

随着教育优先发展战略地位的逐步凸显，教师作为教育主体逐渐受到重视，教育领域的榜样人物日益增加。教育领域榜样逐渐凸显，主要表现在教师行业中榜样形象的出现。① 为深入贯彻落实习近平在北京师范大学师生座谈会上的重要讲话精神，大力弘扬无私奉献的高尚师德，

① 李诗夏．大学生榜样教育：践行社会主义核心价值观的新路径[J]．学习与实践，2016(12)：81-85．

在庆祝第 30 个教师节之际，北京师范大学特设立“中国启功教师奖”，引导广大教师在全国县以下（含县）农村地区长期从教，终身从教，做党和人民满意的好老师，在全社会倡导尊师重教的良好风尚。该奖奖金由北京师范大学教育基金会提供，每两年评选一次，每次评选出 10 名优秀教师，每名优秀教师奖励 50 万元人民币。首届“中国启功教师奖”评审结果于 2015 年公布。首届启功教师奖以习近平提出的“四有”好老师为遴选标准，切实让“四有”好老师成为身边可亲可感的榜样。启功教师奖的评选，传承和发扬中华民族尊师重教、崇智尚学的优良传统，树立无私奉献的师德典范，引导全社会关注、关心基础教育一线教师，以寓教于评的方式教育师生，引领社会。

2011 年起，教育部、中央电视台、《光明日报》等举办了多期“寻找最美乡村教师”活动，展现乡村教师扎根基层、教书育人、阳光向上的新形象。主办方每年收到全国各地的推荐函和来信 2000 多封，微博粉丝达 220 万，微博信息覆盖人数超过 5000 万。《新闻联播》《朝闻天下》《新闻直播间》《讲述》《共同关注》等栏目每年播发相关报道近百篇。《光明日报》刊发报道近 40 篇，其中 2 篇报道在头版位置刊发，其他人物以半个版面的篇幅予以报道。“2014 寻找最美乡村教师”大型公益活动颁奖典礼在 CCTV-1 综合频道、综合高清频道、CCTV-10 科教频道播出，向第 30 个教师节献礼。活动得到了社会各界的高度关注，专题活动收视率达到新高。

教师在“全国先进工作者”“感动中国人物”“全国道德模范”中的比例增加。历届“感动中国”评选中，教育领域工作者总数达 21 位，“全国先进工作者”和“全国道德模范”每年必有 2 位以上。从呼唤教师精神，到弘扬教师行为，我们正逐渐重视教育工作者的付出和劳动，这种看不见显性成果的高尚情怀也日益得以彰显。①

① 乔湘平，陈乔婧. 高校教学中的榜样教育研究——以“双百”人物为例[J]. 学理论，2016(01)：227-228.

三、榜样育人新形势、新挑战和新问题

（一）榜样形象的超现实性与个体需求的现实性之间存在矛盾

榜样教育如果与社会发展需要脱节，那么就会导致个人价值与社会价值的需求不相符合，受教育者在接受榜样教育的过程中，不会对榜样产生认同，也就无法学习和效仿榜样的正能量，造成榜样教育与现实的脱节，失去教育意义。首先，榜样存在粉饰、趋于理想化的倾向。榜样成为一种理想化的符号和象征，逐渐成为远离生活、甚至是脱离实际的高高在上的人物，失去了其真实性的一面。榜样缺乏与时俱进的精神，其形象的刻画依然没有走出“理想化”“完美化”的模式，许多榜样缺乏现实性、生动性，不仅难以受到人们的欢迎，还严重影响人们对榜样的认知和态度。把榜样理想化、绝对化，最后的结果是把榜样神化、异化，广大民众只能是对其顶礼膜拜或是敬而远之了。① 其次，榜样缺乏“可效仿性”。道德主要是社会生活的规范和准则，真正的学习必须在社会生活过程中进行。人们可以与社会生活隔离开来集中学习知识经验，却不能与社会隔离去学习道德。② 来自生活中的榜样正是由于其贴近生活的特点，才容易被学习者学习。然而，长久以来，我们的榜样设立，主要凸显的是高尚道德的外化，把这些榜样人物在特定环境中的突出作为无限放大。③ 这些树立起来的榜样能够体现出高尚的道德情操，但却往往难以接近普通群众，人们对于这种榜样的做法不再是一味推崇，使得这些人物形象只能成为道德模范的代表，却失去榜样的可效仿性。道德来源于生活中的各种关系并体现在生活的各个方面，脱离生活的德育

① 龚超. 社会转型时期的榜样教育研究[D]. 扬州大学,2010:18.

② 鲁全信,杨绍安. 网络文化背景下大学生文化认同危机及其消解路径[J]. 学术交流,2014(03):210-213.

③ 鲁全信,杨绍安. 网络文化背景下大学生文化认同危机及其消解路径[J]. 学术交流,2014(03):210-213.

是难以进行的。“从群众中来，到群众中去”是榜样形象的最好诠释，也是榜样教育最有效的实践方式。道德从生活中来，最终要融入到生活中去。所以，榜样教育只有联系实际、贴近生活、融入群众，才能更好地发挥榜样的效用。

（二）榜样类型相对单一化与社会环境的多元化之间存在矛盾

榜样类型的相对单一主要体现在榜样示范作用的单一性。榜样选择是受时代社会大环境制约的，多元价值观并存的社会现状必定要有多元的榜样类型来呼应。不同的时代有不同时代的榜样，各个时代的榜样又是该时代价值观念和精神面貌的集中体现。[①] 目前的榜样类型比较单一，选择的标准主要是突出道德的示范作用，无论是雷锋、董存瑞，还是“最美教师”“最美工匠”等，都是以道德上的卓越表现引导人们精神层面的提升。每个年代榜样身上所体现出来优秀品质应该是具有明显的时代特征和鲜明的时代烙印的。实际来看，不同年代榜样的内在精神和道德价值都是一致的，都旨在为所处时代的人们作出道德示范。[②] 固化的榜样模板、符号化的表达不一定有助于核心价值观的传播和弘扬，相反，可能会激起公众的抵触情绪，影响榜样的教育效果，更影响榜样的力量从感动转化为行动。如何站在当今追求创新、鼓励创新的角度，选取具有时代特征的人物，使人们切实感受到榜样的感染力和号召力；如何在网络化、信息化飞速发展的时代，发掘各行各业涌现出的精英人物，充分发挥榜样教育的作用，成为榜样育人的重要挑战和问题。

（三）新型偶像榜样作用的日益增强与传统榜样教育的边缘化

当前榜样教育存在两种模式，一是公共部门主导的正式教育，二是由社会潮流引领的非正式教育。在正式教育过程中，党和政府所推行的

① 李娟．班杜拉观察学习理论与榜样教育[J]．科技信息(学术研究)，2008(03)：363-365．

② 车文博．弗洛伊德主义原理选辑[M]．沈阳：辽宁人民出版社，1988．108-111．

榜样大多来自于科学家、政治领导、名人、大家或是高度符合社会主流价值观的普通人。这些榜样不仅与人们的日常生活有一定的距离，也不完全契合每个人的审美情趣、性格特征、价值取向和精神追求。公共部门树立的榜样形象较少考虑这些特殊因素，非正式榜样恰好做出了有效填补。单一且过于严肃的榜样无法满足人们丰富的精神需求，人们更倾向于轻松的、符合自我审美的榜样来慰藉心灵，而由各领域成功人士、娱乐明星所组成的偶像群体正好扮演了这一角色，使得人们对榜样的追求变成了简单的偶像崇拜。① 从时代的角度来看，传统的榜样日渐式微，成为流行文化短暂更替的符号，逐渐远离人们的视野，偶像团体方兴未艾，正成为流行文化的风向标，面向大众、娱乐大众。② “快男超女”“中国达人秀”等明星的出现，偶像发展到世俗化、大众化的道路。正式榜样树立的形象典范淡出了青少年甚至成人的内心世界，各种各样的偶像争先恐后占据人们的视野。这就造成了在榜样教育中的一个特殊现象：偶像如春草逢生，榜样如秋叶临霜，存在被忽视、被边缘化的风险。

（四）传统媒体和新兴媒体舆论场之间的关系更加纷繁与复杂

习近平强调，“要推动融合发展，主动借助新媒体传播优势”。③ 以互联网和手机等数字终端为代表的新媒体迅速发展，为基层党组织和广大党员宣传党的路线方针政策、联系服务人民群众、发挥先锋模范作用提供了新的渠道和平台；同时也为各种思想交流交锋、各种信息云集散发提供了场所。用好新媒体发挥正能量，是新形势下加强榜样育人的重要任务。在传统媒体时代，信息的传播者和接受者界限明显，传统的主流媒体是信息的传播者，社会公众是信息的接受者，两者身份界定清

---

① 杨翼鸿. “感动中国”模范宣传对思想政治教育榜样示范法运用的创新及启示[D]. 西南大学,2014:11-12.

② 鲁全信,杨绍安. 网络文化背景下大学生文化认同危机及其消解路径[J]. 学术交流,2014(03):210-213.

③ 习近平. 提高新闻舆论传播力引导力[N]. 人民日报,2016-02-20(2).

晰。在新媒体时代，新媒体以创新方式打破两者界限，塑造了人人都是信息传播者的局面，社会公众不仅是信息的接受者，更能参与到信息的传播之中，这无疑是新媒体在传播方式上的一种革新。① 新媒体是一把"双刃剑"，微信、微博、新闻客户端具有及时、广泛、迅速的特点，人们在线上接纳的信息不仅会在网络平台不断扩散，也会在线下口口相传，传播范围极其广泛。新媒体可以随时发现身边好人好事并迅速传播正能量，但也可能散布没有经过全面调查的信息，产生消极影响甚至舆情危机。当前新媒体带来了一系列新情况和新挑战，不同舆论场域之间分化趋势明显。传统媒体和新兴媒体舆论场之间的关系更加纷繁复杂，舆论"多点辐射"的特征渐趋突出，"网络动员"能力越来越强大。日益丰富多样的新闻信息在更好地满足人们精神文化生活需求的同时，也带来了"信息迷雾""信息污染"等弊端和难题，人们对于信息真假的分辨越来越艰难。

四、新时代榜样育人的趋势和政策路径

（一）树立身边的榜样，引导青少年健康成长

榜样育人于无形，政府、学校、家庭、社会机构充分发挥榜样作用，教育身边人、培养青少年，是提升教育效果的重要抓手。树立榜样，用身边事教育身边人，能够起到春风化雨、润物无声的效果。② 确立什么样的典型，就明确什么样的标准；树立什么样的榜样，就体现什么样的导向。习近平强调，青少年要学习英雄人物、先进人物、美好事物。各行各业都有很多值得我们学习的榜样，包括航天英雄、奥运冠军、大科学家、劳动模范、青年志愿者，还有那些助人为乐、见义勇为、诚实守信、敬业奉献、孝老爱亲的好人等等。要把他们立为心中的

① 杨瑞萍，为伟. 新媒体时代榜样教育探析[J]. 中国高等教育，2015(19)：54-56.

② 人民日报评论员. 用好榜样的力量[N]. 人民日报，2013-08-09(1).

标杆，向他们看齐，像他们那样追求美好的思想品德。①

首先，树立新时代的新榜样。以热血书写忠诚，用生命践行使命——他们是海军某潜艇基地官兵。他们铸就“勇闯深海的水下核盾”，集中体现了听党指挥的坚定信念、能打胜仗的过硬本领、英勇顽强的战斗作风、舍生忘死的奉献精神，把对党和人民的忠诚镌刻在蓝海深处。② 把论文刻在太行山上，一手抓学科建设、一手抓农民致富——他是河北农业大学教授李保国。他35年如一日，坚持全心全意为人民服务的宗旨，长期奋战在扶贫攻坚和科技创新第一线，把毕生精力投入到山区生态建设和科技富民事业之中，用自己的模范行动彰显了共产党员的优秀品格。③ 道德模范是道德实践的榜样。要深入开展宣传学习活动，创新形式、注重实效，把道德模范的榜样力量转化为亿万群众的生动实践，在全社会形成崇德向善、见贤思齐、德行天下的浓厚氛围。要持续深化社会主义思想道德建设，弘扬中华传统美德，弘扬时代新风，用社会主义核心价值观凝魂聚力，更好构筑中国精神、中国价值、中国力量，为中国特色社会主义事业提供源源不断的精神动力和道德滋养。④ 榜样人物蕴含的价值观应融入时代精神，展现国民的时代特征。榜样形象在选树时要有鲜明的时代特点、应该多元化，且应该满足不同年龄层次、不同岗位、不同身份类别等的需求。同时，要借助新的媒介（微信、微博、网络）多渠道、全方位树立榜样。榜样要真实地反映某一特定岗位、社会背景的特点，以其为参照，教育引导受教育者自主选择和学习适合自己的榜样。奥运英雄、航天英雄等榜样之所以受到人们普遍认可和崇敬，原因在于他们是为国争光、彰显新时代国家发展、富强的典范，他们是所有为新时代作出贡献的劳动者的缩影，也是千万中

① 习近平. 从小积极培育和践行社会主义核心价值观[N]. 人民日报,2014-05-31(2).

② 新华社. 习近平:学习宣传海军某潜艇基地官兵身上“四种精神”[EB/OL]. 新华网，http://www.xinhuanet.com/politics/2013-11/20/c_118225955.htm. 2016-06-12.

③ 习近平对李保国同志先进事迹作出重要批示强调、自觉为人民服务为人民造福,努力作出无愧于时代的业绩[EB/OL]. http://www.xinhuanet.com/video/2016-06/12/c_129054672.htm. 2016-06-12.

④ 新华社. 习近平对全国道德模范表彰活动作出重要批示[EB/OL]. http://www.xinhuanet.com/politics/2015-10/13/c_1116812676.htm. 2015-10-13.

国人民追逐中国梦、实现中国梦的精神体现。

其次，关注传统榜样的回归。榜样是中华民族优良传统和道德文化的优秀积淀，不仅要有新时代的新榜样，还要有体现中华民族文化传承和文化自信的榜样。毛泽东曾说过："典型本身就是一种政治力量。"回望历史，抓典型教育是我们党思想政治教育的重要手段，是党凝聚人心的重要法宝。在党领导中国人民进行革命、建设、改革的各个时期，先进典型都承载着时代的主流精神诉求和价值取向。"生的伟大，死的光荣"的刘胡兰，"为人民利益而死"的张思德，"毫不利己，专门利人"的白求恩……艰苦卓绝的革命战争岁月，榜样是漫长黑夜里点燃中华民族图强的希望之火。抗美援朝战场上的邱少云、黄继光、罗盛教、杨根思等，他们是新中国"最可爱的人"；带领人民群众战盐碱、斗风沙的河南兰考县委书记焦裕禄，"工业学大庆"中的"铁人"王进喜，"宁肯一人脏，换来万户净"的掏粪工人时传祥等，他们是"新中国的建设标兵"；雷锋，更是家喻户晓的"时代偶像"……中华人民共和国成立后的 20 世纪五六十年代，先进典型是保卫和建设共和国的先锋。勇攀科学高峰的科学家华罗庚、陈景润、蒋筑英等，吹散一度漠视知识的沉郁风气；顽强拼搏、为国争光的中国女排，以"五连冠"的战绩让国人扬眉吐气……改革开放之初，先进典型是拨乱反正、重塑社会价值的旗帜。一心为民、淡泊名利的"人民好公仆"孔繁森、郑培民、牛玉儒、杨善洲，平凡岗位奉献自我的新时期"道德模范"李素丽、徐虎、许振超、郭明义，见义勇为的"人民英雄"徐洪刚，洪水前铸就"铜墙铁壁"的人民子弟兵……20 世纪 90 年代后，先进典型是社会主义市场经济大潮中的道德高地。[①] 党的十八大提出要坚定道路自信、理论自信、制度自信。2014 年，习近平明确提出"第四个自信"——文化自信。如果说前三个自信源于对中国特色社会主义的坚定信念，对国情的深刻把握、对民族命运的理性思考、对人民福祉的责任担当，那文化自信则是几千年中国智慧的理性回归。榜样选择正应该被赋予这样的自信，要在充分汲取本民族优秀文化的基础上，树立、挖掘、学习榜样。

---

① 温红彦，盛若蔚，吴储岐. 汇聚起新时代榜样的力量——党的十八大以来先进典型发挥引领作用综述[N]. 人民日报，2018-07-02(1).

（二）发挥教师榜样作用，树立立德树人楷模

习近平指出，“一个人遇到好老师是人生的幸运，一个学校拥有好老师是学校的光荣，一个民族源源不断涌现出一批又一批好老师则是民族的希望。”鲜明指出了教师队伍在教育事业乃至整个国家和民族发展中的关键地位和战略意义。①

首先，明确教师对学生的榜样示范作用，没有好的老师，就没有好的教育。纵观世界各国，教师队伍素质对于教育改革发展具有关键作用。我国正处于全面深化改革的关键阶段，教育领域综合改革正在逐步深入。广大教师是教育改革的先行者、主力军和必须依靠的基本力量，他们身处教育一线，对学生的需求最了解，对教育的问题最熟悉，对学生的榜样示范作用也最为深远。广大教师必须率先垂范、以身作则，引导和帮助学生把握好人生方向，特别是引导和帮助青少年学生扣好人生的第一粒扣子。“好老师首先应该是以德施教、以德立身的楷模。”② 教师要做好“四个引路人”，即“做学生锤炼品格的引路人，做学生学习知识的引路人，做学生创新思维的引路人，做学生奉献祖国的引路人”。③

其次，教师发挥榜样作用要符合“四有标准”。2014 年 9 月 9 日，习近平在北京师范大学发表重要讲话，明确提出成为一名党和人民满意的好老师要有理想信念、有道德情操、有扎实学识、有仁爱之心的“四有”标准。好老师要有理想信念。坚定的信念意味着教师肩负着国家使命和社会责任，有了这样的信念，才能够给学生传播民族梦想的正能量。好老师要有道德情操。教师的职业特性决定了教师必须是道德高尚的人群，教育工作的基本要求是立德树人。育有德之人，靠有德之师。只有教师是有良好思想品德的人，才能教育引导学生热爱祖国、热爱人

① 中共教育部党组. 努力造就一支党和人民满意的教师队伍——深入学习贯彻习近平总书记同北京师范大学师生座谈时的重要讲话精神[N]. 人民日报,2014-09-19(3).

② 习近平. 做党和人民满意的好老师[N]. 人民日报,2014-09-10(2).

③ 习近平. 全面贯彻落实党的教育方针 努力把我国基础教育越办越好[N]. 人民日报,2016-09-10(1).

民、热爱中国共产党。教师要不断提升自身素养，努力在是非、善恶、曲直、义利、得失等方面为学生作出榜样。好老师要有扎实学识。教师不能只满足于师生之间“一桶水和一碗水”的知识传授关系，一定要培养学生的创新意识和创新能力。好老师要有仁爱之心。爱是教育的灵魂，教育的原点就是爱。教师肩负着立德树人的任务，有爱才有责任，爱教育、爱学生是每一个教师应尽的义务。①

再次，教师既要有榜样意识，也要呼唤个性发展，摆脱“榜样即模板”的传统意识。一方面，教师要有学习的榜样，以此为教育工作的精神引领和行动指南；另一方面，教师要有一定的独立性，注重不同个体之间的差异发展，教师榜样不代表绝对的“权威性”与“单一性”，教师要注重对自身的思考与探索，努力从榜样中归纳教师的职业规则、发展规律、成长路径等，根据具体的教育情境和榜样的适应性，因人而异地应用到自己的教育实践中去。教师通过对榜样的观察，思考其思维方式与行为方式如何契合其具体的教育情境，反思自身的教育教学，提升教育质量，促进学生发展。

（三）重视家长榜样作用，营造良好成长环境

习近平指出，让社会主义核心价值观在少年儿童中培育起来，家庭、学校、少先队组织和全社会都有责任。父亲习仲勋给习近平带来极大影响。2001 年，时任福建省省长的习近平在写给父亲的拜寿信中说，希望从父亲这里继承和吸取的宝贵与高尚品质很多，给我最深印象的一是学父亲做人，二是学父亲做事，三是学父亲对信仰的执着追求，四是学父亲的赤子情怀，五是学父亲的俭朴生活……②苏联著名教育家马可连柯曾经讲过：“一个家长对自己的要求，一个家长对自己家庭的尊重，一个家长对自己每一行为举止的注重，就是对子女最首要的、也是最重要的教育方法。”如果家长处处以身作则，其一言一行就会成为子女的

---

① 赵婀娜，杨可. 北师大师生热议习近平总书记讲话：做一名“四有”的好老师[N]. 2014-09-10(2).

② 《习仲勋革命生涯》编辑组. 习仲勋革命生涯[M]. 北京：中共党史出版社，中国文史出版社，2005. 668－669.

表率，这不仅可以提高和树立家长在子女心目中的威信，而且可以使家长牢牢地把握住教育子女的主动权。

首先，家长应与学校在榜样教育上保持一致性。学校对于学生进行系统的、科学的教育，对榜样通常是经过慎重选择的，示范作用强、意义重大。家长要有自我要求，与学校的榜样保持一致，与学校教育理念保持统一，与教育基本方向保持一致。其次，家长要积极营造良好的家庭氛围。家长要时时处处给孩子做榜样，用正确行动、正确思想、正确方法教育引导孩子。[①] 人是环境的映射和集合，最重要的环境是家庭。《中华人民共和国未成年人保护法》明确规定，父母应当创造良好、和睦的家庭环境，依法履行对未成年人的监护职责和抚养义务。家长是第一任、也是天然的老师。[②] 家长在时间、空间、情感上对学生的影响非常大，虽然对学生的示范作用是隐形的，但却是无时无刻、无处不在的。

（四）发挥干部榜样作用，树立良好社会风尚

关于干部的榜样教育作用，习近平提出，既严以修身、严以用权、严以律己；又谋事要实、创业要实、做人要实。其鲜明特点，就是坚持领导带头、以上率下，层层立标杆、作示范，必须时时处处以榜样力量感召干部群众。[③] 领导干部带头、做示范是具体的而不是抽象的，是全面的而不是有选择的。领导干部要把自己以一个普通党员身份摆进去，力争认识高一层、学习深一步、实践先一着、剖析解决突出问题好一筹。无论党龄长短、工龄长短、在现任岗位上任职长短，都要联系思想和工作实际，联系成长进步经历，带头学习理论，带头听取意见，带头查摆问题，带头开展批评和自我批评，带头整改落实，带头推进制度建设。

首先，党员领导干部要做学习党章、遵守党章的模范。对广大党员

---

① 习近平. 参加北京市海淀区民族小学庆祝“六一”活动时的讲话[N]. 人民日报,2014-05-31(1).

② 马健. 心理师为家庭导航[M]. 北京：中国物资出版社，2011. 101.

③ 习近平. 在中共中央政治局民主生活会上的讲话[N]. 人民日报,2017-12-27(1).

和各级党员干部的规范和要求，最根本的就是要严格遵守作为“党的根本大法”“全党必须遵循的总规矩”的党章。各级领导干部要把学习党章作为必修课，走上新的领导岗位的同志要把学习党章作为第一课，带头遵守党章各项规定。凡是党章规定党员必须做到的，领导干部要首先做到；凡是党章规定党员不能做的，领导干部要带头不做。① 中国共产党历来重视抓全党特别是领导干部的学习，这是推动党和人民事业发展的一条成功经验。② 在党和国家开启新的历史篇章、踏上伟大复兴之路的关键时刻，习近平向全党提出“认真学习党章、严格遵守党章”的要求，这对于进一步增强党的创造力、凝聚力、战斗力，使我们党始终成为中国特色社会主义事业的坚强领导核心，发挥榜样示范教育作用，具有重大指导意义。

其次，党员领导干部要带头发挥先锋模范作用，在关键时刻“站得出来、豁得出去”。习近平对“全国优秀县委书记”廖俊波同志先进事迹作出的指示中要求广大党员、干部要向廖俊波同志学习，不忘初心、扎实工作、廉洁奉公，身体力行把党的方针政策落实到基层和群众中去，真心实意为人民造福。③ 习近平强调，任何一名党员，不论职务高低、资历深浅、成就大小，都必须自觉遵守党内政治生活准则，各级党员领导干部要率先垂范。关键时刻，党员干部应该主动宣传、影响和带动自己身边的人和周围群众，使他们自觉拥护党、主动跟党走。党员干部要照镜子、正衣冠、洗洗澡、治治病，守住政治和道德的底线，把群众的利益放在心中最高位置，践行共产党员的誓言和承诺，把正能量传递到社会的各个角落。“要严格党员日常教育和管理，使广大党员平常时候看得出来、关键时刻站得出来、危急关头豁得出来，充分发挥先锋模范作用。”④

最后，党员也要心怀榜样，“把焦裕禄作为一面镜子”。习近平始终把焦裕禄精神作为学习的榜样，在不同领导岗位上都强调学习和弘扬焦

---

① 习近平. 认真学习党章 严格遵守党章[N]. 人民日报,2012-11-20(1).

② 习近平. 在中央党校建校 80 周年庆祝大会暨 2013 年春季学期开学典礼上的讲话[N]. 人民日报,2013-03-01(1).

③ 梁军. 培养好廖俊波式的干部[N]. 人民日报，2017-06-01(5).

④ 习近平. 建设一支宏大高素质干部队伍[N]. 人民日报，2013-06-29(1).

裕禄精神。在2014年3月兰考县汇报会上，他回忆起担任福州市委书记期间，读了《人民呼唤焦裕禄》一文填写的《念奴娇》词。词中“百姓谁不爱好官？把泪焦桐成雨。生也沙丘，死也沙丘，父老生死系”，“为官一任，造福一方，遂了平生意”的句子，深深表达了习近平对焦裕禄的崇敬之情和他自己爱民为民、责任担当的坚定情怀。好人的榜样就是看得见的哲理。教诲是条漫长的道路，而榜样是条捷径。[①]“要把焦裕禄精神作为一面镜子，从里到外、从上到下反复照一照自己，深入查摆自己在思想境界、素质能力、作风形象等方面存在的问题和不足，努力向焦裕禄同志看齐，从今天做起，从眼前做起，从小事做起，像焦裕禄同志那样对待群众、对待组织、对待事业、对待同志、对待亲属、对待自己，像焦裕禄同志那样生命不息、奋斗不止，努力做焦裕禄式的好党员、好干部。”[②] 当代也涌现出一批焦裕禄式的好干部。习近平在对兰辉同志的批示中指出，兰辉同志始终把党和人民的事业放在心中最高位置，是用生命践行党的群众路线的好干部，是新时期共产党人的楷模。广大党员干部要学习他信念坚定、对党忠诚的政治品质，心系群众、为民尽责的公仆情怀，忘我工作、务实进取的敬业精神，克己奉公、敢于担当的崇高品格，牢固树立宗旨意识，自觉做到为民务实清廉，更好发挥表率作用，不断做出经得起实践、人民、历史检验的实绩。[③] 本着为人民服务的宗旨，干事创业一定要树立正确政绩观，做到“民之所好好之，民之所恶恶之”，求真务实、真抓实干，充分发挥干部榜样的教育作用。

① 宋清云. 彰显榜样力量重在发挥“三个作用”[N]. 人民日报,2016-07-11(3).

② 习近平. 在听取河南省兰考县党的群众路线教育实践活动情况汇报时的讲话[N]. 人民日报,2014-08-28(1).

③ 习近平总书记作出重要批示向践行党的群众路线的好干部兰辉同志学习[N]. 人民日报,2013-09-24(1).

第六章　健康育人

教育要促进人的全面发展，健康是基础。习近平强调，“健康是促进人的全面发展的必然要求，是经济社会发展的基础条件，是民族昌盛和国家富强的重要标志，也是广大人民群众的共同追求。”[①] 对于一个人，健康是享受幸福生活的前提；对于一个国家，健康是开创美好未来的根基；对于一个民族，健康是屹立世界民族之林的力量。习近平从健康之于个人、国家、民族发展三个层面深刻论述了健康的重要意义。政府是使用政策工具的主体，政策工具作为机制、手段、方法、措施、桥梁，目的是为了实现政策目标。[②] 党和政府高度重视健康教育工作，颁布了系列政策文件，以促进健康。健康育人指通过健康教育工作促进个人的身心健康，是通过有计划、有组织、有目的的教育活动，使学习者自觉地养成有益于健康的思维、行为和生活方式，消除或减轻影响健康的危险因素，预防疾病，促进健康，提高生活质量。健康教育的核心是教育人们树立健康意识、养成健康行为，减少或消除影响健康的危险因素。

① 新华社. 习近平：把人民健康放在优先发展战略地位[EB/OL]. http://news.xinhuanet.com/politics/2016－08/20/c_1119425802.htm.

② 薛二勇，周秀平. 中国教育脱贫的政策设计与制度创新[J]. 教育研究，2017(12):29-37.

一、改革开放以来健康育人的政策变迁

世界卫生组织在章程中明确指出“健康是每一个人最基本的权利”，“实现每一个民族的健康目标是赢得全世界和平与安宁的最基本的保证。”[①] 促进国民健康的最基本途径在于健康教育。改革开放以来，中共中央、国务院高度重视人民健康问题，以教育、体育、卫生等领域为基础，中央和地方政府联合互动，相关政府部门密切合作推进健康教育工作，使得我国健康领域改革发展取得显著成就，人民健康水平和身体素质持续提高。2015 年我国人均预期寿命达 76.34 岁，婴儿死亡率、5 岁以下儿童死亡率、孕产妇死亡率分别下降到 8.1‰、10.7‰和 20.1/10 万，总体上优于中高收入国家平均水平，为全面建成小康社会奠定了重要基础。[②] 从 1978 年至 2017 年 40 年间，共计有 60 份由中央政府部门，包括中共中央、国务院、教育部、卫生部等颁布的意见、纲要、决定、计划等政策文件涉及健康教育内容，基本构筑了健康育人的政策体系。

（一）1978—1997 年：初建基于公共卫生的健康教育体系

改革开放之初，党和政府逐步关注学校卫生、学校体育等工作。1995 年，党的十四届五中全会通过《中共中央关于制定国民经济和社会发展“九五”计划和 2010 年远景目标的建议》，我国经济建设朝着深化体制改革、提高质量的方向发展。1997 年，中共中央、国务院颁布了《关于卫生改革与发展的决定》，该决定指出，改革开放以来卫生事业有了很大的发展、卫生服务体系基本形成，卫生事业包括健康教育迈

① Yale Law School. A Decade of American Foreign Policy 1941—1949 Constitution of the World Health Organization[EB/OL]. http://avalon.law.yale.edu/20th_century/decad051.asp.

② 中华人民共和国中央人民政府. 中共中央 国务院印发《“健康中国 2030”规划纲要》[EB/OL]. http://www.gov.cn/zhengce/2016-10/25/content_5124174.htm.

向了发展和提高阶段。1978—1997 年，是我国健康教育的尝试和探索阶段，初步形成了健康教育的基本体系。

1978 年至 1997 年期间，我国共颁布 11 份有关健康教育的政策文件（详见表 6-1）。第一份健康教育相关的政策文件为《中小学卫生工作暂行规定（草案）》，于 1979 年由卫生部颁布。其明确规定学校卫生工作的主要任务为贯彻预防为主的方针，提高学生的健康水平，培养学生良好卫生习惯，改进学校环境，加强防病措施，矫治学生常见疾病，使学生身体得到正常发育成长，基于此政策目标，明确了各级教育部门、卫生行政部门和各级医疗单位的职责。1983 年，教育部发布《高等学校卫生工作暂行规定（草案）》，针对高等学校健康教育工作提出了具体要求。1990 年，《学校卫生工作条例》的颁布标志着我国学校卫生工作进入法制化、规范化管理的轨道，学校健康教育理念正式进入学校教育。《学校卫生工作条例》明确规定了学校卫生工作的任务，包括监测学生健康状况；对学生进行健康教育，培养学生良好的卫生习惯；改善学校卫生环境和教学卫生条件；加强对传染病、学生常见病的预防和治疗。而且，该文件针对高等学校卫生工作中教育部门和卫生部门的职责进行了明确的分工："教育行政部门负责学校卫生工作的行政管理。卫生行政部门负责对学校卫生工作的监督指导。"①

表 6-1 1978—1997 年健康育人主要相关政策文件

序号	时间	政策文件	发文机构及发文号
1	1979 年 12 月	中小学卫生工作暂行规定（草案）	卫生部
2	1980 年 8 月	高等学校卫生工作暂行规定（草案）	教育部、卫生部

① 法制司. 学校卫生工作条例(卫生部令第 1 号)[EB/OL]. http://www.nhfpc.gov.cn/fzs/s3576/200804/c6efcadc65234002b642c0fe1d03b612.shtml.

续表

序号	时间	政策文件	发文机构及发文号
3	1984 年 10 月	关于进一步发展体育运动的通知	中共中央（中发［1984］20 号）
4	1990 年 4 月	学校卫生工作条例	国家教委、卫生部（国家教育委员会令第 10 号、卫生部令第 1 号）
5	1992 年 9 月	中小学生健康教育基本要求（试行）	卫生部、国家教委、全国爱卫会
6	1993 年 2 月	中国教育改革和发展纲要	中共中央、国务院（中发［1993］3 号）
7	1994 年 8 月	关于进一步加强和改进学校德育工作的若干意见	中共中央
8	1994 年 12 月	托儿所、幼儿园卫生保健管理办法	卫生部、国家教委
9	1995 年 7 月	学校健康教育评价方案（试行）	国家教委（教体厅［1995］7 号）
10	1996 年 8 月	学生集体用餐卫生监督办法	卫生部（卫生部令第 48 号）
11	1997 年 1 月	关于卫生改革与发展的决定	中共中央、国务院（中发［1997］3 号）

之后，学校健康教育得到了一定程度的发展，《中小学生健康教育基本要求（试行）》《学校健康教育评价方案（试行）》及中央层面的政策文件《中国教育改革和发展纲要》中均对学校健康教育内容和实施提出了明确要求。1995 年，《中华人民共和国教育法》和《中华人民共和国体育法》相继颁布，明确规定了学校应该贯彻国家的教育方针，教育、卫生、体育部门应当完善体育和卫生设施，促进学生身心健康，教育行政部门和学校应当将体育作为学校教育的组成部分。两部法律的颁

布与实施，从法律层面确立了体育在我国学校教育中的地位与作用，规定了学校应承担的体育义务。

此时期的健康教育政策文件发布主体，除了中共中央和国务院之外，职能部门主要是卫生部和教育部，其中教育部独立发文 1 份，教育部和卫生部联合发文 4 份。政策内容显示，政策文本对于健康的认识侧重于身体健康，在此期间颁布的 11 份有关政策文件中，仅有 2 份政策文件，也就是《中小学生健康教育基本要求（试行）》《关于进一步加强和改进学校德育工作的若干意见》，提及对学生进行心理健康教育，政策规定内容比较少。政策文件对学校健康教育课程内容和任务的规定主要体现的是公共卫生意义上的健康教育，包括卫生习惯、疾病预防等，与各级各类学校教育教学规律的结合不够。

（二）1998—2007 年：全学段、全方位、全身心健康教育

党的十四大提出科教兴国战略，教育被赋予提高国民素质、培养跨世纪人才的使命。党的十五大提出了跨世纪社会现代化建设的宏伟目标与任务。1998 年，教育部发布《面向 21 世纪教育振兴行动计划》，明确提出全面推进教育改革和发展，提高全民族的素质和创新能力。1999 年，《中共中央国务院关于深化教育改革全面实施素质教育的决定》提出全面实施素质教育。素质即人所具有的维持生存、促进发展的基本要素，它是以人的先天禀赋为基础，在后天环境和教育的影响下形成并发展起来的内在的、相对稳定的身心组织结构及其质量水平，主要包括身体素质、心理素质和社会文化素质等。①

教育领域，尤其是素质教育中对素质的认识极大地影响了学校健康教育的理念，心理健康作为个人健康的重要方面在健康教育政策中逐渐得到重视。《中共中央国务院关于深化教育改革全面实施素质教育的决定》明确了心理健康教育在素质教育中的重要地位，就课程设置、人员组织等方面作出了规定和说明，为专门的学校心理健康教育政策的出台奠定了基础。自此，学校健康教育走向了身体健康和心理健康并重的路

---

① “素质教育的概念、内涵及相关理论”课题组. 素质教育的概念、内涵及相关理论[J]. 教育研究，2006(2):3-10.

线，国家有关部门陆续发布了专门的学生体质健康与心理健康的教育政策，如《关于加强中小学心理健康教育的若干意见》《关于加强普通高等学校大学生心理健康教育工作的意见》等。

1998年至2007年，我国共发布健康教育有关政策文件22份（详见表6-2），政策文件年平均发布量相较于第一阶段有显著提升，从0.55上升至2.2。其中，由教育部独立发布的政策文件为10份，占该期间政策文件的45.5%，说明教育部门越来越多地开始承担健康教育的任务，健康教育的承担重心逐渐从卫生部门转向教育部门。与此同时，健康教育政策内容更具有针对性，考虑到不同学段学生的身心发展需求，针对中小学（4份）、中等职业学校（1份）、普通高等学校（6份）的学生身心发展规律，作出了分门别类的政策规定，健康教育从义务教育延伸至中等教育和高等教育、逐渐覆盖至国民教育全过程。此外，2002年针对农村卫生工作，国家发布了《关于进一步加强农村卫生工作的决定》和《中国农村初级卫生保健发展纲要（2001—2010年）》，前者提出要增加健康教育的公共卫生经费，后者明确具体地在主要任务中提出开展健康教育和健康促进，积极推进“全国亿万农民健康促进行动”。此时期的健康教育不仅仅局限于学校教育，还延伸到校外、农村人群的教育，涉及面不断扩大。

表6-2　1998—2007年健康育人主要相关政策文件

序号	时间	政策文件	发文机构及发文号
1	1998年12月	面向21世纪教育振兴行动计划	教育部
2	1999年6月	关于深化教育改革，全面推进素质教育的决定	中共中央、国务院
3	1999年8月	关于加强中小学心理健康教育的若干意见	教育部 （教基［1999］13号）

续表

序号	时间	政策文件	发文机构及发文号
4	2001 年	体育与健康课程标准	教育部
5	2001 年 3 月	关于加强普通高等学校大学生心理健康教育工作的意见	教育部（教社政［2001］1 号）
6	2001 年 5 月	关于基础教育改革与发展的决定	国务院（国发［2001］21 号）
7	2001 年 6 月	基础教育课程改革纲要（试行）	教育部（教基［2001］17 号）
8	2002 年	普通高等学校大学生心理健康教育工作实施纲要（试行）	教育部办公厅（教社政厅［2002］3 号）
9	2002 年 4 月	关于印发《中国农村初级卫生保健发展纲要（2001—2010 年）》的通知	卫生部、国家计委、财政部、农业部、环保总局、全国爱卫会、中医药局（卫基妇发［2002］115 号）
10	2002 年 7 月	学生体质健康标准（试行方案）	教育部、国家体育总局（教体艺［2002］12 号）
11	2002 年 8 月	全国普通高等学校体育课程教学指导纲要	教育部（教体艺［2002］13 号）
12	2002 年 10 月	关于进一步加强农村卫生工作的决定	中共中央、国务院（中发［2002］13 号）
13	2002 年 12 月	中小学心理健康教育指导纲要	教育部
14	2003 年 12 月	关于进一步加强高校学生管理工作和心理健康教育工作的通知	教育部办公厅（教社政厅［2003］2 号）

续表

序号	时间	政策文件	发文机构及发文号
15	2004 年 7 月	中等职业学校学生心理健康教育指导纲要	教育部 （教职成［2004］8 号）
16	2004 年 10 月	关于进一步加强和改进大学生思想政治教育的意见	中共中央、国务院 （中发［2004］16 号）
17	2005 年 1 月	关于进一步加强和改进大学生心理健康教育的意见	教育部、卫生部、共青团中央 （教社政［2005］1 号）
18	2005 年 2 月	全国健康教育与健康促进工作规划纲要（2005—2010 年）	卫生部 （卫妇社发［2005］11 号）
19	2006 年 7 月	关于印发全国亿万农民健康促进行动规划（2006—2010 年）的通知	卫生部、全国爱卫会、中宣部、教育部、农业部、广电总局、共青团中央、全国妇联、国务院扶贫办 （卫妇社发［2006］267 号）
20	2007 年 6 月	卫生事业发展“十一五”规划纲要	国务院 （国发［2007］16 号）
21	2007 年 8 月	中共中央国务院关于加强青少年体育增强青少年体质的意见	中共中央、国务院 （卫疾控发［2007］214 号）
22	2007 年 11 月	国家环境与健康行动计划	卫生部、环保总局、发展改革委、教育部、科技部、财政部、国土资源部、建设部、交通部、水利部、农业部、商务部、广电总局、统计局、安全监管总局、国务院法制办、气象局、中医药局 （卫监督发［2007］279 号）

（三）2008 年以来：大健康观视野下健康教育政策体系构建

随着人们生活水平的提高，传统的健康概念已无法涵盖人们健康的所有内容，人们对健康的理解从更为全面、更多层次的角度切入，形成大健康观。大健康，就是紧紧围绕健康这个核心，在传统健康涵义的基础上，将健康与个人情绪，家庭关系，生活环境，社会经济、文化、生态等与健康有关的内容统统包含在内的新的健康观念。① 2008 年，教育部颁布《中小学健康教育指导纲要》，首次明确提出“大健康观”，规范健康教育的领域与水平、督导评价机制。同年，卫生部颁布了《中国公民健康素养——基本知识与技能（试行）》，把开展全民健康教育作为工作重点全面推进，揭开了中国健康教育发展的新纪元。

党的十八届五中全会首次提出推进健康中国建设，“健康中国”被写入“十三五”规划，上升到国家战略层面，健康教育体现在政府的顶层设计之中。这与世界卫生组织发布《渥太华宣言》中提出“健康促进不仅是国民的健康素养促进，应该是国家层面的公共健康促进”② 理念相一致。2016 年，《“健康中国 2030”规划纲要》明确提出“全民健康是建设健康中国的根本目的”③，其内容包括序言及总体战略、普及健康生活等，共 8 篇 29 章，系统、全面地设计了健康中国战略及其推进路线。

2008 年至 2017 年期间，我国共发布了 27 份与健康教育相关的政策文件（详见表 6-3）。与上一阶段相比，此阶段的健康教育政策文件的发布部门层级更高，中共中央、国务院颁布的相关政策文件 10 份，占 37%，健康教育受重视程度日益增加。发文部门除了教育部、卫生部之外，发展改革委、财政部、体育总局等相关部门也参与进来，《全国精

---

① 鲁海涛. 大健康论域下城市社区体育公共服务的变革[J]. 体育科学研究，2015，19(5):27-33.

② Kickbusch I. The contribution of the World Health Organization to a new public health and health promotion. [J]. American Journal of Public Health，2003，93(3):383-388.

③ 中华人民共和国中央人民政府. 中共中央 国务院印发《“健康中国 2030”规划纲要》[EB/OL]. http://www.gov.cn/zhengce/2016－10/25/content_5124174.htm.

神卫生工作体系发展指导纲要（2008—2015 年）》的发文机构多达 17 个。多部门协同制定与实施健康教育政策，便于统筹有关政策资源，提升健康教育政策的执行效果。

表 6-3　2008 年至今健康育人主要相关政策文件

序号	时间	政策文件	发文机构及发文号
1	2008 年 1 月	中国公民健康素养——基本知识与技能（试行）	卫生部 （卫生部［2008］3 号）
2	2008 年 4 月	全国精神卫生工作体系发展指导纲要（2008—2015 年）	卫生部、中宣部、发展改革委、教育部、公安部、民政部、司法部、财政部、人事部、劳动和社会保障部、文化部、食品药品监督管理局、总工会、共青团中央、全国妇联、残疾人联合会、老龄工作委员会 （卫疾控发［2008］5 号）
3	2008 年 6 月	国家学校体育卫生条件试行基本标准	教育部、卫生部、财政部 （教体艺［2008］5 号）
4	2008 年 7 月	中小学生健康体检管理办法	卫生部 （卫医发［2008］37 号）
5	2008 年 12 月	中小学健康教育指导纲要	教育部 （教体艺［2008］12 号）

续表

序号	时间	政策文件	发文机构及发文号
6	2009 年	全民健身条例	国务院 （国务院令第 560 号）
7	2010 年 7 月	国家中长期教育改革和发展规划纲要（2010—2020 年）	中共中央、国务院 （中发［2010］12 号）
8	2010 年 3 月	托儿所幼儿园卫生保健管理办法	卫生部、教育部、卫生部 （教育部令第 76 号）
9	2010 年 3 月	关于进一步加强学校卫生管理与监督工作的通知	卫生部 （卫办监督发［2010］30 号）
10	2010 年 5 月	全国健康教育专业机构工作规范	卫生部 （卫妇社发［2010］42 号）
11	2011 年 2 月	普通高等学校学生心理健康教育工作基本建设标准（试行）	教育部办公厅 （教思政厅［2011］1 号）
12	2011 年 2 月	全民健身计划（2011—2015 年）	国务院 （国发［2011］5 号）
13	2011 年 9 月	健康教育专业机构绩效考核办法（试行）	卫生部 （卫办妇社发［2011］116 号）
14	2011 年 11 月	关于实施农村义务教育学生营养改善计划的意见	国务院办公厅 （国发办［2011］54 号）
15	2011 年	中小学健康教育规范	卫生部、国家标准化管理委员会 （国家标准公告 2011 年第 23 号）
16	2012 年 5 月	托儿所幼儿园卫生保健工作规范	卫生部 （卫妇社发［2012］35 号）
17	2012 年 9 月	学校卫生监督工作规范	卫生部 （卫监督发［2012］62 号）

续表

序号	时间	政策文件	发文机构及发文号
18	2012 年 10 月	关于进一步加强学校体育工作若干意见的通知	国务院办公厅（国办发［2012］53 号）
19	2012 年 12 月	中小学心理健康教育指导纲要（2012 年修订）	教育部（教基一［2012］15 号）
20	2013 年 11 月	关于全面深化改革若干重大问题的决定	中共中央
21	2014 年 5 月	全民健康素养促进行动计划（2014—2020 年）	国家卫生计生委（国卫宣传发［2014］15 号）
22	2016 年 1 月	中国公民健康素养——基本知识与技能（2015 年版）	国家卫生计生委（国卫办宣传函［2015］1188 号）
23	2016 年 2 月	全民健身条例	国务院（国务院令第 666 号第二次修正）
24	2016 年 4 月	关于强化学校体育促进学生身心健康全面发展的意见	国务院办公厅（国办发［2016］27 号）
25	2016 年 6 月	全民健身计划（2016—2020 年）	国务院（国发［2016］37 号）
26	2016 年 10 月	“健康中国 2030”规划纲要	中共中央、国务院
27	2017 年 6 月	普通高等学校健康教育指导纲要	教育部（教体艺［2017］5 号）

二、改革开放以来健康教育的政策特征

（一）国家高度重视健康教育，政策体系逐步完善

政策是实现整个国家某一领域发展目标的重要手段，它本身承载了

非常明确的价值取向，具有重要的引导功能。其数量变化在一定程度上反映了政府意志的方向，以及控制教育改革与发展的力度的大小。① 对三个阶段中共中央、国务院颁布的健康教育政策文件数量进行分析，可以反映出政府对健康教育的意志和力度大小。

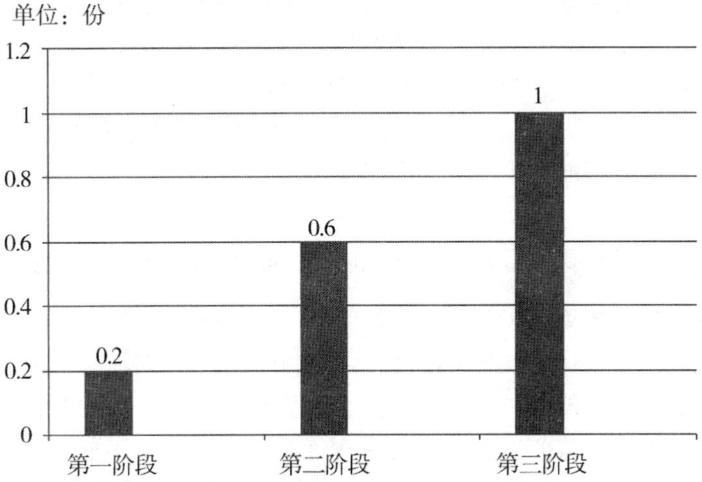

图 6-1　中共中央、国务院颁布的有关健康教育政策文件的年平均数

中共中央、国务院在三个阶段颁布有关政策文件数量的年平均数稳步提高（见图 6-1），从年平均 0.2 份增加至每年 1 份，呈现直线型增长的特征。党和政府对健康教育愈加重视，对国家健康事业改革和发展的主导作用逐渐增强，个人和国家对健康教育的关注逐渐增强，对政策的需求逐步加大。党中央、国务院颁布的有关政策不仅仅局限于教育部门对健康教育的制度设计，而是综合考虑卫生、医疗、食品、经济等诸多部门对健康教育的协同作用，有序开展健康教育的顶层设计。每项改革和发展任务都是一项系统工程，必须整体谋划和前瞻布局，这样才能事

① 谢维和，陈超. 中国教育改革发展的政策走向分析——20 世纪 80 年代中期以来中国教育政策数量变化研究[J]. 清华大学教育研究，2006，27(3)：1-8.

半功倍、少走弯路。[①] 基于战略考虑，明晰目标、优选内容和确定路径，加强宏观指导，使所有层次和系统都能围绕“健康”这一政策目标，产生良好的政策效果。《“健康中国 2030”规划纲要》对我国健康事业的总体战略、普及健康生活、优化健康服务、完善健康保障、建设健康环境、发展健康产业、健全支撑与保障、强化组织实施等方面进行了通盘考虑，形成了涵盖健康发展各个环节的政策体系。基于健康教育的总体目标，由有关职能部门颁布具体的意见、方案、标准等，不仅有法律法规层面的健康教育基本政策，也有为贯彻基本政策而制定的细化政策，健康教育的政策体系逐步完善。

（二）健康教育寓于不同领域，政策合力愈加显现

健康教育政策属于跨领域、跨部门、跨组织的复杂性问题，涉及多个领域的制度设计，如教育制度、体育制度、医疗保险、药品流通、社会保障制度等。健康教育的政策内容不仅仅体现在专门的政策文件中，还体现在卫生政策、思想政治与德育等政策文件中。不同部门、机构、领域的积极参与，构成了健康教育的政策发布主体。健康教育是系统工程，构建完善的政策体系，形成政策合力是提高全民健康的关键。健康教育的实施，需要不同层级、不同部门的协同推动。健康教育寓于多种领域，健康教育政策致力于不同领域政策的协同，努力减少健康教育政策“碎片化”问题。健康教育政策在设计、制定、实施时，十分关注政策协同与部门合力，形成系统、完整及有利于实现政策目标的治理体系，提高政策效益。

（三）健康教育内涵更为丰富，领域范围日益扩展

关于健康教育的政策目标，第一阶段以身体健康为主。《中小学生健康教育基本要求》明确提出，健康教育是以传授健康知识、建立卫生

---

① 中华人民共和国教育部. 刘延东：坚持改革创新，狠抓工作落实，努力开创教育事业科学发展新局面[EB/OL]. http://old.moe.gov.cn/publicfiles/business/htmlfiles/moe/moe_838/201101/114729.html.

行为、改善环境为核心内容的教育。第二阶段除了继续强调身体健康之外，还进一步提出心理健康，并颁布系列政策予以保障。第三阶段明确提出了健康素养。《中国公民健康素养66条》规定了健康的基本知识和理念、健康生活方式与行为、基本技能，在健康的基本知识和理念部分明确“健康不仅是没有疾病或虚弱，而且是身体、心理和社会适应的完好状态”。关于健康的定义，采用的是世界卫生组织提出三维健康观，即“健康不仅免于疾病和衰弱，而是保持体格方面、精神方面和社会方面的完美状态”①。

不同阶段健康教育的政策目标与健康内涵密切相关，不同阶段健康的含义，直接影响了健康教育政策目标的确定。健康教育涉及的领域不断扩大，从身体健康到身心健康，其背后是健康观的转变，由传统健康观转变为三维健康观（生理健康、心理健康和社会适应良好）。此外，健康教育引入了健康促进理念。健康促进是一种融合了自然科学、健康科学和行为科学知识，通过改善包括身体活动、饮食习惯和心理状态等在内的生活方式，寻求与整个环境的和谐统一，以提升生命质量的整体策略。②《全国健康教育与健康促进工作规划纲要（2005—2010年）》明确提出，建立和完善适应社会发展需要的健康教育与健康促进工作体系，开展多种形式的健康教育与健康促进活动，致力于全民健康素质提高的总目标，开启了我国健康促进工作的新篇章。健康促进强调针对健康的人群采取积极有益的健康行为，通过改善教育、政策、环境等来获得更健康的生活方式。健康促进的提出和推行，使得健康教育涵盖的范围、涉及的内容更丰富，基本囊括了健康的全过程。

（四）健康教育政策对象扩大，全民健康成为目标

青少年是健康教育政策主要的目标群体之一。中国有庞大的青少年

① Yale Law School. A Decade of American Foreign Policy 1941—1949 Constitution of the World Health Organization[EB/OL]. http://avalon.law.yale.edu/20th_century/decad051.asp.

② 汪晓赞，郭强，金燕等．中国青少年体育健康促进的理论溯源与框架构建[J]．体育科学，2014，34(3):3-14.

人群，第六次人口普查数据显示：我国 10—29 岁人口总数为 4.03 亿人，占总人口数的 30.25%，50 岁以上人口总数为 3.37 亿，占人口总数的 25.33%。[①] 最初颁布的健康教育政策中，政策对象以中小学学生为主。随后，健康教育政策的目标群体明显扩大，扩展至中等职业教育和高等教育学生群体。《关于构建社会主义和谐社会若干重大问题的决定》明确了构建社会主义和谐社会的任务、目标和途径，并把心理和谐与社会和谐作为一个主要问题提出来。个体在不同发展阶段，整个生命周期中都面临身心健康发展的需要，心理健康是个体全面发展的重要方面之一。健康教育的政策对象涵盖了不同学段学生，针对不同学段的学生特点采取有针对性的政策。之后，关注全民健康，强调全民覆盖，健康教育并不局限于学校教育，而是全民健康教育。

三、健康育人新形势、新挑战和新问题

（一）新形势

党的十九大报告指出，我国社会主要矛盾已经转化为人民日益增长的美好生活需要和不平衡不充分的发展之间的矛盾。进一步强调，“我国社会主要矛盾的变化是关系全局的历史性变化，对党和国家工作提出了许多新要求。我们要在继续推动发展的基础上，着力解决好发展不平衡不充分问题，大力提升发展质量和效益，更好满足人民在经济、政治、文化、社会、生态等方面日益增长的需要，更好推动人的全面发展、社会全面进步。”[②] 社会主要矛盾所产生的变革是深层次的、根本性的，它决定了党和人民的主要历史任务，是党制定正确路线方针政策

① 国家统计局. 第 6 次人口普查数据[EB/OL]. http://www.stats.gov.cn/tjsj/pcsj/rkpc/6rp/indexce.html.

② 中国网.中共十九大开幕，习近平代表十八届中央委员会作报告[EB/OL]. http://www.china.com.cn/cppcc/2017-10/18/content_41752399.htm.

的基础，是国家确立发展理念和发展战略的依据。[①] 健康是人民日益增加的美好生活需要之一。健康中国战略的实施，是健康教育政策面临的新形势，为健康教育拓展了新空间、提供了新保障。与此同时，工业化、城镇化、人口老龄化、疾病谱变化、生态环境及生活方式变化等，也是健康教育面临的新形势。健康服务供给总体不足与需求不断增长之间的矛盾依然突出，健康领域发展与经济社会发展的协调性有待增强，需要从国家战略层面统筹解决关系健康的重大和长远问题。[②]

（二）新挑战和新问题

当前，我国青少年总体上体质较弱，既存在营养过剩，也有营养失衡的问题。《中国学生体质监测发展历程》显示，虽然我国大学生体质下降速度趋缓，但依然呈下降趋势；身体形态发生变化，肥胖率持续上升，每 5 年提高 2%到 3%。2015 年国民体质监测报告显示，7 岁到 19 岁的学生体质状态，大学生下滑最严重。[③] 近视防控面临严峻局面，近视发病率比较高。世界卫生组织研究报告称，目前中国近视患者人数多达 6 亿，几乎是中国总人口数量的一半。我国高中生和大学生的近视率均已超过七成，并逐年增加，青少年近视率高居世界第一，小学生的近视率也接近 40%。相比之下，美国中小学生近视率仅为 10%。[④]

总体上，健康教育面临三个新的挑战和问题。第一，如何践行大健康教育观。大健康教育观要求学校、家长、社区、社会等形成完整的教育体系，以促进健康教育工作的开展，包括强化政府部门之间的协作、政府部门与社会组织间的合作、学校与社区的关联、社会健康资源的统筹等，其对政策以及不同组织之间的协同提出了更高要求。第二，如何应对人民健康教育需求的增加。根据三维健康观，人们对健康的需求体

---

① 王岩，陈绍辉. 科学认识新时代我国社会主要矛盾的转化[N]. 光明日报，2018-03-28(6).

② 中华人民共和国中央人民政府. 中共中央 国务院印发《“健康中国 2030”规划纲要》[EB/OL]. http://www.gov.cn/zhengce/2016－10/25/content_5124174.htm.

③ 光明日报. 调查显示：我国大学生体质呈下降趋势. [EB/OL]. http://www.china.com.cn/education/2017-08/18/content_41432748.htm.

④ 人民日报海外版. 中国城市学生近视增至 80% 青少年近视率世界第一[EB/OL]. http://tech.sina.com.cn/roll/2017-06-10/doc－ifyfzhpq6503698.shtml.

现在三个层面：生理健康、心理健康、社会健康。身体健康和心理健康在我国健康教育中占有重要的比重，在体质健康和心理健康教育中，突出“以人为本、健康第一”的教育理念，以学校体育和心理健康课为突破口，制定和实施了系列性法律、法规、政策文件等。随着健康内涵的变迁，人民的健康需求变化，对健康教育提出了新的要求，对社会组织、环境、服务等提出了更高需求。第三，如何应对青少年的亚健康问题。处于亚健康的青少年虽然并不表现出生理上的病征，但会出现注意力集中困难、活力缺乏、免疫力低下、经常出现身体不适等问题，该问题的影响因素是多方面，包括学业压力、家庭教育、社会环境、生活习惯等，迫切需要从学校、家庭、社会等方面全方位切入健康教育体系予以应对。

四、新时代健康育人的趋势和政策路径

（一）基于健康中国国家战略，改革健康治理体系

1. 实施健康中国战略

健康，是每个国民的立身之本，也是一个国家的立国之基；是全面建成小康社会的重要内涵，也是人类社会发展福祉的永续追求。习近平提出人民健康是全面建成小康社会的重要内涵[①]，将人民健康与我国社会发展紧密联系起来。党的十八大以来，以习近平同志为核心的党中央统揽全局、系统谋划，从党和国家事业全局出发，作出推进健康中国建设的重大决策部署，突出重点、立柱架梁，从民生关切着手，实施一系列利当前、惠长远的重大举措，为人民群众的共同追求、为民族复兴的光荣梦想不断夯实健康之基。[②] 健康育人要求我们立足于中国特色社会

① 习近平：人民身体健康是全面建成小康社会的重要内涵[EB/OL]. http://cpc.people.com.cn/n/2013/0831/c64094-22760249.html.

② 新华社. 夯实中华民族伟大复兴的健康之基——以习近平同志为核心的党中央加快推进健康中国建设纪实[EB/OL]. http://www.gov.cn/xinwen/2017-10/14/content_5231664.htm.

主义新时代，立足于人民对美好生活的追求，准确把握时代和个人的健康需求。习近平表示没有全民健康，就没有全面小康，并以此为抓手，把准时代脉搏，回应人民期待，开启健康中国建设新局面。[①]

“健康是促进人的全面发展的必然要求，是经济社会发展的基础条件，是民族昌盛和国家富强的重要标志，也是广大人民群众的共同追求。”[②] 党的十八届五中全会明确提出了推进健康中国建设的任务，将健康作为国家战略予以推进从而保障人民健康，作为提升综合国力和劳动力竞争力的重要着力点。建设健康中国彰显我国战略发展新理念。习近平在全国卫生与健康大会上发表的重要讲话，为建设健康中国指明了方向、提供了遵循。“要把人民健康放在优先发展的战略地位”，“树立大卫生、大健康的观念，把以治病为中心转变为以人民健康为中心”，“以基层为重点，以改革创新为动力，预防为主，中西医并重，把健康融入所有政策，人民共建共享”，“努力全方位、全周期保障人民健康”。

健康中国是基于中国社会现实和人民对健康的新的需求提出的国家重大战略，不仅指向人民的全面健康，也指向民族和国家的未来。健康中国是建成社会主义现代化国家的战略选择。习近平在十九大报告中指出：这个新时代，是决胜全面建成小康社会、进而全面建设社会主义现代化强国的时代。[③] 随着健康内涵的不断扩大，健康教育的深层次推进有赖于顶层设计，以更高层级的战略眼光和战略布局进行设计和推动。党的十八届五中全会明确提出推进健康中国建设，健康中国的终极目标是构建全方位“防控健康风险，创造健康价值”的健康民族和国家。[④] 健康中国战略坚持以保障人民群众健康为中心，从大健康、大卫生的高度出发，加强全局性、战略性思考，从国家层面制定整体性解决方案，

① 新华社. 努力全方位、全周期保障人民健康——习近平总书记在全国卫生与健康大会上的讲话引起强烈反响[EB/OL]. http://www.xinhuanet.com/politics/2016-08/22/c_1119434555.htm.

② 新华社. 习近平：把人民健康放在优先发展战略地位[EB/OL]. http://www.xinhuanet.com/politics/2016-08/20/c_1119425802.htm.

③ 新华网. 习近平指出，中国特色社会主义进入新时代是我国发展新的历史方位[EB/OL]. http://www.xinhuanet.com/2017-10/18/c_1121819978.htm.

④ 吴晶，胡浩. 迈向健康中国新征程——以习近平同志为总书记的党中央关心卫生与健康工作纪实[EB/OL]. http://health.people.com.cn/n1/2016/0819/c398004-28648312.html.

推动解决当前和长远重大健康问题，为人民群众创造出更多的健康福祉。

2. 协同推进健康教育

习近平明确提出实现“两个一百年”奋斗目标，要坚持以人民为中心的发展思想，经济要发展，健康要上去，人民的获得感、幸福感、安全感都离不开健康，要大力发展健康事业，要做身体健康的民族。[①] 习近平提出，“要坚持正确的卫生与健康工作方针，以基层为重点，以改革创新为动力，预防为主，中西医并重，将健康融入所有政策，人民共建共享。”他指出，人始终是健康中国建设的关键与核心，要坚定不移贯彻预防为主方针，从“治病为中心”向“人民健康为中心”转变，从“治已病”向“治未病”转变，从小健康向大健康转变。[②] 将健康融入所有政策，是推进健康中国建设的重要举措。健康融入所有政策是指在不同部门的决策过程中，有意识地将不同部门对多种群体健康的影响加以考虑。[③] 健康与贫困、教育、环境、就业等多种社会因素相关，一个国家国民的总体健康水平与其医疗、药品管理、社会保障、就业、财政、教育、科技、环境保护和民政等多个部门的努力密不可分，只有将大健康理念纳入所有政策之中，进行综合管理，树立维护健康成为各部门共同负责任的观念，才能确保健康的可持续性。

相应地，健康教育政策要从大健康理念出发，将健康融入经济社会发展各项政策，推动跨部门协同，营造共同支持的大健康政策环境。健康教育是促进健康的基本举措，涉及的部门除教育之外，还有卫生、体育、社会保障等，涉及的主体有政府、学校和家庭等。健康教育的开展要以人的健康为中心，把资源整合在一起，把资金用在一个地方，把方案做在一个整体，通过系统性的制度设计，培养出健康的学生。健康教

---

① 人民网. 习近平：要做身体健康的民族[EB/OL]. http://cpc.people.com.cn/n1/2018/0412/c64094－29921687.html.

② 陈敏章. 贯彻全国卫生工作会议精神　加快健康教育事业发展步伐——在全国第二次健康教育工作会议上的讲话(摘要)[J]. 中国健康教育，1997(11):4-7.

③ Melkas T. Health in all policies as a priority in Finnish health policy: a case study on national health policy development[J]. Scandinavian Journal of Public Health, 2013, 41(11 Suppl):3-28.

育政策的制定、完善和实施需要跨部门的参与，提供多方面的思路、资源，在不同领域协同推进。

（二）开展全民健身，开启全民健身发展的新征程

1. 构建全民健身的工作格局

习近平强调，全民健身是全体人民增强体魄、健康生活的基础和保障，人民身体健康是全面建成小康社会的重要内涵，是每一个人成长和实现幸福生活的重要基础。[①] 习近平指出，没有全民健康，就没有全面小康，必须把以治病为中心转变为以人民健康为中心。[②] 全民健身和全民健康融合日深。《关于加快发展体育产业促进体育消费的若干意见》提出，把全民健身上升为国家战略，把增强人民体质、提高健康水平作为根本目标，营造重视体育、支持体育、参与体育的社会氛围。国务院印发《全民健身计划（2016—2020 年）》，就今后一个时期推进健康中国建设作出了部署，提升全民健身现代治理能力，发展群众体育，倡导形成全民健身的新时尚。《“健康中国 2030”规划纲要》把全民健身纳入其中，把增强人民体质、提高健康水平作为根本目标，勾勒出从全民健身到全民健康，进而实现全面小康的逻辑链条。

把全民健身作为全面建成小康社会的重要组成部分，更好发挥全民健身在实现中华民族伟大复兴中国梦中的积极作用，是习近平亲自谋划和推动全民健身事业的关切所在。习近平在党的十九大报告中明确提出要广泛开展全民健身运动。[③] 实施全民健身国家战略是实现全面建成小康社会目标的必然要求，是实现人民群众对幸福美好生活追求的重大举措，是推进供给侧结构性改革的重要方面。

推进全民健身，关键是构建齐抓共管的大工作格局，不断完善和强化“政府主导、部门协同、全社会共同参与”的体制机制。全民健身是

---

① 习近平：发展体育运动增强人民体质 促进群众体育和竞技体育全面发展[N]. 人民日报，2013-09-01(1).

② 新华网. 习近平：把人民健康放在优先发展战略地位[EB/OL]. http://www.xinhuanet.com/politics/2016－08/20/c_1119425802.htm.

③ 人民网. 习近平：广泛开展全民健身活动，加快推进体育强国建设[EB/OL]. http://sports.people.com.cn/n1/2017/1018/c22155-29594985.html.

系统工程，需要不同管理层面、不同部门之间形成合力，共同促进全民健身。推动各级政府落实全民健身主体责任，把全民健身评价指标纳入全面建成小康社会综合绩效考核指标、健康中国建设主要指标、精神文明建设内容、各级领导班子综合考核标准。① 以“三个创建”为主要抓手，创建运动健康城市，创建全民健身模范县，创建运动休闲特色小镇。引导各类市场主体在服务全民健身中发展壮大，激发社会投资体育的活力，实施“体育＋”行动，推动体育与相关行业融合发展。②

2. 优化全民健身的社会环境

全面健身的深入开展依赖于良好的社会环境。首先要营造全民健身的文化氛围。弘扬群众身边的健身文化，引导树立全民健身文化理念，使全民健身的理念深入人心，全周期、全人群促进人的身体健康，提高生命质量，让更多的人参与全民健身。

其次，构建良好的全民健身环境。扩大健身场地设施供给，更多群众参与健身才能变为现实。要以便民惠民为主轴，构筑起全民健身遍布城乡的“毛细血管”系统，打通服务群众健身的“最后一公里”，引领健康中国的前行脚步。建设群众身边的体育健身设施，通过建设公园、社区健身中心、推动旧城改造中拆出的空地优先建设健身设施、新建社区按标准配建体育设施等满足群众健身需求。将城市的绿道、健身步道及城市慢行系统连接，构成“点、线、面”相结合的绿色低碳立体全民健身场地网络。

要为全民健身提供良好的支持体系。动员社会力量积极组织，加大政府购买服务力度，使更多人能享受运动快乐，体验健身的乐趣和成效。鼓励人们因地制宜、因时制宜地开展丰富多样的体育健身活动，如开展太极、广场舞、马拉松等群众性健身活动，开展全民健身日、健身大会等形式多样的体育活动，丰富和完善全民健身活动体系。同时，加强群众身边的健身指导，完善国民体质监测和科学健身指导网络，全面

---

① 新华网. 最大规模群众体育工作会议召开，全国近五万人参会[EB/OL]. http://www.xinhuanet.com/sports/2017-04/11/c_1120790186.htm.

② 李中文，薛原. 为健康中国夯实体育之基，以习近平同志为核心的党中央关心全民健身工作纪实[N]. 人民日报，2017-08-08(1).

培训可开运动处方的全科医生、家庭医生，指导群众开展科学健身，保障人们的建设安全，进行科学有效的健身。[①]

（三）更新体育理念，加快推进体育改革创新步伐

1. 更新体育理念，发挥体育精神价值

党的十八大以来，以习近平同志为核心的党中央高度重视关心体育工作，谋划推动体育事业改革发展。习近平多次就体育工作发表重要讲话，提出明确要求，深刻阐述了体育强国建设的战略定位、方针、目标、思路、举措。习近平提出，体育在提高人民身体素质和健康水平、促进人的全面发展，丰富人民精神文化生活、推动经济社会发展，激励全国各族人民弘扬追求卓越、突破自我的精神方面，都有着不可替代的重要作用。[②]“体育强中国强，推动我国体育事业不断发展是中华民族伟大复兴事业的重要组成部分”，“发展体育运动，增强人民体质，是我国体育工作的根本方针和任务”。[③] 健康育人核心是要充分发挥体育作用。

体育是提高人民健康水平的重要手段，也是实现中国梦的重要内容，能为中华民族伟大复兴提供凝心聚气的强大精神力量。[④] 习近平提出，“加快推进体育改革创新步伐，更新体育理念，借鉴国外有益经验，更好发挥举国体制在攀登顶峰中的重要作用，更好发挥群众性体育在厚植体育基础中的重要作用，为我国体育事业发展注入新的活力和动力”。要构建完善的体育政策体系，利用多种方式培育体育精神，促进健康。习近平强调，中小学生要立志成才，必须“强健体魄、健康身心，锤炼意志、砥砺坚韧”，在运动中“感受集体力量、体验运动乐趣、强健身

① 李中文，薛原．为健康中国夯实体育之基，以习近平同志为核心的党中央关心全民健身工作纪实[N]．人民日报，2017-08-08(1).

② 习近平:发展体育运动增强人民体质 促进群众体育和竞技体育全面发展[N]．人民日报，2013-09-01(1).

③ 习近平:发展体育运动增强人民体质 促进群众体育和竞技体育全面发展[N]．人民日报，2013-09-01(1).

④ 贺广华．习近平欢迎出席青奥会开幕式的国际贵宾[N]．人民日报，2014-08-17(1).

体素质”。[①] 体育不仅仅是一项项运动技能，或者是一个个被分解的技术动作，其还具有与系统身体训练价值相比肩的精神价值，包括运动乐趣、集体意识、锤炼意志等。

把少年儿童体育抓好，就是从根本上发展好体育事业。习近平勉励少年足球运动员时表示，“在这里训练会对你们一生产生重要影响，对中国青少年足球发展起到带头作用，让更多青少年投身足球事业。我看好你们！看好你们这一代将来成为出色的足球运动员。这是我的愿望。”[②] 习近平表示，“足球要从娃娃抓起。大家都知道我喜欢足球。其实，我还喜欢篮球、网球，而且很喜欢武术。希望孩子们要文明精神、野蛮体魄，把身体锻炼好，把知识学好。”[③] 从少年儿童抓起发展各类体育，使得学生既能够在体育活动中强身健体，又能习得体育精神，发展出良好的心理品质，促进学生的全面发展。

2. 促进群众体育和竞技体育协调发展

习近平强调，“要促进群众体育和竞技体育全面发展”，“要分类指导，从娃娃抓起，扎扎实实提高竞技体育水平，持之以恒开展群众体育，不断由体育大国向体育强国迈进”。竞技体育和群众体育之间有区别又有联系，互相影响、互相依存、互相促进。与群众体育相比，竞技体育兼具竞争性、规范性和功利性，是在全面发展身体，最大限度地挖掘和发挥人（个人或群体）在体力、心理、智力等方面的潜力的基础上，以攀登运动技术高峰和创造优异运动成绩为主要目的的一种运动活动过程。[④] 竞技体育具有强大的影响力，在新时代下的竞技体育改革成为建设体育强国的重要方面。发展竞技体育有利于发掘更多的体育人才，培养青少年的兴趣，从而带动群众体育的发展。越来越多的体育赛事出现，带动更多的人从旁观者变成参与者和竞技者。

---

① 新华社. 习近平:全面贯彻落实党的教育方针,努力把我国基础教育越办越好[EB/OL]. http://news. xinhuanet. com/politics/2016-09/09/c_1119542262. htm.

② 人民网—中国共产党新闻网. 这些年,习近平与足球的那些事[EB/OL]. http://cpc. people. com. cn/xuexi/n/2015/0318/c385474-26709678. html.

③ 新华网. 习近平看望少年儿童:精忠报国是一生的目标[EB/OL]. http://news. xinhuanet. com/politics/2014-05/30/c_1110943512. htm.

④ 过家兴. 运动训练学[M]. 北京:北京体育学院出版社，1986. 9.

群众体育是体育强国建设的根本，离开了根本，体育强国无从谈起。[①] 从体育发展的根本和长远角度看，群众体育才是体育事业发展的基石和土壤，竞技体育只是发展的结果之一。如果只重视竞技体育而忽视群众体育，将会导致中国体育陷入头重脚轻、失衡发展的局面。群众体育具有广泛性、业余性和多样性，以强身、健体、娱乐、休闲、社交等为目的，一般不追求达到高水平的运动成绩。要支持开展内容广泛、形式多样的体育活动，营造重视体育、支持体育、参与体育的社会氛围。打通群众体育与竞技体育之间的壁垒，实现有机融合，深度挖掘体育的教育价值，为中国体育带来更广阔的发展空间。随着健康中国战略的推行，全民健身影响的不断扩大，人民参与体育的热情正在不断被激发、释放。竞技体育与群众体育有机融合是体育发展的大趋势，能够从根本上促进人民健康，实现健康育人。

① 李中文，薛原．为健康中国夯实体育之基，以习近平同志为核心的党中央关心全民健身工作纪实[N]．人民日报，2017-08-08(1)．

第七章　创新育人

习近平在党的十九大报告中指出，创新是引领发展的第一动力，是建设现代化经济体系的战略支撑。抓住了创新，就抓住了牵动经济社会发展全局的“牛鼻子”。建设现代化经济体系，必须加快建设创新型国家，让创新成为走向未来的不竭动力。[①] 从人力资源大国迈向人力资源强国，从制造大国迈向创造大国，从教育大国迈向教育强国，都需要创新育人。习近平指出，“创新是一个系统工程，创新链、产业链、资金链、政策链相互交织、相互支撑，改革只在一个环节或几个环节搞是不够的，必须全面部署，并坚定不移推进。”[②] 教育是培养人的一种社会活动，面对社会创新，其自身必须创新，否则培养创新人才就不能很好地落实。创新人才对创新系统工程具有决定作用，事关中国创新是否后继有人、事关中国创新能力和创新水平的优劣、事关中国特色社会主义事业的兴衰和成败。创新育人是全面提升教育治理能力、实现教育现代化的关键，是以培养创新精神和创新能力为基本价值取向的教育；同时，创新育人也是办优质而公平的教育，全面推进素质教育，迎接知识经济时代挑战的重要着力点。创新育人主要指通过创新教育制度、政策、体系等，培养创新人才。

---

① 崔惠民，马涛. 新知新觉：让创新成为走向未来的不竭动力[N]. 人民日报，2018-04-17(7).

② 习近平. 为建设世界科技强国而奋斗[N]. 人民日报，2016-06-01(2).

一、改革开放以来创新育人的政策变迁

（一）1978—1990 年：教育体制改革成为创新育人的核心

教育的发展与经济和社会发展密切相关。1991 年发布的《中华人民共和国国民经济和社会发展十年规划和第八个五年计划纲要》指出，我国胜利实现了现代化建设的前两步战略目标，经济和社会全面发展，人民生活总体上达到了小康水平。从 21 世纪开始，我国将进入全面建设小康社会，加快推进社会主义现代化的新的发展阶段。[①] 1985 年，《中共中央关于教育体制改革的决定》颁布，开启了我国教育改革发展的新历程，标志着我国教育改革发展进入新阶段，教育系统开启了创新性改革与探索，教育体制改革成为教育创新的核心。

党的十一届三中全会之后，党中央对教育工作作出了一系列新的决策和部署，我国教育事业走上了蓬勃发展的道路。1980 年、1982 年，国家相继颁布了《中华人民共和国学位条例》《中华人民共和国学位条例暂行实施办法》，国家教委据此制定了研究生培养和学位授予系列规章制度，标志着我国学位制度正式建立。我国本科生和研究生的培养能力显著增强，规模不断扩大。《中华人民共和国国民经济和社会发展第六个五年计划（1981—1985）》明确提出为实现发展目标，要抓住农业、能源交通、教育科学这三个战略重点，带动整个经济的发展，对初等教育、中等教育、高等和中等专业教育等进行了较为全面的政策部署，逐步开始建设系统的教育体系。

1984 年，党的十二届三中全会召开，通过《中共中央关于经济体制改革的决定》，为我国社会生产力的大发展、为社会主义物质文明和精神文明的大提高，指明了前进的道路。社会经济发展的成败关键在于人才，而要解决人才问题，就必须使教育事业在经济发展的基础上有一

① 中国人大网. 中华人民共和国国民经济和社会发展十年规划和第八个五年计划纲要[EB/OL]. http://www.npc.gov.cn/wxzl/gongbao/2000-12/28/content_5002538.htm.

个大的发展。[①]《中共中央关于教育体制改革的决定》明确提出，我国现阶段教育事业的发展瓶颈为教育事业管理权限的划分不明；教育结构与社会发展不匹配；教育思想、教育内容、教育方法的问题使得培养的学生无法适应经济和社会发展的需要。针对以上问题，中央认为要从根本上改变这种状况，必须从教育体制入手，系统地进行改革。改革管理体制，在加强宏观管理的同时，坚决实行简政放权，扩大学校的办学自主权；调整教育结构，相应地改革劳动人事制度；还要改革同社会主义现代化不相适应的教育思想、教育内容、教育方法。[②] 中央针对国家现实、问题及发展目标，对教育的体制、教育结构、教育思想、教育内容、教育方法进行了系统改革，力图促使教育能够适应并助力于国家发展。《中共中央关于教育体制改革的决定》开启了我国教育体制改革之路。

《中共中央关于社会主义精神文明建设指导方针的决议》提出，“社会主义在实践中，现代化建设和全面改革是极其复杂的创新事业，没有也不可能有现成的答案”，强调要重视教育科学文化的建设。1987 年，党的十三大提出，必须把坚持发展教育事业放在突出的战略位置，把经济建设转到依靠科技进步和提高劳动者素质轨道上来。至 1990 年我国“七五”计划结束，经过十余年的教育改革，社会主义教育制度已经基本确立；教育事业有了很大发展，为社会主义建设培养了大批人才；形成了上千万人的教师队伍；办学的物质条件程度不同地有所改善。[③] 当时的经济、社会发展水平与历史条件下，教育创新的水平还不够，对教育体制进行了初步改革，对育人理念进行了初步探索，对创新育人体系进行了初步探究。（详见表 7-1）

---

① 中华人民共和国教育部. 中共中央关于教育体制改革的决定[EB/OL]. http://old.moe.gov.cn/publicfiles/business/htmlfiles/moe/moe_177/200407/2482.html.

② 中华人民共和国教育部. 中共中央关于教育体制改革的决定[EB/OL]. http://old.moe.gov.cn/publicfiles/business/htmlfiles/moe/moe_177/200407/2482.html.

③ 中华人民共和国教育部. 中国教育改革和发展纲要[EB/OL]. http://old.moe.gov.cn//publicfiles/business/htmlfiles/moe/moe_177/200407/2484.html.

表 7-1　1978—1990 年创新育人主要相关政策文件

序号	时间	政策文件	发文机构及发文号
1	1980 年 2 月	中华人民共和国学位条例	第五届全国人民代表大会常务委员会第十三次会议通过
2	1981 年 5 月	中华人民共和国学位条例暂行实施办法	国务院
3	1982 年 12 月	中华人民共和国国民经济和社会发展第六个五年计划（1981—1985）	第五届全国人民代表大会第五次会议批准
4	1985 年 5 月	关于教育体制改革的决定	中共中央
5	1986 年 9 月	关于社会主义精神文明建设指导方针的决议	中共中央
6	1987 年 5 月	关于改进和加强高等学校思想政治工作的决定	中共中央

（二）1991—2009 年：中央顶层设计与部门协同推进改革

1991 年，《中华人民共和国国民经济和社会发展十年规划和第八个五年计划纲要》明确提出加快教育发展，认为教育是提高全民素质、培养人才的基础，要面向现代化、面向世界、面向未来，适度超前发展，走改革创新之路，强调发展各级各类教育以及深化教育体制改革。① 这一文件奠定了我国从 1990 年至 2000 年的教育改革方向。至 20 世纪 90 年代，我国教育体制改革走向深化②。

1993 年，中共中央、国务院印发《中国教育改革和发展纲要》，作为教育改革的纲领性文件，其明确提出必须坚持教育改革开放，努力改

① 中国人大网. 中华人民共和国国民经济和社会发展十年规划和第八个五年计划纲要[EB/OL]. http://www.npc.gov.cn/wxzl/gongbao/2000-12/28/content_5002538.htm.

② 张乐天. 教育政策法规的理论与实践(第二版)[M]. 上海:华东师范大学出版社，2009.9.

革教育体制、教育结构、教学内容和方法，大胆吸收和借鉴人类社会的一切文明成果，勇于创新，敢于试验，不断发展和完善社会主义教育制度。在教育体制上，义务教育的办学体制强调以地方政府办学为主，是上一阶段基础教育管理权属的深化变革。在教育理念上，中小学要由应试教育转向全面提高国民素质的轨道，随后我国陆续颁布《关于当前积极推进中小学实施素质教育的若干意见》《中共中央国务院关于深化教育改革，全面推进素质教育的决定》等政策文件，系统地从素质教育目标、学校建设、课程体系、督导评估体系、考试制度等方面进行系统性改革。针对各级各类教育改革的专门性政策文件相继颁布，如《中外合作办学暂行规定》《关于深化高等教育体制改革的若干意见》《社会力量办学条例》《关于当前积极推进中小学实施素质教育的若干意见》等。其中《中外合作办学暂行规定》对促进我国教育的对外开放和促进教育的新发展具有重要政策意义。

20 世纪末，我国对落实科教兴国战略作出全面部署，提出全面推进教育的改革和发展，提高全民族的素质和创新能力，制定了《面向 21 世纪教育振兴行动计划》。随后，为着力推进、深化教育改革步伐，全面推进素质教育，构建充满生机的有中国特色的社会主义教育体系，为实施科教兴国战略奠定坚实的人才和知识基础，《中共中央国务院关于深化教育改革，全面推进素质教育的决定》颁布，开启了素质教育新阶段。2001 年，国务院颁布《关于基础教育改革与发展的决定》，旨在强调全面贯彻党的教育方针，大力推进基础教育的改革和健康发展，实施素质教育，使学生具有初步的创新精神、实践能力、科学和人文素养以及环境意识①，明确提出培养学生的创新精神。文件明确提出农村义务教育实行在国务院领导下，由地方政府负责、分级管理、以县为主的体制，义务教育管理体制进一步明晰。同时，国家对职业教育、高等教育的创新发展进行了部署。2005 年，国务院颁布《关于大力发展职业教育的决定》，实施职业教育示范性院校建设计划，在整合资源、深化改革、创新机制的基础上，重点建设高水平的、培养高素质技能型人才

① 国务院. 国务院关于基础教育改革与发展的决定[EB/OL]. http://old.moe.gov.cn/publicfiles/business/htmlfiles/moe/moe_16/200105/132.html.

的 1000 所示范性中等职业学校和 100 所示范性高等职业院校。[①] 2007 年，《国家教育事业发展“十一五”规划纲要》指出着力提高高等教育质量，努力增强高校创新与服务能力，造就和凝聚一支高层次创新人才队伍，高水平大学和重点学科建设取得重大进展，高校科技创新能力增强，逐步成为国家创新体系的重要组成部分。[②]

1991 年至 2009 年，国家发布了 16 份创新育人相关的教育政策文件（详见表 7-2)。《中国教育改革和发展纲要》《中共中央国务院关于深化教育改革，全面推进素质教育的决定》《国务院关于基础教育改革与发展的决定》对创新育人中的教育制度创新、教育体制变革、育人方式探究等进行了明确的规定。相较于第一阶段，年平均政策文件发布量从 0.38 提升至 0.80。发文机构除了中共中央、国务院之外，教育行政部门的主体地位逐步显现，由教育部发布的政策文件数达 6 份，占 37.5%，中央顶层设计、部门协同推进的教育创新格局逐步显现。

表 7-2 1991—2009 年创新育人主要相关政策文件

序号	时间	政策文件	发文机构及发文号
1	1991 年 4 月	中华人民共和国国民经济和社会发展十年规划和第八个五年计划纲要	中共中央
2	1993 年 2 月	中国教育改革和发展纲要	中共中央、国务院（中发［1993］3 号）
3	1995 年 1 月	中外合作办学暂行规定	国家教委（教外综［1995］31 号）
4	1995 年 7 月	关于深化高等教育体制改革的若干意见	国务院办公厅（国办发［1995］43 号）

① 国务院. 国务院关于大力发展职业教育的决定[EB/OL]. http://www.moe.edu.cn/jyb_xxgk/moe_1777/moe_1778/tnull_27730.html.

② 国务院批转教育部国家教育事业发展“十一五”规划纲要的通知 http://old.moe.gov.cn//publicfiles/business/htmlfiles/moe/moe_1778/200710/27737.html.

续表

序号	时间	政策文件	发文机构及发文号
5	1997 年 7 月	社会力量办学条例	国务院 （国务院令第 226 号）
6	1997 年 10 月	关于当前积极推进中小学实施素质教育的若干意见	国家教委
7	1999 年 2 月	面向 21 世纪教育振兴行动计划	教育部
8	1999 年 6 月	关于深化教育改革，全面推进素质教育的决定	中共中央、国务院
9	2001 年 5 月	关于基础教育改革与发展的决定	国务院 （国发［2001］21 号）
10	2001 年 6 月	基础教育课程改革纲要（试行）	教育部
11	2001 年 7 月	全国教育事业第十个五年计划	教育部 （教发［2001］33 号）
12	2002 年 8 月	关于大力推进职业教育改革与发展的决定	国务院 （国发［2002］16 号）
13	2003 年 7 月	关于加强依法治校工作的若干意见	教育部 （教政法［2003］3 号）
14	2004 年 2 月	2003—2007 教育振兴行动计划	国务院 （国发［2004］5 号）
15	2005 年 11 月	关于大力发展职业教育的决定	国务院 （国发［2005］35 号）
16	2007 年 5 月	国家教育事业发展“十一五”规划纲要	国务院 （国发［2007］14 号）

（三）2010年以来：创新育人政策内涵不断扩大、更加精准

2010年，国家发布《国家中长期教育改革和发展规划纲要（2010—2020年）》，提出教育要适应全面建设小康社会、建设创新型国家的需要，确定了教育的总体战略、目标和主题、各级各类教育的发展任务、保障措施等，强调充分尊重人民群众的首创精神，鼓励各地积极探索，勇于创新。① 《国家中长期教育改革和发展规划纲要（2010—2020年）》的颁布，标志着我国进入了创新育人的新阶段。创新育人的内涵更加丰富、政策更加精准。《国务院办公厅关于开展国家教育体制改革试点的通知》《国务院关于当前发展学前教育的若干意见》《关于深化教育体制机制改革的意见》《关于深化高等教育领域简政放权放管结合优化服务改革的若干意见》等政策文件陆续发布，以促进教育体制机制的创新。《国务院办公厅关于开展国家教育体制改革试点的通知》明确提出，坚持统筹谋划，确保改革协调有序推进，建立健全体制机制，加快学前教育发展，推进义务教育均衡发展，改革职业教育办学模式，改善民办教育发展环境，健全教师管理制度，深化办学体制创新改革。②《国务院关于当前发展学前教育的若干意见》明确指出，发展学前教育，必须坚持公益性和普惠性，努力构建覆盖城乡、布局合理的学前教育公共服务体系，保障适龄儿童接受基本的、有质量的学前教育；必须坚持政府主导，社会参与，公办民办并举，落实各级政府责任，充分调动各方面积极性；必须坚持改革创新，着力破除制约学前教育科学发展的体制机制障碍。③

《关于深化教育体制机制改革的意见》是这一时期纲领性的创新育人文件，明确提出系统推进育人方式、办学模式、管理体制、保障机制

---

① 中华人民共和国教育部. 国家中长期教育改革和发展规划纲要(2010—2020年)[EB/OL]. http://old.moe.gov.cn/publicfiles/business/htmlfiles/moe/info_list/201407/xxgk_171904.html.

② 国务院办公厅. 关于开展国家教育体制改革试点的通知[EB/OL]. http://www.gov.cn/zhengce/content/2011-01/12/content_5429.htm.

③ 国务院办公厅. 国务院关于当前发展学前教育的若干意见[EB/OL]. http://www.gov.cn/zhengce/content/2010-11/24/content_5421.htm.

改革，坚持放管服相结合，深化简政放权、放管结合、优化服务改革，把该放的权力坚决放下去，把该管的事项切实管住管好，加强事中事后监管，构建政府、学校、社会之间的新型关系。全面推进各级各类教育综合改革，实现创新驱动教育发展，基本形成了创新育人的政策体系。

科技创新在创新育人中的重要推动作用逐渐显现，《中共中央国务院关于深化体制机制改革加快实施创新驱动发展战略的若干意见》《中共中央关于深化人才发展体制机制改革的意见》《国家创新驱动发展战略纲要》《国务院关于印发“十三五”国家科技创新规划的通知》《教育部科技部关于加强高等学校科技成果转移转化工作的若干意见》《国务院办公厅印发关于深化科技奖励制度改革方案的通知》《教育部办公厅关于进一步推动高校落实科技成果转化政策相关事项的通知》等政策文件陆续发布。《国家创新驱动发展战略纲要》出现了 21 次“科技创新”，提出要以科技创新为核心带动全面创新，以体制机制改革激发创新活力，以高效率的创新体系支撑创新型国家建设。有关政策文件提出了科技创新对教育创新的新要求，指出了教育改革的新方向。

在此期间，国家共颁布了 32 份有关创新育人的政策文件（详见表 7-3），这一数量是前一阶段的 2 倍，政策文件数量增多本身就表明党和国家对创新育人的重视。政策文件的发文机构呈现出多部门协同的格局，创新育人的实施需要多部门的协同。不同部门在创新育人的进程中分工愈发明确，多部门参与制定和实施相关政策能够有效地保障创新育人在教育的各个环节，包括教育经费、业务提升、教师编制、职务职称等的有效落实。政策文件关注的内容逐渐扩大，囊括了学前教育、义务教育、高中教育、高等教育等各个学段，普通教育、民办教育、职业教育等不同领域。这一阶段，我国创新育人政策设计采用了强制性政策工具和引导性政策工具相结合的方法，既体现出国家对创新育人的基本要求，又体现出国家对创新育人的引导与激励。我国教育公共服务水平和教育治理能力不断提升，中国特色社会主义教育制度体系进一步完善，教育总体发展水平进入世界中上行列，为 13 亿多人民提供了更好更公平的教育，为经济转型、科技创新、文化繁荣、民生改善、社会和谐提供了有力支撑，中国特色社会主义教育自信不断增强。①

表 7-3　2010 年至今创新育人主要相关政策文件

序号	时间	政策文件	发文机构及发文号
1	2010 年 7 月	国家中长期教育改革和发展规划纲要（2010—2020 年）	中共中央、国务院（中发［2010］12 号）
2	2010 年 10 月	关于开展国家教育体制改革试点的通知	国务院办公厅（国办发［2010］48 号）
3	2010 年 11 月	关于当前发展学前教育的若干意见	国务院（国发［2010］41 号）
4	2012 年 8 月	关于加强教师队伍建设的意见	国务院（国发［2012］41 号）
5	2012 年 9 月	关于规范农村义务教育学校布局调整的意见	国务院办公厅（国办发［2012］48 号）
6	2012 年 9 月	教育督导条例	国务院（国务院令第 624 号）
7	2012 年 11 月	全面推进依法治校实施纲要	教育部（教政法［2012］9 号）
8	2013 年 2 月	中西部高等教育振兴计划（2012—2020 年）	教育部、发展改革委、财政部（教高［2013］2 号）
9	2014 年 4 月	关于全面深化课程改革落实立德树人根本任务的意见	教育部（教基二［2014］4 号）

① 新华社. 中共中央办公厅 国务院办公厅印发《关于深化教育体制机制改革的意见》[EB/OL]. http://www.gov.cn/xinwen/2017-09/24/content_5227267.htm.

续表

序号	时间	政策文件	发文机构及发文号
10	2014 年 6 月	关于加快发展现代职业教育的决定	国务院 （国发〔2014〕19 号）
11	2014 年 9 月	关于深化考试招生制度改革的实施意见	国务院 （国发〔2014〕35 号）
12	2015 年 3 月	关于深化体制机制改革，加快实施创新驱动发展战略的若干意见	中共中央、国务院 （中发〔2015〕8 号）
13	2015 年 5 月	关于深化高等学校创新创业教育改革的实施意见	国务院办公厅 （国办发〔2015〕36 号）
14	2015 年 9 月	关于全面加强和改进学校美育工作的意见	国务院办公厅 （国办发〔2015〕71 号）
15	2015 年 11 月	国务院关于印发《统筹推进世界一流大学和一流学科建设总体方案》的通知	国务院 （国发〔2015〕64 号）
16	2015 年 11 月	关于改革完善博士后制度的意见	国务院办公厅 （国办发〔2015〕87 号）
17	2016 年 1 月	依法治教实施纲要（2016—2020 年）	教育部 （教政法〔2016〕1 号）
18	2016 年 3 月	关于深化人才发展体制机制改革的意见	中共中央 （中发〔2016〕9 号）
19	2016 年 5 月	国家创新驱动发展战略纲要	中共中央、国务院
20	2016 年 5 月	关于加快中西部教育发展的指导意见	国务院办公厅 （国办发〔2016〕37 号）
21	2016 年 7 月	关于统筹推进县域内城乡义务教育一体化改革发展的若干意见	国务院 （国发〔2016〕40 号）

续表

序号	时间	政策文件	发文机构及发文号
22	2016年7月	国务院关于印发《“十三五”国家科技创新规划》的通知	国务院 （国发［2016］43号）
23	2016年8月	关于加强高等学校科技成果转移转化工作的若干意见	教育部、科技部 （教技［2016］3号）
24	2016年12月	关于鼓励社会力量兴办教育促进民办教育健康发展的若干意见	国务院 （国发［2016］81号）
25	2017年1月	国务院关于印发《国家教育事业发展“十三五”规划》的通知	国务院 （国发［2017］4号）
26	2017年1月	关于“十三五”时期高等学校设置工作的意见	教育部 （教发［2017］3号）
27	2017年4月	关于深化高等教育领域简政放权放管结合优化服务改革的若干意见	教育部、中央编办、发展改革委、财政部、人力资源社会保障部 （教政法［2017］7号）
28	2017年5月	国务院办公厅印发《关于深化科技奖励制度改革方案》的通知	国务院办公厅 （国办函［2017］55号）
29	2017年9月	关于深化教育体制机制改革的意见	中共中央办公厅、国务院办公厅
30	2017年12月	关于深化产教融合的若干意见	国务院办公厅 （国办［2017］95号）
31	2017年12月	关于进一步推动高校落实科技成果转化政策相关事项的通知	教育部办公厅 （教技厅函［2017］139号）
32	2017年12月	关于推动高校形成就业与招生计划人才培养联动机制的指导意见	教育部 （教高［2017］8号）

二、改革开放以来创新育人的政策特征

（一）教育制度创新：建设具有中国特色的教育制度

1. 坚持党对一切教育工作的领导

教育制度创新的代表性政策文件主要有：1985 年《中共中央关于教育体制改革的决定》、1993 年《中国教育改革和发展纲要》、2010 年《国家中长期教育改革和发展规划纲要（2010—2020 年）》和 2017 年《关于深化教育体制机制改革的意见》。对有关政策文件进行分析，发现其对于党对教育领导的论述不断深化。《中共中央关于教育体制改革的决定》提出，党中央对教育工作做了一系列新的论断和决策；《中国教育改革和发展纲要》提出，要实现党的十四大所确定的战略任务，指导 20 世纪 90 年代乃至世纪初教育的改革和发展；《国家中长期教育改革和发展规划纲要（2010—2020 年）》提出，全面贯彻党的教育方针，坚持教育为社会主义现代化建设服务，为人民服务；《关于深化教育体制机制改革的意见》明确，要全面加强党对教育工作的领导，坚持党管办学方向、党管改革，充分发挥党委总揽全局、协调各方的领导核心作用，健全党委统一领导、党政齐抓共管、部门各负其责的教育领导体制。习近平指出，“教育决定着人类的今天，也决定着人类的未来。基础教育在国民教育体系中处于基础性、先导性地位，必须把握好定位，全面贯彻落实党的教育方针，从多方面采取措施，努力把我国基础教育越办越好。”[①] 加强党对教育的领导是贯彻落实党的十九大报告中提出的“坚持党对一切工作的领导”的基本要求，这是新时代坚持和发展中国特色社会主义基本方略中的第一条。

2. 明确中央与地方教育管理权限

教育事业管理权限的划分事关教育发展的全局。《中共中央关于教育体制改革的决定》提出，基础教育管理权属于地方。除大政方针和宏

---

① 新华社. 习近平：全面贯彻落实党的教育方针 努力把我国基础教育越办越好[EB/OL]. http://www.xinhuanet.com/politics/2016-09/09/c_1119542262.htm.

观规划由中央决定外，具体政策、制度、计划的制定和实施，以及对学校的领导、管理和检查，责任和权力都交给地方。省、市（地）、县、乡分级管理的职责如何划分，由省、自治区、直辖市决定。这一政策文件对基础教育的权责作出了重大调整与变革，明确规定基础教育在国家宏观指导下，主要实行由地方负责、分级管理的体制，其对于强化地方责任，激发地方发展基础教育的积极性具有重要意义。之后的一系列政策文件进一步明确了这一体制机制，形成了在国务院领导下，由地方政府负责、分级管理、以县为主的教育管理体制。

《中国教育改革和发展纲要》提出，中等及中等以下教育，由地方政府在中央大政方针的指导下，实行统筹和管理。《中华人民共和国教育法》以法律形式规定国务院和地方各级人民政府根据分级管理、分工负责的原则，领导和管理教育工作；中等及中等以下教育在国务院领导下，由地方人民政府管理；高等教育由国务院和省、自治区、直辖市人民政府管理。《国家教育事业发展“十一五”规划纲要》提出，进一步明确中央、省、市（地）、县、乡各级人民政府对教育的管理责任，进一步明确和落实各级各类学校的法律地位。《国家中长期教育改革和发展规划纲要（2010—2020年）》提出，加强省级政府教育统筹，进一步加大省级政府对区域内各级各类教育的统筹，统筹管理义务教育。进一步强化各级政府提供公共教育服务的职责，加大省级人民政府发展和管理本地区教育的统筹力度。《关于深化教育体制机制改革的意见》明确，完善省级教育改革领导体制，加强统筹协调。至此，中央和省级政府教育管理权责进一步明确。

3. 推进不同职能部门的政策协同

党和国家机构职能体系是中国特色社会主义制度的重要组成部分，是我们党治国理政的重要保障。[①] 第一阶段国家共颁布了6份创新育人的政策文件，均由中共中央和国务院发布。第二阶段国家共颁布了16份创新育人的政策文件，其中10份由中共中央和国务院颁布，6份由教育行政部门发布，教育行政部门作为职能部门成为推进创新育人的主体力量。第三阶段国家共颁布了32份相关政策，其中9份涉及教育行

---

① 王晓晖. 坚持优化协同高效推进党和国家机构改革[N]. 人民日报,2018-03-19(8).

政部门，其他部门包括中央编办、发展改革委、财政部、人力资源社会保障部、科技部等，部门协同推进创新育人的导向愈发明显。创新育人相关政策文件的变迁中，不同职能部门的有效参与、沟通和协作，促使多方共同发力，形成政策合力。

（二）管理体制机制创新：放管服与现代学校制度建设

1. 简政放权、放管结合、优化服务

《中共中央关于教育体制改革的决定》提出，政府对学校尤其是高等学校的管理权限要进行划分，给学校相应的自主权的同时要将应该管的事务管理起来，明确对管理制度提出要求。《中共中央关于全面深化改革若干重大问题的决定》提出，深入推进管办评分离，扩大省级政府教育统筹权和学校办学自主权，完善学校内部治理结构。《关于深化高等教育领域简政放权放管结合优化服务改革的若干意见》提出，进一步向地方和高校放权，给高校松绑减负、简除烦苛，让学校拥有更大办学自主权，激发广大教学科研人员教书育人、干事创业的积极性和主动性，培养符合社会主义现代化建设需要的各类创新人才。[①] “放管服”是指简政放权、放管结合、优化服务。将简政放权作为推进改革的牛鼻子，在学科专业设置、高校编制及岗位管理、进人用人、教师职称评审、薪酬分配、经费使用管理等方面放权；与此同时，坚持放权和监管同步，使得放权的事项能够处于有效的监管之中，包括教育督导、第三方评估、信息公开与社会监督等，以保障教育发展的方向正确；此外，还要求转变政府职能，优化服务以推动改革的顺利进行。从提高办学自主权到“放管服”，教育管理体制发生了创新性变化。

2. 内部治理、 建设现代学校制度

《2003—2007 教育振兴行动计划》将建设现代学校制度作为深化学校内部管理体制改革的重要举措，提出了现代学校制度建设的总体目标，遵循“从严治教，规范管理”的原则，分为大学、中小学和职业学

① 中华人民共和国教育部. 关于深化高等教育领域简政放权放管结合优化服务改革的若干意见[EB/OL]. http://www.moe.gov.cn/srcsite/A02/s7049/201704/t20170405_301912.html.

校类别设定现代学校制度建设任务。《国家教育事业发展“十一五”规划纲要》提出，建立健全办学规范、管理有序、监督有效、保障安全的学校内部管理制度，加强学校管理，推进科学民主办学和依法办学。《国家中长期教育改革和发展规划纲要（2010—2020年）》把现代学校制度的内涵明确为“依法办学、自主管理、民主监督、社会参与”①，以一个章节对推进依法治教进行规定，提出大力推进依法治校，要求“学校要建立完善符合法律规定、体现自身特色的学校章程和制度，依法办学、从严治校，认真履行教育教学和管理职责。②”《全面推进依法治校实施纲要》突出了依法治校与现代学校制度建设之间的关系，③ 政策文件18次提到章程建设，要求加强章程建设，健全学校依法办学自主管理的制度体系。现代学校制度建设的核心是学校章程，章程是学校的“根本大法”，是学校实现依法治校的重要依据和行为准则，是推进学校走向依法治校的关键一步。建立学校章程，有助于学校依据国家及地方的教育法律法规，对学校的基本定位、办学宗旨、发展目标、管理机制、教师发展、学生学习、学校特色、学校决策等作出科学的规定，提高学校的治理水平，推进教育现代化。我国对于现代学校制度的建设目标和路径愈发明确，抓住学校章程这一核心，推进学校治理方式的转变。

（三）育人方式创新：素质教育、立德树人与教育教学

1. 推进素质教育、强化立德树人

1986年的《中华人民共和国义务教育法》提出，义务教育必须贯彻国家的教育方针，努力提高教育质量，使儿童、少年在品德、智力、体质等方面全面发展，为提高全民族的素质，培养有理想、有道德、有文化、有纪律的社会主义建设人才奠定基础。1999年的《中共中央国

① 孙霄兵. 从《教育规划纲要》看当前教育体制改革的着力点[J]. 求是，2010(18)：55-57.

② 中华人民共和国教育部. 国家中长期教育改革和发展规划纲要（2010—2020年）[EB/OL]. http://old.moe.gov.cn/publicfiles/business/htmlfiles/moe/info_list/201407/xxgk_171904.html.

③ 孙棉涛，王刚. 我国现代学校制度建设的成就、问题与对策[J]. 教育研究，2013(11)：27-34.

务院关于深化教育改革，全面推行素质教育的决定》提出实施素质教育，要求必须把德育、智育、体育、美育等有机地统一在教育活动的各个环节中。学校教育不仅要抓好智育，更要重视德育，还要加强体育、美育、劳动技术教育和社会实践，使诸方面教育相互渗透、协调发展，促进学生的全面发展发展。1978 年的全国教育工作大会上，邓小平指出要把毛泽东同志提出的培养德智体全面发展、有社会主义觉悟的有文化的劳动者的方针贯彻到底，贯彻到整个新社会的各个方面。《国家中长期教育改革和发展规划纲要（2010—2020 年）》提出，要更新人才培养观念，树立多样化人才观念，尊重个人选择，鼓励个性发展。2009 年，《国家体育总局教育部关于开展全国青少年校园足球活动的通知》及相关实施方案颁布，我国正式启动“全国青少年校园足球工程”；2013 年，《国家体育总局教育部关于加强全国青少年校园足球工作的意见》颁布；2015 年，习近平主持中央全面深化改革领导小组会议，审议并通过了《中国足球改革发展总体方案》，明确了中国足球和校园足球在体育教育改革发展中的地位和作用。

2013 年，《中共中央关于全面深化改革若干重大问题的决定》提出要坚持立德树人，加强社会核心价值观体系教育；强化体育课和课外锻炼，促进青少年身心健康、体魄强健；改进美育教学，提高学生审美和人文素养。[①] 2017 年，《关于深化教育体制机制改革的意见》提出，全面加强德育、智育、体育、美育和劳动教育，使各方面教育相互渗透、有机融合、协调发展。对于德育、体育、美育、劳动教育等进行了详细的规定，要求“切实加强和改进体育”，“改变美育薄弱局面”，“深入开展劳动教育”，提出要加快形成课内课外一体化，校内校外相结合的体育美育机制，帮助学生掌握一两项运动技能和一两项艺术特长。2018 年的全国学校美育工作会议中，教育部部长陈宝生强调要进一步更新观念、加大投入、优化配置、改革创新，扎实推进新时代学校的美育工

① 新华网. 中共中央关于全面深化改革若干重大问题的决定[EB/OL]. http://www.sxgz.gov.cn/admin/pub_newsshow.asp? id=1018217&chid=100557.

作。①《关于深化教育体制机制改革的意见》明确提出，在培养学生基础知识和基本技能的过程中，强化学生关键能力培养，包括认知能力、合作能力、创新能力、职业能力。②

党的十八大提出“把立德树人作为教育的根本任务，培养德智体美全面发展的社会主义建设者和接班人”以来，立德树人的内涵不断丰富。习近平提出，“要把立德树人的成效作为检验学校一切工作的根本标准，真正做到以文化人、以德育人，不断提高学生思想水平、政治觉悟、道德品质、文化素养，做到明大德、守公德、严私德。要把立德树人内化到大学建设和管理各领域、各方面、各环节，做到以树人为核心，以立德为根本。”③ 党的十九大报告明确指出，“要全面贯彻党的教育方针，落实立德树人根本任务，发展素质教育，推进教育公平，培养德智体美全面发展的社会主义建设者和接班人”，进一步明确和发展了“立德树人”的目标、任务与使命，强调“要以培养担当民族复兴大任的时代新人为着眼点”，要“加强马克思主义理论教育”，“广泛开展理想信念教育，深化中国特色社会主义和中国梦宣传教育，弘扬民族精神和时代精神”，“培育和践行社会主义核心价值观”，引导青年“有理想、有本领、有担当”，更好地“构筑中国精神、中国价值和中国力量”。④

2. 改进教育教学、倡导启发与讨论

《中共中央国务院关于深化教育改革，全面推进素质教育的决定》提出，要改革人才培养模式，积极实行启发式和讨论式教学，激发学生独立思考和创新的意识，切实提高教学质量，培养学生的科学创新精神和创新思维。《国务院关于基础教育改革和发展的决定》《基础教育课程改革纲要（试行）》等政策文件，进一步强调要重视培养学生的创新精

① 中华人民共和国教育部. 更新观念 加大投入 优化配置 改革创新 扎实推进新时代学校美育工作[EB/OL]. http://www.moe.gov.cn/jyb_xwfb/gzdt_gzdt/moe_1485/201804/t20180421_333866.html.

② 人民网. 中办国办印发《关于深化教育体制机制改革的意见》[EB/OL]. http://politics.people.com.cn/n1/2017/0925/c1001-29555656.html.

③ 习近平在北京大学师生座谈会上的讲话[N]. 人民日报，2018-05-03(2).

④ 李忠军，钟启东. 落实立德树人根本任务，必须抓住理想信念铸魂这个关键[N]. 人民日报，2018-05-31(10).

神和实践能力，为学生的全面发展和终身发展奠定基础。《国家中长期教育改革和发展规划纲要（2010—2020年）》对“创新人才培养”的规定更加深刻、全面与系统。该文件指出，创新人才培养是一个系统工程，要努力发挥各学段、各环节、各要素在创新人才培养方面的积极作用；要做好小学、中学、大学有机衔接，教学、科研紧密结合，学校、家庭、社会密切配合；大力推进教育教学改革，探索多种培养方式。对学校教育教学方式提出了更高要求，倡导进行探究教学和启发式教学，促使学生在探究过程中积极主动获得知识和技能，尤其是获得思维的锻炼。《关于深化教育体制机制改革的意见》中对教育教学进行了更为细致的规定，在义务教育阶段强调要建立以学生发展为本的新型教学关系，改进教学方式和学习方式，变革教学组织形式，创新教学手段，改革学生评价方式；在职业教育中要求完善教学标准，创新教学方式，改善实训条件，加强和改进公共基础课教学，严格教学管理；在高等教育阶段，强调要创新人才培养机制，要把人才培养作为中心工作，全面提高人才培养能力。①

（四）评价方式创新：构建具有中国特色的教育督导制度

改革开放以来，我国教育督导制度逐渐完善。1984年，国务院批准教育部设视导室，负责巡视、检查和指导帮助全国各地的普教工作。1987年，《督导工作座谈会纪要》指出，督导机构的性质是在教育行政部门内部设置的专门负责对下级教育部门和学校工作进行监督、评价、帮助和指导的行政职能机构。1991年，《教育督导暂行规定》明确，教育督导的任务是“对下级人民政府的教育工作，下级教育行政部门和学校的工作进行监督、检查、评估、指导，保证国家有关教育的方针、政策、法规的贯彻执行和教育目标的实现”。我国教育督导机构和制度逐步建立和完善，教育督导制成为我国教育制度的重要组成之一。1993年，《中国教育改革和发展纲要》明确提出要建立检查、监督和奖惩制度，确保义务教育法的贯彻执行，建立各级各类教育的质量标准和评估

① 人民网. 中办国办印发《关于深化教育体制机制改革的意见》[EB/OL]. http://politics.people.com.cn/n1/2017/0925/c1001-29555656.html.

指标体系。1995 年，《中华人民共和国教育法》规定，国家实行教育督导制度和学校及其他教育机构评估制度，教育督导在教育基本法中得到了明确规定。2012 年，《教育督导条例》颁布，随后各地相继出台省级教育督导法规、规章，我国建立起具有中国特色的教育督导制度。

“督政”和“督学”一直是我国教育督导的两大基本任务。从督导机构成立直到《中华人民共和国教育法》的颁布，监督、检查、评估、指导地方人民政府的教育工作是教育督导机构的主要职责。① 随着时代发展，我国教育从“有学上”到“上好学”阶段转变，截至 2003 年底，全国 2859 个县（市、区）中，有 2478 个实现“两基”，占县（市、区）总数的 86.7%，此外，新疆生产建设兵团所辖团（场）及有关省辖其他县级行政区划单位共有 181 个实现“两基”。② 教育质量逐步成为教育工作的核心任务，“督学”的职能愈发得到重视。2012 年，《教育部关于加强督学责任区建设的意见》明确要求，按照“因地制宜、分级负责、全面覆盖、推动工作”的原则，在省、市、县三级分别设立督学责任区。③《教育督导条例》第十三条明确规定，县级人民政府负责教育督导的机构应当根据本行政区域内的学校布局设立教育督导责任区，指派督学对责任区内学校的教育教学工作实施经常性督导。④《关于深化教育体制机制改革的意见》提出要完善教育督导体制，促进教育督导机构独立行使职能，落实督导评估、检查验收、质量监测的法定职责，完善督学管理制度，提高督学履职水平，依法加强对地方各级政府的督导，依法加强对学校规范办学的督导，强化督导结果运用。⑤ 截至 2016 年，全国督导人员近 14 万人，已为全国 30 万所中小学配备了责任督学，在推进义务教育均衡发展、改善贫困地区薄弱学校条件、增强学生

① 孙玉洁. 我国教育督导制度存在的问题与改进建议[J]. 教育研究，2004(10):64-68.

② 中华人民共和国教育部. 教育督导[EB/OL]. http://www.moe.gov.cn/jyb_sjzl/moe_364/moe_902/moe_974/tnull_9913.html.

③ 中华人民共和国教育部. 教育部关于加强督学责任区建设的意见[EB/OL]. http://www.moe.gov.cn/srcsite/A11/s7057/201205/t20120504_171752.html.

④ 中华人民共和国中央人民政府. 教育督导条例[EB/OL]. http://www.gov.cn/zwgk/2012-09/17/content_2226290.htm.

⑤ 人民网. 中办国办印发《关于深化教育体制机制改革的意见》[EB/OL]. http://politics.people.com.cn/n1/2017/0925/c1001-29555656.html.

营养与健康、加强校车校舍校园安全监管、教师教学、师德师风等方面开展督导，为提高教育质量、促进教育公平发挥了重要作用。[①]

教育管办评分离中的关键是第三方评估的引入。《国家中长期教育改革和发展规划纲要（2010—2020 年）》明确提出改进教育教学评价，根据培养目标和人才理念，建立科学、多样的评价标准，开展由政府、学校、家长及社会各方面参与的教育质量评价活动。[②]《中共中央关于全面深化改革若干重大问题的决定》中 10 次对评价进行了规定，其中在教育中提出委托社会组织开展教育评估监测。《关于深化教育体制机制改革的意见》要求要建立健全教育评价制度，建立贯通大中小幼的教育质量监测评估制度，建立标准健全、目标分层、多级评价、多元参与、学段完整的教育质量监测评估体系，健全第三方评价机制，增强评价的专业性、独立性和客观性。[③] 实践层面，国家教育体制改革领导小组办公室委托有关高校对国家基础教育和高等教育领域进行第三方评估，将评估结果在教育部官网进行公示，有效地保证了教育评估的公正、客观、公开。

三、创新育人新形势、新挑战和新问题

（一）新形势

党的十八届五中全会提出，必须牢固树立并切实贯彻创新、协调、绿色、开放、共享的发展理念，必须把创新摆在国家发展全局的核心，这一发展理念指明了未来中国的发展方向和发展路径。党的十九大报告

① 刘延东：深化督导改革 提高治理能力 为加快推进教育现代化提供有力保障[EB/OL]. http://www.gov.cn/guowuyuan/2016-10/21/content_5122874.htm.

② 中华人民共和国教育部. 国家中长期教育改革和发展规划纲要（2010—2020 年）[EB/OL]. http://old.moe.gov.cn/publicfiles/business/htmlfiles/moe/info_list/201407/xxgk_171904.html.

③ 人民网. 中办国办印发《关于深化教育体制机制改革的意见》[EB/OL]. http://politics.people.com.cn/n1/2017/0925/c1001-29555656.html.

指出，我国社会的主要矛盾已经由“人民日益增长的物质文化需要同落后的社会生产之间的矛盾”转化为“人民日益增长的美好生活需要和不平衡不充分的发展之间的矛盾”，并且指出，人民群众对美好生活的需要日益广泛，不仅对物质文化生活提出了更高要求，而且在民主、法治、公平、正义、安全、环境等方面的要求日益增长。①

党的十九大报告指出，“实践没有止境，理论创新也没有止境。世界每时每刻都在发生变化，中国也每时每刻都在发生变化，我们必须在理论上跟上时代，不断认识规律，不断推进理论创新、实践创新、制度创新、文化创新以及其他各方面创新。”② 纵观人类发展历史，创新始终是一个国家、一个民族发展的重要力量，也始终是推动人类社会进步的重要力量。科技是国之利器，国家赖之以强，企业赖之以赢，人民生活赖之以好。中国要强，中国人民生活要好，必须有强大科技。新时期、新形势、新任务，要求在科技创新方面有新理念、新设计、新战略。我们要深入贯彻新发展理念，深入实施科教兴国战略和人才强国战略，深入实施创新驱动发展战略，统筹谋划，加强组织，优化我国科技事业发展总体布局。③ 改革开放以来，中国特色社会主义教育制度体系进一步完善，我国教育总体发展水平进入世界中上行列，为13亿多人民提供了更好更公平的教育，为经济转型、科技创新、文化繁荣、民生改善、社会和谐等提供了有力支撑，中国特色社会主义教育自信不断增强。当前，我国教育改革发展进入新的阶段，教育的内外环境、供求关系、资源条件、评价标准发生了重要而深刻的变化。④ 鉴于国内外形势、社会主要矛盾、教育自身发展的变化，教育制度、政策、育人方式的创新成为必然要求。

---

① 中国网. 习近平代表十八届中央委员会作报告[EB/OL]. http://www.china.com.cn/cppcc/2017-10/18/content_41752399.htm.

② 王斯敏. 实践没有止境 理论创新也没有止境[N]. 光明日报，2018-03-07(1).

③ 习近平. 为建设世界科技强国而奋斗[N]. 人民日报，2016-06-01(2).

④ 人民网. 中办国办印发《关于深化教育体制机制改革的意见》[EB/OL]. http://politics.people.com.cn/n1/2017/0925/c1001-29555656.html.

（二）新挑战和新问题

第一，教育体制机制障碍需进一步破解。我国教育还不完全适应人的全面发展和经济社会发展要求，一些深层次体制机制障碍需要系统破解。[①] 由于体制机制不顺，过去长期存在的一些教育问题还没有彻底解决，教育改革创新的潜力还没有充分地发挥出来。中央和地方政府之间，政府、学校、社会的关系还有待进一步理顺。

第二，教育体系的复杂性、多样化对管理制度提出了新要求。教育改革进入深入区，“摸着石头过河”式的教育改革形势发生了变化，“没有石头过河”式的教育改革迎面走来。学前教育、义务教育、高中教育、高等教育等不同学段之间的教育如何协同，民办教育、公办教育如何协同，普通教育、职业教育如何协同，线下教育、线上教育如何协同等，迫切要求教育体制机制的创新。

第三，创新人才需求的多元化对育人方式和教育评价带来新的挑战。创新型国家的建设和发展依赖于大量创新人才，社会对创新人才的结构、水平、规格不断发生变化。产业的精细化分工要求培养高精专人才，但由于行业的不断变化又需要通识性人才或复合型人才，迫切要求教育及时变革、积极应对、主动引领。

第四，创新本身涵盖的领域比较广泛，要求不同领域和层级间的密切协同。创新是影响和制约国家、社会、人发展的核心因素，涵盖社会诸多领域，包括政治、经济、社会、文化等。创新育人的变革，不仅仅局限于教育系统，也受到其他领域的影响和制约。个体在进行创新活动时，除了自身因素的影响，也受到其所在组织的创新文化、对创新活动的激励程度、创新管理等诸多因素的影响，如何协调有关要素，形成创新行为的支持教育体系，成为创新育人面临的重要挑战和问题。

---

① 人民网. 中办国办印发《关于深化教育体制机制改革的意见》[EB/OL]. http://politics.people.com.cn/n1/2017/0925/c1001-29555656.html.

四、新时代创新育人的趋势和政策路径

（一）以创新为核心进行教育改革

创新育人是在创新活动中，通过创新活动，培养创新人才。习近平明确提出，“让创新贯穿党和国家一切工作，让创新在全社会蔚然成风。”[①] “一切科技创新活动都是人作出来的。”[②] 应把创新放在教育改革的核心位置，促进教育优质均衡发展。创新并非一个静态的结果，而是一个动态发展的过程。创新育人需要教育的持续系统变革，在教育体系、教育结构、教育观念、教育方法、教育手段、课程教材以至教育时空等方面建设教育创新文化，形成教育创新的政策体系，以多元的评价方式引导创新人才的培养。

“教育决定着人类的今天，也决定着人类的未来。”[③] 应以创新理念引导教育系统的全面深化改革，以促进教育创新。2018 年，国家相继颁布《国务院关于全面加强基础科学研究的若干意见》《中共中央国务院关于全面深化新时代教师队伍建设改革的意见》《关于分类推进人才评价机制改革的指导意见》，进一步对“创新驱动”“创新发展”作出详细规定，按照统筹推进“五位一体”总体布局和协调推进“四个全面”战略布局要求，落实新发展理念，围绕实施人才强国战略和创新驱动发展战略，以科学分类为基础，以激发人才创新创业活力为目的，全面推进人才强国创新战略。习近平强调，“我国现代化建设的目标是，到我们党成立 100 年时建成惠及十几亿人口的更高水平的小康社会，到新中国成立 100 年时基本实现现代化，建成富强民主文明和谐的社会主义现代化国家。”《国家创新驱动发展战略纲要》明确，到 2020 年时使我国

---

① 习近平．为建设世界科技强国而奋斗[N]．人民日报，2016-06-01(2).
② 习近平．为建设世界科技强国而奋斗[N]．人民日报，2016-06-01(2).
③ 习近平．习近平和奥巴马致信祝贺[N]．人民日报，2013-04-22(1).

进入创新型国家行列，到2030年时使我国进入创新型国家前列，到中华人民共和国成立100年时使我国成为世界科技强国。[①] 要培养创新人才，教育系统本身应该是创新的系统。

（二）不断深化教育体制机制改革

习近平提出，要在基本确定主要改革措施的基础上，深入研究各领域改革关联性和各项改革举措耦合性，深入论证改革举措可行性，把握好全面深化改革的重大关系。[②]《关于深化教育体制机制改革的意见》明确提出，坚持顶层设计与基层探索相结合，加强系统谋划。[③] 习近平提出，要推动各项改革相互促进、协同配合。注重改革措施整体效果，防止畸重畸轻、单兵突破、顾此失彼。坚持整体推进，抓重要领域和关键环节，做到全局和局部相配套、实现整体推进和重点突破相统一。[④] 必须从贯彻落实“四个全面”战略布局的高度，深刻把握全面深化改革的关键地位和重要作用，拿出勇气和魄力，自觉运用改革思维谋划和推动工作，不断提高领导、谋划、推动、落实改革的能力和水平，切实做到人民有所呼、改革有所应。[⑤]《深化党和国家机构改革方案》提出，组建中央教育工作领导小组。这一领导小组建立的目的是为加强党中央对教育工作的集中统一领导，全面贯彻党的教育方针，加强教育领域党的建设，做好学校思想政治工作，落实立德树人根本任务，深化教育改革，加快教育现代化，办好人民满意的教育。其主要职责是，研究提出

---

① 习近平. 为建设世界科技强国而奋斗[N]. 人民日报，2016-06-01(2).

② 新华网. 习近平:全面深化改革是一项复杂的系统工程[EB/OL]. http://www.xinhuanet.com/politics/2013-11/13/c_118130505.htm.

③ 新华社. 中共中央办公厅 国务院办公厅印发《关于深化教育体制机制改革的意见》[EB/OL]. http://www.gov.cn/xinwen/2017-09/24/content_5227267.htm.

④ 人民网—中国共产党新闻网. 习近平：全面深化改革[EB/OL]. http://theory.people.com.cn/n/2015/1111/c40531-27804605.html.

⑤ 新华网. 习近平主持召开中央全面深化改革领导小组第十一次会议[EB/OL]. http://www.xinhuanet.com/politics/2015-04/01/c_1114842146.htm.

并组织实施在教育领域坚持党的领导、加强党的建设方针政策，研究部署教育领域思想政治、意识形态工作，审议国家教育发展战略、中长期规划、教育重大政策和体制改革方案，协调解决教育工作重大问题等。[①]

《关于深化教育体制机制改革的意见》明确提出，深化教育体制机制改革的基本原则之一是“坚持放管服相结合。深化简政放权、放管结合、优化服务改革，把该放的权力坚决放下去，把该管的事项切实管住管好，加强事中事后监管，构建政府、学校、社会之间的新型关系。”《国务院学位委员会关于高等学校开展学位授权自主审核工作的意见》和《国务院学位委员会关于印发自主审核单位名单的通知》明确清华大学、北京大学等20所高校被确定为首批学位授权自主审核高校。高校和科研机构开展学位授予工作，必须首先取得国务院的授权，此次学位授权自主审核权限下放，意味着高校办学自主权进一步扩大。[②] 同时，《国务院学位委员会关于高等学校开展学位授权自主审核工作的意见》对学位授权点、新增学位授权点标准、自主审核的学科和比例进行详细规定，要求加强对对新增学位授权点的质量监管等，放管服结合深化教育改革。

（三）科技创新引导创新育人改革

党的十八大以来，习近平关于科技创新的论述告诉我们，“科技是国家强盛之基，创新是民族进步之魂”[③]。习近平提出，“今天，我们比历史上任何时期都更接近中华民族伟大复兴的目标，比历史上任何时期

① 新华社. 中共中央印发《深化党和国家机构改革方案》[EB/OL]. http://www.gov.cn/zhengce/2018-03/21/content_5276191.htm#2.

② 中国教育网. 教育“放管服”放大招 高校学位授权自主审核意味什么[EB/OL]. http://edu.china.com.cn/2018-04/28/content_50995942_2.htm.

③ 新华社. 习近平“创新十述”[EB/OL]. http://www.xinhuanet.com/video/sjxw/2015-10/09/c_128299855.htm.

都更有信心有能力实现这个目标。而要实现这个目标，我们就必须坚定不移贯彻科教兴国战略和创新驱动发展战略，坚定不移地走科技强国之路。”① 新一轮科技革命的大潮中，谁能占据创新的制高点，谁就能抢得发展先机、赢得发展优势。②

习近平指出，“科技创新，人才为本，人才资源是最宝贵的战略资源。培养造就规模宏大、结构优化、布局合理、素质优良的人才队伍，是建设创新型国家的战略选择。”③ “创新的事业呼唤创新的人才。我国要在科技创新方面走在世界前列，必须在创新实践中发现人才、在创新活动中培育人才、在创新事业中凝聚人才。”④《国家创新驱动发展战略纲要》明确，推动教育创新，改革人才培养模式，把科学精神、创新思维、创造能力和社会责任感的培养贯穿教育全过程。完善高端创新人才和产业技能人才“二元支撑”的人才培养体系，加强普通教育与职业教育衔接。⑤ 创新人才培养不能仅限于知识和能力的学习，更为重要的是将科学精神、创新思维、创造力以及社会责任感融入教育教学中，从小培养学生的创新意识，发展其创新能力。

习近平提出，要加强科研院所和高校合作，使目标导向研究和自由探索相互衔接、优势互补，形成教研相长、协同育人新模式，打牢我国科技创新的科学和人才基础。《统筹推进世界一流大学和一流学科建设实施办法（暂行）》《国务院办公厅关于深化产教融合的若干意见》《国务院办公厅关于推广支持创新相关改革举措的通知》《国务院关于强化实施创新驱动发展战略，进一步推进大众创业万众创新深入发展的意见》《国务院办公厅印发关于深化科技奖励制度改革方案的通知》《国务

---

① 新华社. 习近平“创新十述”[EB/OL]. http://www.xinhuanet.com/video/sjxw/2015-10/09/c_128299855.htm.

② 任理轩. 五大发展理念彰显科学方法论[N]. 人民日报，2016-01-18(7).

③ 习近平. 科技工作者要为加快建设创新型国家多作贡献[N]. 人民日报，2011-05-28(2).

④ 新华网. 习近平：把关键技术掌握在自己手里[EB/OL]. http://www.xinhuanet.com/politics/2014-06/09/c_1111056694_3.htm.

⑤ 习近平. 为建设世界科技强国而奋斗[N]. 人民日报，2016-06-01(2).

院关于印发国家教育事业发展“十三五”规划的通知》等政策文件相继指出，全面提升高校科技创新能力。推动高等学校全面参与国家创新体系建设，在优化布局、分类整合的基础上，统筹研究建设国家级科研基地，组织和支持高校积极参加国家科技计划和国家级科技创新基地建设，承接国家重大科研项目。

强化信息技术与教育的有效融合，推动教育的供给侧改革。习近平指出，适应信息技术的发展，推动教育变革和创新，构建网络化、数字化、个性化、终身化的教育体系，建设“人人皆学、处处能学、时时可学”的学习型社会，培养大批创新人才，是人类共同面临的重大课题。[①]《国家中长期教育发展规划纲要（2010—2020年）》提出，信息技术对教育发展具有革命性的影响。教育部2014年以来组织实施“一师一优课、一课一名师”活动，对于汇聚共享优质教育资源、引导广大中小学教师应用信息技术开展教育教学发挥了重要作用，[②] 取得了师生网络学习的空间数量从60万提升到6300万，应用范围扩大，优质教育资源公共服务平台初步建立等成果。[③]《教育信息化“十三五”规划》要求，以培养大批创新人才为发展方向，按照“服务全局、融合创新、深化应用、完善机制”的原则，稳步推进教育信息化各项工作，更好地服务立德树人，更好地支撑教育改革和发展，更好地推动教育思想和理念的转变等，充分发挥信息技术对教育的革命性影响作用。[④]《教育信息化“十三五”规划》明确提出八项主要任务，要求不断提升教育信息化应用水平，持续坚持融合创新，加强拓展教育信息化应用的广度与

---

① 新华网. 习近平致国际教育信息化大会的贺信[EB/OL]. http://www.xinhuanet.com/politics/2015-05/23/c_1115383959.htm.

② 中华人民共和国教育部. 教育部办公厅关于开展2016—2017年度“一师一优课、一课一名师”活动的通知[EB/OL]. http://www.moe.edu.cn/srcsite/A06/jcys_jyzb/201702/t20170221_296858.html.

③ 雷朝滋. 教育信息化：从1.0走向2.0——新时代我国教育信息化发展的走向与思路[J]. 华东师范大学学报(教育科学版)，2018，36(1):98-103.

④ 中华人民共和国教育部. 教育部关于印发《教育信息化“十三五”规划》的通知[EB/OL]. http://www.moe.edu.cn/srcsite/A16/s3342/201606/t20160622_269367.html.

深度。

（四）建设创新人才队伍引领改革

习近平指出，“人才是创新的根基，是创新的核心要素。创新驱动实质上是人才驱动。为了加快形成一支规模宏大、富有创新精神、敢于承担风险的创新型人才队伍，要重点在用好、吸引、培养上下功夫。”[①]这一论断深刻揭示了创新人才对于发展的重要意义，为进一步创新育人指明了方向。习近平提出，要以更加开放的视野引进和集聚人才，加快集聚一批站在行业科技前沿、具有国际视野的领军人才。[②] 习近平在全国留学工作会议上强调，“留学工作要适应国家发展大势和党和国家工作大局，统筹谋划出国留学和来华留学，综合运用国际国内两种资源，培养造就更多优秀人才。”[③]

习近平要求，“各级党委和政府要积极探索集聚人才、发挥人才作用的体制机制，完善相关政策，进一步创造人尽其才的政策环境，充分发挥优秀人才的主观能动性。”[④]《中共中央国务院关于深化体制机制改革，加快实施创新驱动发展战略的若干意见》明确提出，要把人才作为创新的第一资源，更加注重培养、用好、吸引各类人才，促进人才合理流动、优化配置，创新人才培养模式；更加注重强化激励机制，给予科技人员更多的利益回报和精神鼓励；更加注重发挥企业家和技术技能人才队伍创新作用，充分激发全社会的创新活力。[⑤] 通过人才引入、加大

① 中央政府门户网站. 习近平主持召开中央财经领导小组第七次会议[EB/OL]. http://www.gov.cn/xinwen/2014-08/18/content_2736502.htm.

② 人民网. 习近平在上海团谈引进和集聚科技人才[EB/OL]. http://politics.people.com.cn/n1/2016/0305/c1024-28174488.html.

③ 习近平. 适应国家发展大势和党和国家工作大局 培养更多优秀人才开创留学工作新局面[N]. 人民日报，2014-12-14(1).

④ 人民网—中国共产党新闻网. 习近平叮嘱加快科技人才建设：功以才成，业由才广[EB/OL]. http://cpc.people.com.cn/xuexi/n1/2016/0611/c385474-28425138.html.

⑤ 中央政府门户网站. 中共中央 国务院关于深化体制机制改革加快实施创新驱动发展战略的若干意见[EB/OL]. http://www.gov.cn/gongbao/content/2015/content_2843767.htm.

本国人才的培养等方式吸引和培养优秀人才，为创新人才提供良好的平台，形成有利于创新人才成长的环境，建构管理规范、开放包容、运行高效的人才治理体系，最大限度的发挥创新人才的作用，建设创新型国家。

第八章　公平育人

公平育人，指人人都能够获得均等而优质的教育，人人共同享有人生出彩的机会。[①] 教育公平就是学生享有公平的入学机会，教育过程中受到公平的待遇，教育结束后能够得到全面而充分的发展。具体涵义包括三个方面：其一，“公平”不等于“平等”，公平不仅指每个学生都享有同等的入学机会与成功机会，也指对处境不利学生进行差别对待，教育的“不平等”必须有利于处境不利学生，使其和其他学生最终获得同等的入学与成功机会。其二，“教育公平”与“教育自由”和谐统一，“公平”主要限定在公共政策领域，涉及教育的公共政策应该以“公平”为导向，基础教育尤其如此；“自由”主要限定在私人领域，涉及私人教育资源的相关政策应该以“自由”为导向，私立非基础教育可以尝试，“公平”为了追求更大的“自由”，“自由”则体现了更深层次的“公平”。其三，“学生发展”是教育公平关注的核心，“公平发展”不等于“同质发展”，学生有着独特的生理与心理条件以及文化背景，教育公平使每个学生在其原有基础上得到全面而充分的发展，达到基本教育标准的前提下，最终的教育效果可能存在差异，但每个学生却得到了公平发展。[②] 公平育人的思想与政策，不仅体现了马克思、恩格斯“人人获得教育，人人得到全面而自由发展”的教育思想[③]，也体现了我国新

---

① 习近平. 习近平在十二届全国人大一次会议闭幕会上发表重要讲话[EB/OL]. http://www.xinhuanet. com//2013/h/2013-03/17/c 115052635. htm.

② 薛二勇. 教育公平与公共政策——促进公平的美国教育政策研究[M]. 北京：北京师范大学出版社，2015.

③ 马克思，恩格斯著；成仿吾译. 共产党宣言[M]. 北京：人民出版社，1978. 42-47.

时期努力办人民满意的教育的思想。

一、改革开放以来公平育人的政策变迁

（一）1978—1992 年：有重点开展扫盲教育

我国改革开放伊始，教育公平受到高度重视，邓小平提出要尊重知识，尊重人才，教育的普及和提高要相互结合，要增加教育经费。促进公平育人的表现之一就是开展扫盲教育，使更多的人有接受教育的机会。为此，我国颁布并实施了相关政策助力扫盲教育的开展，着力提升全民的基础知识和基本能力。

1978 年至 1992 年，我国共颁布了 7 份与公平育人有关的政策文件（详见表 8-1），其中，2 份为全国人大审议并通过的法律，4 份为中共中央或国务院制定的政府文件，1 份为国家教育委员会制定的部门文件。公平育人政策文本以 1978 年颁布并实施的《国务院关于扫除文盲的指示》为代表，以切实推进扫盲教育为政策和核心关注点。

表 8-1　1978—1992 年公平育人主要相关政策文件

序号	时间	政策文件	发文机构及发文号
1	1978 年 11 月	关于扫除文盲的指示	国务院
2	1980 年 12 月	关于普及小学教育若干问题的决定	中共中央、国务院（中发［1980］84 号）
3	1983 年 5 月	关于加强和改革农村学校教育若干问题的通知	中共中央、国务院
4	1985 年 5 月	关于教育体制改革的决定	中共中央
5	1986 年 4 月	中华人民共和国义务教育法（1986 年）	全国人民代表大会
6	1987 年 7 月	关于社会力量办学的若干暂行规定	国家教委（［87］教高三字 014 号）
7	1991 年 9 月	中华人民共和国未成年人保护法（1991 年）	全国人大常委会

《国务院关于扫除文盲的指示》是改革开放以来最早的关于扫盲教育的指导性文件，它不仅肯定了中华人民共和国成立以来扫盲教育的成果、当前面临的形势和总体方向，而且对开展扫盲教育的目标、立足点、形式以及参与主体进行了较为明确的规定，为扫盲教育的实践和评估奠定了政策基础。第一，开展扫盲教育的政策目标。规定要在1980年、1982年或者稍长一点的时间范围内，基本上扫除少年、青年和壮年文盲，对文盲扫除提出了具体的衡量标准，即个体识字量为2000字，达到“会读、会写、会用、会讲”。第二，开展扫盲教育的政策指向。坚持人民掌握文化、科学与技术，坚持业余学校学政治、文化、技术的方向。第三，开展扫盲教育的政策措施，“一堵、二扫、三提高”。“一堵”主要针对潜在文盲，通过开展小学普及教育，组织适龄儿童接受为期5年的小学教育；农村小学积极招收15岁以下的超龄儿童接受小学教育，期限一般小于5年，以速成的方式帮助这部分人员达到小学毕业程度。“二扫”主要针对现有文盲，对少年、青年、党员、团员、社队干部以及农业技术人员开展教育，提升其工作和学习能力。“三提高”主要针对已经脱盲人员，对这部分人员开展继续教育，帮助他们提升和夯实文化水平，逐步达到初中毕业水平。第四，开展扫盲教育的参与部门，在党的领导下，相关共青团、妇联、工会、文办、农林、工办、教育、人武部以及知青办等部门分工合作，促进扫盲教育的开展和预期目标的实现。①

（二）1993—2002年：普及与扫盲教育并重

党的十四大提出，必须把教育摆在优先发展的战略地位，努力提高全民族的思想道德和科学文化水平，这是实现我国现代化的根本大计。② 公平育人主要从基础教育的普及和扫盲教育的夯实着手，这集中体现在《中国教育改革和发展纲要》以及扫盲教育相关政策的制定与实施上。

1993年至2002年，与公平育人相关的政策文件共有9份（详见表

---

① 国务院. 国务院关于扫除文盲的指示[R]. 1978-11-05.

② 江泽民. 加快改革开放和现代化建设步伐夺取有中国特色社会主义事业的更大胜利[EB/OL]. http://www.china.com.cn/guoqing/2012－08/30/content_26378052.htm.

8-2)，其中 4 份为中共中央或国务院制定，4 份为国家部委制定，1 份为全国人大审议并通过的教育法。此阶段以《中国教育改革和发展纲要》为指导，以基础教育和扫盲教育为着力点，大力开展公平育人。

表 8-2　1993—2002 年公平育人主要相关政策文件

序号	时间	政策文件	发文机构及发文号
1	1993 年 2 月	中国教育改革和发展纲要	中共中央、国务院（中发［1993］3 号）
2	1994 年 4 月	国务院关于印发《国家八七扶贫攻坚计划》的通知	国务院（国发［1994］30 号）
3	1995 年 3 月	中华人民共和国教育法（1995 年版）	全国人民代表大会
4	1995 年 12 月	关于扫盲工作经费问题的通知	国家教委、财政部（教财［1995］93 号）
5	1996 年 2 月	关于农村成人学校和中小学参加扫盲工作的通知	国家教委（教成［1996］4 号）
6	1996 年 8 月	国家教委、财政部关于印发《扫盲工作先进地区奖励办法》的通知	国家教委、财政部（教成［1996］11 号）
7	1996 年 8 月	国家教委关于印发《“中华扫盲奖”评选奖励办法》的通知	国家教委（教成［1996］15 号）
8	1999 年 6 月	关于深化教育改革，全面推进素质教育的决定	中共中央、国务院
9	2001 年 6 月	中国农村扶贫开发纲要（2001—2010 年）	国务院（国发［2001］23 号）

公平育人的实现需要大力普及基础教育。《中国教育改革和发展纲要》中有6处涉及基础教育，强调基础教育是提高全民素养的奠基工程，要以《中华人民共和国义务教育法》为指导，依据不同地区的实际情况，积极有效地开展基础教育，使更多的适龄儿童能够接受教育。同时，还提出大力发展师范教育，培养大量的高素质教师，使更多学龄儿童少年共享优质师资，进而促进其生动活泼地发展。①

公平育人的实现需要进一步落实扫盲教育。我国颁布了一系列政策文件，如《国家教委、财政部关于扫盲工作经费问题的通知》《国家教委关于农村成人学校和中小学参加扫盲工作的通知》《国家教委、财政部关于印发〈扫盲工作先进地区奖励办法〉的通知》和《国家教委关于印发〈“中华扫盲奖”评选奖励办法〉的通知》，从工作重点、经费保障、激励机制等方面推动扫盲教育的进一步开展。首先，在扫盲教育的工作重点方面，提出农村中小学和成人学校是扫盲教育的重要阵地，扫盲教育的实施要从此类学校入手，通过教育行政部门统筹、农村学校创设条件，扫除文盲。② 其次，在扫盲教育的经费保障方面，国家教委和财政部提出，基本扫除青壮年文盲是20世纪末教育发展的“重中之重”，通过划拨专项资金表彰扫盲工作中表现突出的个体和单位，依照具体情况安排扫盲配套资金，贯彻落实《扫除文盲工作条例》等方式，促进扫盲教育的开展。③ 最后，在扫盲教育的激励机制方面，为了调动开展扫盲教育的积极性，提出由相关行政部门组织专家、管理人员等，采用协商与投票的方法，评选切实贯彻落实扫盲教育相关规定的个人和组织。④ 1996年设立“中华扫盲奖”，明确规定奖励的经费来源、评选细则以及评选对象等，奖励先进扫盲单位与个人，激励社会参与扫盲教育的积极性和主动性。⑤

---

① 中共中央，国务院. 中国教育改革和发展纲要[R]. 1993-02-13.

② 国家教委. 国家教委关于农村成人学校和中小学参加扫盲工作的通知[R]. 1996-02-16.

③ 国家教委，财政部. 国家教委、财政部关于扫盲工作经费问题的通知[R]. 1995-12-25.

④ 国家教委，财政部. 国家教委、财政部关于印发《扫盲工作先进地区奖励办法》的通知[R]. 1996-08-28.

⑤ 国家教委. 国家教委关于印发《“中华扫盲奖”评选奖励办法》的通知[R]. 1996-08-28.

（三）2003—2012 年：保障教育机会的公平

20 世纪初，我国九年义务教育基本普及，青壮年文盲基本扫除。为了巩固教育公平现有成果和推动教育公平的深入开展，我国更加关注全民教育机会的享有，提出教育机会公平是实现教育公平的关键所在，要通过促进义务教育均衡发展，合理配置教育资源，支持农村地区、贫困边远地区和民族地区教育等方式，为人民提供接受教育的机会。① 由此，我国制定并实施了一系列政策文件，切实推动教育公平的发展。

2003 年至 2012 年，我国颁布并实施的与公平育人相关的政策文件共 8 份（详见表 8-3），其中 5 份为教育部、发展改革委和财政部等国家部委颁布，3 份为中共中央或国务院颁布。这一阶段公平育人政策以《国务院关于进一步加强农村教育工作的决定》《教育部关于做好 2007 年中等职业学校招生工作的通知》和《“十一五”期间中西部地区特殊教育学校建设规划（2008－2010 年）》为代表，更加重视发挥农村教育、职业教育以及特殊教育的作用，以此来促进教育机会公平的实现。

表 8-3　2003—2012 年公平育人主要相关政策文件

序号	时间	政策文件	发文机构及发文号
1	2003 年 9 月	关于进一步加强农村教育工作的决定	国务院 （国发［2003］19 号）
2	2004 年 2 月	国家西部地区“两基”攻坚计划（2004—2007 年）	教育部、发展改革委、财政部、国务院西部开发办 （国办发［2004］020 号）

① 中共中央，国务院．中共中央、国务院关于印发《国家中长期教育改革和发展规划纲要(2010—2020 年)》的通知[R]．2010-07-08．

续表

序号	时间	政策文件	发文机构及发文号
3	2005年10月	关于大力发展职业教育的决定	国务院（国发［2005］35号）
4	2007年9月	“十一五”期间中西部地区特殊教育学校建设规划（2008－2010年）	教育部、发展改革委（教发［2007］20号）
5	2010年7月	国家中长期教育改革和发展规划纲要（2010—2020年）	中共中央、国务院（中发［2010］12号）
6	2010年11月	关于当前发展学前教育的若干意见	国务院（国发［2010］41号）
7	2012年3月	教育信息化十年发展规划（2011—2020年）	教育部（教技［2012］5号）
8	2012年10月	教育部等九部门关于加快推进教育信息化当前几项重点工作的通知	教育部、发展改革委、财政部、工业和信息化部、科技部、人力资源社会保障部、质检总局、新闻出版广电总局、国防科工局（教技［2012］13号）

首先，以发展农村教育促进教育机会公平。《关于进一步加强农村教育工作的决定》中指出，农村教育的发展是教育公平的一个重要组成部分，农村教育教学改革需要指向“三教统筹”，整合优质教育资源，统筹发展基础教育、职业教育和成人教育，使农村地区人人都能够接受教育。同时，提出在农村教育开展的过程中，尤其要关注农村困难家庭适龄儿童的入学问题，采用免除书费与学杂费、提供助学金、鼓励社会团体和个人捐资助学等方式，保障这一群体的入学机会。[①]

其次，以发展职业教育促进教育机会公平。《关于大力发展职业教

① 国务院. 国务院关于进一步加强农村教育工作的决定[R]. 2003-09-17.

育的决定》主张，要通过多种渠道增加教育经费投入，不断建立和完善职业教育学生资助制度，使更多少数民族地区、中西部农村地区的贫困家庭青少年有机会接受职业教育。中央及地方财政要加大对农村贫困家庭和城镇低收入家庭子女的资助，学校要安排相应比例的奖助学金并适当的减免学费，金融机构要为接受职业教育的贫困家庭学生提供助学贷款。由此，切实保障青少年的受教育权。①

最后，以发展特殊教育促进教育机会公平。使有学习能力的残疾儿童接受九年义务教育，是实现教育机会公平进程中不可忽视的环节。我国于 2007 年颁布并实施了《"十一五"期间中西部地区特殊教育学校建设规划（2008－2010 年）》。"十一五"期间内，我国要在中西部地区建立 1000 多所特殊学校，达到或者基本达到特殊学校建设标准及相关要求，以满足残疾适龄儿童少年接受义务教育的基本要求，这对于保障此类群体的教育机会公平发挥了重要作用。②

（四）2013 年以来：过程与结果的公平并重

我国促进教育公平，向农村、贫困、民族地区重点倾斜教育资源，统筹城乡教育发展，全面实现城乡九年免费义务教育，加快发展职业教育。③ 在此基础上，我国不仅重视教育机会公平的实现，而且关注教育过程和结果公平的实现。通过颁布并实施一系列政策，如《国务院办公厅关于转发教育部等部门特殊教育提升计划（2014—2016 年）的通知》《乡村教师支持计划（2015—2020 年）》《国务院关于积极推进"互联网+"行动的指导意见》和《国务院关于统筹推进县域内城乡义务教育一体化改革发展的若干意见》等，落实教育各环节的公平。

自 2013 年以来，我国颁布了 52 份与公平育人相关的政策文件（详见表 8-4），其中，26 份由教育部、发展改革委、财政部、工业和信息

① 国务院. 国务院关于大力发展职业教育的决定[R]. 2005-10-28.

② 教育部,国家发展和改革委员会. 教育部、国家发展改革委关于印发《"十一五"期间中西部地区特殊教育学校建设规划(2008－2010 年)》的通知[R]. 2007-09-24.

③ 国务院. 中华人民共和国第十二届全国人民代表大会第一次会议政府工作报告[R]. 2013-03-05.

化部、科学技术部等国家部委制定，24 份政策文件由中共中央或国务院制定，2 份为全国人大审议并通过的教育法律。这一阶段是公平育人政策发文量较多的时期，政策文件不仅仅关注从某一方面促进教育公平，更加注重提升教育机会、过程和结果等各环节的公平水平。

表 8-4　2013 年至今公平育人主要相关政策文件

序号	时间	政策文件	发文机构及发文号
1	2013 年 2 月	国务院批转发展改革委等部门《关于深化收入分配制度改革的若干意见》的通知	国务院 （国发〔2013〕6 号）
2	2013 年 3 月	中华人民共和国第十二届全国人民代表大会第一次会议政府工作报告	国务院
3	2013 年 5 月	国务院批转发展改革委《关于 2013 年深化经济体制改革重点工作意见》的通知	国务院 （国发〔2013〕20 号）
4	2013 年 8 月	国务院关于今年以来国民经济和社会发展计划执行情况的报告（2013）	国务院
5	2013 年 12 月	关于进一步做好村小学和教学点经费保障工作的通知	教育部 （教财函〔2013〕147 号）
6	2014 年 1 月	国务院办公厅关于转发教育部等部门《特殊教育提升计划（2014—2016 年）》的通知	国务院 （国办发〔2014〕1 号）
7	2014 年 1 月	关于加快实施信息惠民工程有关工作的通知	发展改革委、中央机构编制委员会办公室、工业和信息化部 （发改高技〔2014〕46 号）

续表

序号	时间	政策文件	发文机构及发文号
8	2014 年 1 月	关于进一步做好小学升入初中免试就近入学工作的实施意见	教育部 （教基一［2014］1 号）
9	2014 年 2 月	关于印发深化教育督导改革转变教育管理方式意见的通知	国务院教育督导委员会办公室 （国教督办［2014］3 号）
10	2014 年 4 月	关于制定全面改善贫困地区义务教育薄弱学校基本办学条件实施方案的通知	教育部、发展改革委、财政部 （教基一厅函［2014］26 号）
11	2014 年 6 月	教育部、国家发展改革委、财政部等六部门关于印发《现代职业教育体系建设规划（2014 — 2020 年）》的通知	教育部、发展改革委、财政部 （教发［2014］6 号）
12	2014 年 8 月	关于印发促进智慧城市健康发展的指导意见的通知	发展改革委、工业和信息化部、科学技术部 （发改高技［2014］1770 号）
13	2014 年 8 月	关于推进县（区）域内义务教育学校校长教师交流轮岗的意见	教育部、财政部、人力资源和社会保障部 （教师［2014］4 号）
14	2014 年 8 月	国务院关于今年以来国民经济和社会发展计划执行情况的报告(2014)	国务院

续表

序号	时间	政策文件	发文机构及发文号
15	2014 年 11 月	关于统一城乡中小学教职工编制标准的通知	中央机构编制委员会办公室、教育部、财政部（中央编办发〔2014〕72 号）
16	2014 年 11 月	构建利用信息化手段扩大优质教育资源覆盖面有效机制的实施方案	教育部、财政部、发展改革委（教技〔2014〕6 号）
17	2015 年 3 月	国务院关于落实《政府工作报告》重点工作部门分工的意见（2015）	国务院（国发〔2015〕14 号）
18	2015 年 5 月	关于进一步做好全面改善贫困地区义务教育薄弱学校基本办学条件有关工作的通知	教育部（教督函〔2015〕1 号）
19	2015 年 6 月	乡村教师支持计划（2015—2020 年）	国务院（国办发〔2015〕43 号）
20	2015 年 6 月	推进财政资金统筹使用方案	国务院（国发〔2015〕35 号）
21	2015 年 6 月	关于信息化建设及推动信息化和工业化深度融合发展工作情况的报告	国务院
22	2015 年 7 月	关于积极推进“互联网＋”行动的指导意见	国务院（国发〔2015〕40 号）
23	2015 年 8 月	关于加快发展民族教育的决定	国务院（国发〔2015〕46 号）
24	2015 年 8 月	国务院关于印发《促进大数据发展行动纲要》的通知	国务院（国发〔2015〕50 号）
25	2015 年 11 月	关于打赢脱贫攻坚战的决定	中共中央、国务院（国发〔2015〕35 号）

续表

序号	时间	政策文件	发文机构及发文号
26	2015年12月	中华人民共和国教育法（2015修正）	全国人大常委会
27	2016年1月	关于进一步完善城乡义务教育经费保障机制的通知	国务院 （国发［2015］67号）
28	2016年2月	关于做好综合治理“高考移民”工作的通知	教育部、公安部 （教学［2016］2号）
29	2016年3月	中华人民共和国国民经济和社会发展第十三个五年规划纲要	全国人民代表大会
30	2016年3月	关于做好2016年技工院校学生资助管理工作的通知	人力资源和社会保障部 （人社厅函［2016］105号）
31	2016年6月	教育信息化“十三五”规划	教育部 （教技［2016］2号）
32	2016年7月	关于统筹推进县域内城乡义务教育一体化改革发展的若干意见	国务院 （国发［2016］40号）
33	2016年8月	关于开展第三次大督查的通知	国务院 （国发明电［2016］4号）
34	2016年8月	关于高等教育改革与发展工作情况的报告	国务院
35	2016年9月	关于进一步推进高中阶段学校考试招生制度改革的指导意见	教育部 （教基二［2016］4号）
36	2016年12月	教育脱贫攻坚“十三五”规划	教育部、发展改革委、 民政部、财政部、 人力资源社会保障部、 国务院扶贫办 （教发［2016］18号）
37	2016年12月	关于进一步加强和规范高校家庭经济困难学生认定工作的通知	教育部 （教财厅［2016］6号）

续表

序号	时间	政策文件	发文机构及发文号
38	2017年1月	国家教育事业发展“十三五”规划	国务院 （国发［2017］4号）
39	2017年4月	县域义务教育优质均衡发展督导评估办法	教育部 （教督［2017］6号）
40	2017年5月	国务院办公厅关于印发《对省级人民政府履行教育职责的评价办法》的通知	国务院办公厅 （国办发［2017］49号）
41	2017年7月	第二期特殊教育提升计划（2017—2020年）	教育部 （教基［2017］6号）
42	2017年7月	关于进一步加强控辍保学提高义务教育巩固水平的通知	国务院办公厅 （国办发［2017］72号）
43	2017年11月	关于做好2018年普通高等学校部分特殊类型招生工作的通知	教育部 （教学厅［2017］15号）
44	2017年12月	义务教育学校管理标准	教育部 （教基［2017］9号）
45	2017年12月	加快中西部教育发展工作督导评估监测办法	国务院教育督导委员会办公室 （国教督办［2017］10号）
46	2017年12月	国务院关于国家财政教育资金分配和使用情况的报告	国务院
47	2018年1月	教育部2018年工作要点	教育部 （教政法［2018］1号）
48	2018年2月	2018年教育信息化和网络安全工作要点	教育部 （教技厅［2018］1号）

续表

序号	时间	政策文件	发文机构及发文号
49	2018年2月	教师教育振兴行动计划（2018—2022年）	教育部、发展改革委、财政部、人力资源社会保障部、中央编办（教师［2018］2号）
50	2018年2月	关于做好2018年普通中小学招生入学工作的通知	教育部（教基厅［2018］5号）
51	2018年2月	关于做好2018年重点高校招收农村和贫困地区学生工作的通知	教育部（教学［2018］1号）
52	2018年3月	关于做好2018年普通高校招生工作的通知	教育部（教学［2018］2号）

首先，我国关注教育机会公平的实现。这意味着不同地区、不同家庭情况的适龄儿童都拥有公平接受教育的机会。《关于深化收入分配制度改革的若干意见》提出，教育公平落实的主要任务包含教育资源向农村等地区倾斜，完善国家资助家庭经济困难学生的政策，解决农民工随迁子女平等接受教育和参加中高考问题等。① 同时，教育机会公平的保障还包括对特殊教育的关注，强调通过扩大残疾儿童少年义务教育规模，发展非义务阶段教育，加大经费投入等措施，让更多残疾儿童少年接受教育。②

其次，我国关注教育过程公平的实现。教育公平的发展强调共享优质教育资源。一方面，通过培养高素质教师队伍，为乡村偏远地区的适龄儿童提供优质师资，《乡村教师支持计划（2015—2020年）》提出要

① 国务院．国务院批转发展改革委等关于深化收入分配制度改革的若干意见的通知[R]. 2013-02-03.

② 国务院．国务院办公厅关于转发教育部等部门特殊教育提升计划(2014—2016年)的通知[R]. 2014-01-08.

从培育师德、调整结构、提升质量、改革机制等方面入手，着力建设一支素质优良、甘于奉献、扎根乡村的教师队伍，为实现教育公平提供师资保障。[①] 另一方面，利用信息化技术促进优质教育资源的共享，《国务院关于积极推进“互联网＋”行动的指导意见》提出，充分发挥信息技术的优势，不断开发数字教育资源，鼓励学校利用数字教育平台，逐渐开展网络教育，扩大优质教育资源的覆盖范围，推动教育公平。[②] 此外，《国务院关于统筹推进县域内城乡义务教育一体化改革发展的若干意见》主张要将“提高质量，公平共享”作为统筹城乡教育的基本原则之一，通过统一学校建设、教师编制、生均公用经费等，使城乡学生共享优质教育。[③]

最后，逐步关注教育结果公平的实现。教育公平的发展，涉及让每个人都获得符合自身实际情况的发展。《国务院关于落实〈政府工作报告〉重点工作部门分工的意见（2015）》中提出，由教育部为主要负责单位，提供优质师资、经费保障等，使每个人都有成长为能够为社会建设和国家发展贡献力量的，具有责任感、创造性和实践能力的优秀人才的可能性。[④]

二、改革开放以来公平育人的政策特征

（一）始终坚持人民立场，构建普惠性政策体系

改革开放以来，我国公平育人政策虽然历经变化，但是始终坚持人民立场，致力于构建面向人人的教育体制机制，形成普惠性政策体系，

---

① 国务院. 乡村教师支持计划(2015—2020 年)[R]. 2015-06-01.

② 国务院. 国务院关于积极推进“互联网＋”行动的指导意见[R]. 2015-07-01.

③ 国务院. 国务院关于统筹推进县域内城乡义务教育一体化改革发展的若干意见[R]. 2016-07-02.

④ 国务院. 国务院关于落实《政府工作报告》重点工作部门分工的意见(2015)[R]. 2015-03-25.

让人人共同享有人生出彩的机会。[①] 公平育人政策始终立足于人民的利益，其根源在于我国公平育人理念是马克思、恩格斯教育公平思想的继承和创新。马克思、恩格斯将教育和阶级斗争联系起来，提出资产阶级利用教育将无产阶级培养成能够从事生产劳动和为他们服务的工具，要想打破这种阶级的划分，转变教育受资产阶级影响的现状，就需要用社会教育代替家庭教育，开展面向所有儿童的公共的免费的教育，使人人都能获得教育，都能得到全面而自由的发展。[②] 这种思想落地于我国，与传统的有教无类等思想、中国特色社会主义道路相结合，集中体现于维护人民群众的受教育权，使全民素质得到整体提升。

公平育人政策坚持人民立场，具体表现为公平育人政策以维护人民受教育权为目的，依靠人民贯彻落实两个方面。公平育人政策的实现旨在维护人民的受教育权，在政策文本中，主要被表述为“普惠”“公益”和“人民满意”。改革开放以来，在党的领导下，我国始终坚持中国特色社会主义道路，始终将人民的利益放在首要位置，始终优先发展教育事业，着力办人民满意的教育，切实保障人民群众的受教育权利，增强人民群众的获得感和幸福感。[③] 这一点集中体现在我国以法律的形式规定中华人民共和国公民享有受教育的权利，公民不分民族、种族、性别、职业、财产状况、宗教信仰等，依法享有平等的受教育机会。[④] 同时，我国还制定了一系列的行政法规、部门规章等切实保障人民的受教育权。《国家中长期教育改革和发展规划纲要（2010—2020 年）》强调教育公平对我国教育发展的重要性，要大力发展教育，使教育惠及全民。为此，提出各级政府要确保广大人民群众依法享有受教育的权利，要保障进城务工人员子女接受义务教育的机会，要保障残障人士的受教育权利，要保障少数民族使用本民族语言文字接受教育的权利。[⑤]

公平育人政策的落实需要依靠人民，在政策文本中，主要被表述为

---

① 习近平. 习近平在十二届全国人大一次会议闭幕会上发表重要讲话[EB/OL]. http://www.xinhuanet.com//2013/h/2013-03/17/c 115052635.htm.

② 马克思,恩格斯著；成仿吾译. 共产党宣言[M]. 北京：人民出版社，1978. 42-47.

③ 国务院. 国务院关于印发国家教育事业发展“十三五”规划的通知[R]. 2017-01-10.

④ 全国人民代表大会. 中华人民共和国教育法[R]. 1995-03-18.

⑤ 国务院. 国家中长期教育改革和发展规划纲要(2010—2020 年)[R]. 2010-05-05.

“调动广大群众”和“社会力量参与”。我国是人民当家做主的国家，教育公平的实现及相关政策的落实需要广大人民群众的支持。从改革开放以来的扫盲运动，基础教育、职业教育、高等教育等的协调发展，不同地区教育工作的实施，都有人民的广泛参与。我国将涵盖国家企事业组织、民主党派、人民团体、集体经济组织、社会团体、学术团体以及个体在内的社会力量视作教育事业发展的推动力，各级政府及相关部门需要鼓励社会力量办学，尽力帮助其解决在办学过程中遇到的问题，表彰表现突出的组织与个体。[①]《国务院关于扫除文盲的指示》提出，扫盲教育应该是一次群众性的运动，要使人民认识到扫除文盲的重要性，充分调动群众学习、教学和办学的主动性，并对积极参与扫盲教育的群众给予精神和物质奖励。[②]《中共中央、国务院关于普及小学教育若干问题的决定》规定，小学教育的普及，需要坚持“两条腿走路”的方针。一方面，以国家为主，充分调动社会力量，开办学校，发展教育。另一方面，群众自筹经费办学需要受到鼓励，充分调动厂矿企业等采用单列企业营业外项目开支、设立教育基金的方式办学，进而为更多的人提供接受教育的机会，保障人民的受教育权利。[③]

（二）始终关注弱势群体，构建补偿性政策体系

贫困地区的弱势群体教育是开展公平育人的短板，在扫除文盲和全民素质普遍提升的基础上，公平育人政策逐步关注并有重点地推进贫困地区教育公平进程，通过提升贫困地区教育的公平程度，提高我国整体的教育公平程度。

国务院于1994年颁布并实施了《国家八七扶贫攻坚计划》，明确提出要改变教育落后状况，基本普及初等教育，积极扫除青壮年文盲；开展成人职业技术教育和技术培训，使大多数青壮年劳力掌握一到两门实用技术。教育部门切实开展贫困地区教育改革，推进“燎原计划”，普及初等教育，实施农村扫盲教育，加强成人教育和职业教育。民族工作

---

① 国家教育委员会. 关于社会力量办学的若干暂行规定[R]. 1987-07-08.

② 国务院. 国务院关于扫除文盲的指示[R]. 1978-11-05.

③ 中共中央，国务院. 中共中央、国务院关于普及小学教育若干问题的决定[R]. 1980-12-03.

部门与相关部门积极合作，开展好普及教育工作。[①]《中共中央国务院关于深化教育改革，全面推进素质教育的决定》确定了进入21世纪后贫困地区的教育发展方向，即实现“两基”目标并巩固与提升其成果，持续推进“国家贫困地区义务教育工程”，提升义务教育阶段残障儿童青少年的入学率，降低农村初中辍学率，[②]切实保障贫困地区儿童青少年的受教育权。

进入21世纪后，贫困地区的教育公平问题得到进一步的关注，相关政策文件发文量增多，逐渐形成补偿性政策体系。第一，贫困地区教育改善需要关注各级各类教育发展。《中国农村扶贫开发纲要（2001—2010年）》强调，教育脱贫应该着眼于群众科技文化素质的提升，在此基础上统筹发展各级各类教育，普遍提升贫困地区人口的受教育水平。同时，教育脱贫要关注农科教的结合，开展多种类型的职业教育学校和形式多样的职业技术短期培训，提升农民运用科技的能力。[③]第二，贫困地区教育改善的途径之一是“两基”攻坚。《国家西部地区“两基”攻坚计划（2004—2007年）》强调，“两基”攻坚关系到我国全面普及九年义务教育、全面扫除青壮年文盲的实现。为此，需要秉持“领导苦抓、部门苦帮、群众苦干”的扶贫攻坚精神，通过新建农村寄宿制学校、帮扶经济困难学生就学、开展远程教育、加强西部农村教师队伍建设、推行教学改革、开展对口支援、发挥政府作用等途径，继续推进“东部地区学校对口支援西部贫困地区学校工程”“西部大中城市学校对口支援本省贫困地区学校工程”“国家贫困地区义务教育工程（二期）”等教育脱贫项目，切实改善西部贫困地区教育发展落后的局面，实现公平育人。[④]第三，贫困地区教育改善工作中学前教育是重要组成部分之一。国务院于2010年颁布并实施了《国务院关于当前发展学前教育的若干意见》，关注贫困地区幼儿教育公平的问题。一方面，提出地方政

① 国务院. 国务院关于印发国家八七扶贫攻坚计划的通知[R]. 1994-04-15.

② 中共中央，国务院. 中共中央国务院关于深化教育改革，全面推进素质教育的决定[R]. 1999-06-13.

③ 国务院. 中国农村扶贫开发纲要(2001—2010年)[R]. 2001-06-13.

④ 教育部，发展改革委，财政部，国务院西部开发办. 国家西部地区“两基”攻坚计划(2004—2007年)[R]. 2004-02-06.

府要进一步加大对贫困地区学前教育的支持力度，帮助更多的幼儿接受教育；另一方面，建立资助制度，对经济困难家庭儿童提供资助，开展普惠性学前教育，保障其接受教育的权利。[①] 第四，贫困地区教育改善旨在提供公平而有质量的教育。《中共中央国务院关于打赢脱贫攻坚战的决定》提出，要稳定实现农村贫困人口义务教育有保障，要加强教育脱贫，让贫困家庭子女都能接受公平而有质量的教育，阻断贫困代际传递。在义务教育方面，实施学生营养改善计划，合理布局中小学，改善学校办学条件，使更多的适龄儿童接受义务教育；在高中教育方面，免除建档立卡家庭经济困难学生接受普通高中教育和中等职业教育的学杂费；在高等教育方面，不断加强对经济困难家庭大学生的资助力度；在教师队伍建设方面，关注乡村教师队伍建设，通过特岗计划、国培计划以及相关的荣誉制度，培养能够扎根乡村一专多能的优秀教师，使贫困地区学生享有优质师资。[②]

（三）由教育机会公平逐步走向过程与结果公平

公平育人政策从关注教育机会公平转向关注教育过程和结果公平，体现了我国教育公平取得了一定的成果，不仅强调人人接受教育，而且强调人人接受优质的教育，人人获得全面而自由的发展。

公平育人首先关注教育起点的公平，保障人人都能够拥有受教育的机会。改革开放初期，依据尚有相当数量文盲存在的实际情况，我国提出各地区依据自身情况，制定并实施具体的扫盲计划，在一定时间范围内基本完成扫除少年青年壮年文盲的任务，以提升国民整体文化水平。普及小学教育是扫盲工作开展的重要途径，我国先后制定并实施了一系列政策，推动小学教育的发展，在 21 世纪初期基本上完成了扫盲任务。我国颁布了《中共中央、国务院关于普及小学教育若干问题的决定》，提出小学教育是整个教育的基础，全民文化水平的提升应该以小学教育的普及发展为切入点，要有步骤地实现小学教育的普及，进而满足“建

① 国务院. 国务院关于当前发展学前教育的若干意见[R]. 2010-11-20.

② 中共中央,国务院. 中共中央国务院关于打赢脱贫攻坚战的决定[R]. 2015-11-29.

设现代化的、高度民主、高度文明的社会主义强国”的要求。① 中共中央于 1985 年制定了《中共中央关于教育体制改革的决定》，提出了包括小学教育在内的九年制义务教育实施方案。具体来讲，依据国家经济文化发展水平，将全国划分为经济发达地区、中等发展地区以及经济落后地区，在不同的地区采取不同的措施以期在不同的年限实现不同程度的义务教育；同时，还提出要保障特殊群体享有公平的受教育机会，促进此类群体文化水平的提升。② 在 20 世纪末，为了巩固扫盲教育的成果和防止新文盲的出现，《中华人民共和国教育法（1995 年版）》明确规定具有接受扫除文盲教育能力的公民，应当接受扫盲教育，各级政府、组织要积极采取多种方式推动扫盲教育的开展，③ 确保教育机会的公平。

在教育公平机会得到保障的基础上，教育过程和结果的公平逐渐成为公平育人的重点。教育公平政策的转向，表明我国更加关注整体教育质量的提升，不仅使人民能够共享教育资源，而且要让人民能够共享优质的教育资源。在教育过程公平上，《国家中长期教育改革和发展规划纲要（2010—2020 年）》提出，要引进、开发和应用优质教育资源，实现优质资源的共享。一方面，要加强国际合作，通过中外合作办学项目和中外合作学校等方式，引进境外优质教学资源；另一方面，要有效发掘和运用本国优质教育资源，利用信息网络技术，构建优质教育资源平台，开展网络化教学。在教育结果公平上，强调未来人才的培养，既要满足社会发展的需要，也要遵循个体的选择，要树立多样化育人的观念，使个体通过接受教育，都能够在自身原有的基础上得到全面发展和成长。④

① 中共中央，国务院．中共中央、国务院关于普及小学教育若干问题的决定[R]．1980-12-03.
② 中共中央．中共中央关于教育体制改革的决定[R]．1985-05-27.
③ 全国人民代表大会．中华人民共和国教育法[R]．1995-03-18.
④ 国务院．国家中长期教育改革和发展规划纲要(2010—2020 年)[R]．2010-05-05.

三、公平育人新形势、新挑战和新问题

（一）新形势

1. 公平育人是国家未来发展基础

教育是国家发展、民族复兴的基础。现阶段，我国正处在改革发展的关键时期，经济建设、政治建设、文化建设、社会建设以及生态文明建设正在全面推进，工业化发展、信息化发展、城镇化发展、市场化发展、国际化发展正在进一步开展，有效应对人口、环境、资源等方面的压力，促进经济发展方式的转变，需要有高素质国民和创新性人才的支撑，需要大力发展教育。① 为此，必须始终把教育摆在优先发展的位置，办好人民满意的教育，推动公平育人，努力让每个孩子都能享有公平而有质量的教育。②

2. 公平育人是国家基本教育政策

教育公平是基本教育政策，我国政府始终关注教育公平的实现，从改革开放以来的大力开展扫盲教育到“继续推动教育优先发展”③，“促进教育事业优先发展、公平发展”④，“促进教育公平发展和质量提升”⑤“发展更高质量更加公平的教育”⑥。“办好公平优质教育”⑦，其着眼点

---

① 国务院. 国家中长期教育改革和发展规划纲要(2010—2020 年)[R]. 2010-05-05.

② 习近平. 决胜全面建成小康社会夺取新时代中国特色社会主义伟大胜利[EB/OL]. http：//www. china. com. cn/cppcc/2017－10/18/content _41752399. htm.

③ 温家宝. 2013 年政府工作报告[EB/OL]. http：//www. gov. cn/test/2013－03/19/content_2357136. htm.

④ 李克强. 2014 年政府工作报告[EB/OL]. http：//www. gov. cn/zhuanti/2014gzbg_yw. htm.

⑤ 李克强. 2015 年政府工作报告[EB/OL]. http://www. gov. cn/guowuyuan/2015-03/16/content_2835101. htm.

⑥ 李克强. 2016 年政府工作报告[EB/OL]. http：//www. gov. cn/guowuyuan/2016－03/17/content_5054901. htm.

⑦ 李克强. 2017 年政府工作报告[EB/OL]. http：//www. gov. cn/premier/2017－03/16/content_5177940. htm.

一直在于实现教育公平。在此基础上，我国教育公平事业不断取得进步。教育发展水平的城乡差距和区域差距不断缩小，义务教育阶段“择校热”问题有所缓解，助学制度不断完善，农村教育和贫困地区教育得到发展，进城务工人员子女、留守儿童、残疾儿童受教育权利得到进一步保障，中西部地区高等教育机会得到扩充。① 新时期，我国注重发展公平而有质量的教育，发展人民满意的教育。② 为此，在教育发展过程中，需要不断关注人民受教育权的实现，推动义务教育均衡发展，促进教育资源合理配置，同时发挥政府在此过程中的积极作用，有效促进教育公平的实现。

（二）新挑战和新问题

目前，我国面临的最为突出的新挑战和新问题即为社会主要矛盾已经转变为人民日益增长的美好生活需要和不平衡不充分的发展之间的矛盾。③ 在教育领域，不同地区、不同群体和不同学校的教育面临着诸多问题，需要各级政府凝聚社会各界力量促进教育公平而有质量的发展，切实保障人民平等接受教育的权利。

第一，城乡教育发展差距有待缩小。部分地区依然存在城乡二元结构矛盾突出的问题，城乡教育的发展依然存在较大差距。在乡村地区，部分学校学生的学业成绩达不到国家规定的标准，甚至随着年级的提高逐步失去了对学习的兴趣和对知识的渴望。乡村地区，不同程度地存在着教师能力不足、家校合作不紧密、学校教育和学生实际生活经验相脱离等问题，对学校教育与质量的提升产生了消极影响。④ 城镇地区，高质量教育资源分配不均衡，不能很好地满足新型城镇化带来的教育需求，大班额等现象成为当前亟待解决的问题。

① 国务院. 国务院关于印发国家教育事业发展“十三五”规划的通知[R]. 2017-01-10.

② 李克强. 2018 年政府工作报告[EB/OL]. http://www.gov.cn/zhuanti/2018lh/2018zfgzbg/zfgzbg.htm.

③ 习近平. 决胜全面建成小康社会夺取新时代中国特色社会主义伟大胜利[EB/OL]. http://www.china.com.cn/cppcc/2017－10/18/content_41752399.htm.

④ 邬志辉. 中国农村教育发展报告 2017 [EB/OL]. http://www.jyb.cn/zgjsb/201712/t20171228_915238.html.

第二，脱贫教育进入攻坚阶段。教育扶贫工作所取得的成效与到2020年实现全部贫困人口脱贫、全部贫困县摘帽的国家脱贫总体目标还存在一定的差距，教育脱贫面临新的挑战和问题。习近平指出，我国农村贫困人口到2016年底还有4300多万人，需要平均每年减少1100万贫困人口才能实现脱贫攻坚目标。脱贫攻坚的主要难点和重点是深度贫困地区，其原因之一就在于这些地区开放程度较低或者长期处于封闭状态，其社会发展水平和文明程度较低，适龄儿童少年辍学率较高。今后一个阶段内，脱贫攻坚工作的开展要以残疾人、孤寡老人、长期患病者等“无业可扶、无力脱贫”的贫困人口以及部分教育文化水平低、缺乏技能的贫困群众为主要对象，着力实现“两不愁”即不愁吃、不愁穿，在此基础上逐步达到“三保障”即保障义务教育、基本医疗、住房安全。[①] 需要在新阶段通过教育达到扶智扶贫的目的。

第三，民族地区教育有待进一步发展。民族地区教育的发展是我国实现“两个一百年”目标的重要环节。现阶段，我国民族地区教育得到了一定程度的发展，但与2020年民族地区教育整体发展水平及主要指标接近或达到全国平均水平，逐步实现基本公共教育服务均等化的目标仍然存在差距，教育的发展面临着挑战和问题。[②] 各级各类学校办学水平有待提升，学前教育入园率较低，义务教育阶段辍学现象仍然存在，高中教育普及水平有待进一步提高，高等院校布局不尽合理，教育经费投入机制尚需依据民族地区的实际情况进行调整。新的发展阶段，需要更加关注民族地区教育公平的实现。

第四，校际教育发展水平存在差距。目前，我国义务教育已经实现基本均衡，但是校际教育发展水平仍然存在较大差距，学校教育优质均衡工作的开展面临着新的挑战和问题。一方面，学校之间的教育质量存在差距。全国尚有一部分未通过“义务教育发展基本均衡县（市、区）”认定的县（市、区），其学校的教育教学质量落后于其他地区学校的发展水平，需要切实推动此类学校的发展。另一方面，学校基础设施建设

---

① 习近平. 习近平：在深度贫困地区脱贫攻坚座谈会上的讲话[EB/OL]. http://www.xinhuanet.com/politics/2017－08/31/c_1121580205.htm.

② 国务院. 国务院关于加快发展民族教育的决定[R]. 2015-08-11.

质量有待进一步提升，部分地区学校办学条件较差，这在一定程度上对教育教学工作的有序开展造成了不利影响。

四、新时代公平育人的趋势和政策路径

新时代，为了实现全面建成小康社会的目标，我国将要着力打好攻坚战，切实推行区域协调发展战略，贯彻落实乡村振兴战略，推进供给侧结构性改革，最终落脚于保障和提升民生发展水平，增强人民的获得感、幸福感和安全感。在教育领域，针对不同区域、群体和学校，进行教育改革。推进城乡教育一体化发展，缩小城乡教育差距；大力开展教育精准脱贫工作，以扶智支撑扶贫；加强对民族地区教育发展的支持力度；提升教育优质均衡发展水平，缩小校际差距。最终，实现教育公平发展，让每个人都有平等的机会接受教育。① 由此，公平育人未来发展趋向于城乡教育一体化，教育脱贫精准化，加快发展民族教育，以及均衡优质水平提升。

（一）促进城乡教育一体化

实现教育公平，要逐步优化教育资源配置，缩小城乡教育发展水平。② 未来，教育的发展更加趋向从应对“大班额”问题，建立健全控辍保学机制，关爱留守儿童，加强乡村教师队伍建设等入手，逐步缩小城乡教育差距。

第一，开展消除“大班额”计划。新时期，要将“大班额”视为人

① 李克强. 2018 年政府工作报告[EB/OL]. http：//www. gov. cn/zhuanti/2018lh/2018zfgzbg/zfgzbg. htm.

② 习近平. 把我国基础教育越办越好[EB/OL]. http：//www. xinhuanet. com/mrdx/2016-09/10/c_135677198. htm.

民群众关心的问题之一，精准施策，[①] 到 2020 年基本消除 56 人以上大班额。大班额症结主要在于教育资源的分配不均，尤其是乡村地区优质教育资源极为短缺。在此基础上，要从统筹、规范和台账三个方面发力，统筹考虑“农村弱”“城市挤”的问题；规范各类学校的招生和办学行为；建立省市县政府消除“大班额”工作台账。[②]

第二，建立健全控辍保学机制。县级教育行政部门、乡镇政府、村（居）委会、学校和适龄儿童父母或其他监护人要充分发挥自身的积极作用，建立和践行控辍保学动态监测制度，辍学学生劝返、登记和书面报告制度以及“一人一案”制度，切实保障家庭困难学生、乡村残障儿童青少年接受教育的权利。[③]

第三，关爱保护留守儿童。在全面建成小康社会的进程中，需要做好民生保障工程，需要关心留守儿童，使其能够感受到社会主义大家庭的温暖。[④] 要建立和完善社会救助、社会福利、慈善事业和优抚安置等多种制度，[⑤] 各级政府部门应该主动承担起属地管理责任，不断建立和完善相关体制机制，充分发挥学校、家庭和社会力量的合力，积极开展针对留守儿童的健康教育、法制安全教育、文化教育以及相关保护关爱工作，为其健康成长创造良好的社会环境。

第四，加强乡村教师队伍建设。实现城乡教育的一体化发展，促进教育公平，关键在于乡村教师队伍的建设。[⑥] 新时期，优秀乡村教师发展应该指向有理想信念、有道德情操、有扎实知识、有仁爱之心的标准，优质乡村教师队伍建设应该指向师德高尚、业务精湛、结构合理和

---

① 新华社. 中央经济工作会议在北京举行习近平李克强作重要讲话[EB/OL]. http://cpc.people.com.cn/n1/2017/1220/c64094-29719664.html.

② 陈宝生. 努力让每个孩子都能享有公平而有质量的教育[EB/OL]. http://www.moe.edu.cn/jyb_xwfb/gzdt_gzdt/moe_1485/201803/t20180319_330463.html.

③ 国务院. 国务院关于统筹推进县域内城乡义务教育一体化改革发展的若干意见[R]. 2016-07-02.

④ 习近平. 看清形势适应趋势发挥优势善于运用辩证思维谋划发展[EB/OL]. http://pic.people.com.cn/n/2015/0619/c1016-27179837.html.

⑤ 杨小淼. 习近平浇灌下花开新时代[EB/OL]. http://news.cri.cn/20180602/ca2f6fd0-97ce-ba6f-d075-6f5b72a749cc.html.

⑥ 国务院. 乡村教师支持计划(2015—2020 年)[R]. 2015-06-01.

充满活力的方向。[①] 为此，在未来发展过程中需要采取多种方式大力开展乡村教师教育。一方面，需要为乡村教育的发展培养新的优质教师。采用公费定向培养、到岗退费等方式培养和补充乡村小学全科教师、乡村初中“一专多能”教师以及薄弱学科教师。另一方面，提升现有乡村教师的发展水平，促进乡村教育的振兴。通过建立乡村教师专业发展支持服务体系，充分发挥县级教师发展机构的积极作用，开展跟岗学习，推进师范生到农村学校实习实践，支持中西部乡村教师、校长培训等途径，增加培训内容的实际性，关注新教材、新课标、教学观念、教学方法等的培训，切实促进乡村教师的专业发展。[②]

（二）教育脱贫趋向精准化

新阶段，我国公平育人更加关注教育脱贫的精准化发展。习近平指出，我国扶贫工作已经进入啃硬骨头、攻坚拔寨的冲刺期，常规思路和办法难以按期完成脱贫任务。[③] 为此，需要坚持精准扶贫、精准脱贫的基本方略，坚持专项扶贫、行业扶贫、社会扶贫等多方力量、多种举措有机结合和互为支撑的“三位一体”大扶贫格局。[④] 在教育领域，要重点解决贫困家庭子女入学问题，阻断贫困代际传递，让每个孩子对自己、对未来有信心。[⑤] 《教育脱贫攻坚“十三五”规划》以分类施策、精准发力为原则，准确把握不同地区、群体的教育需要，制定有针对性的教育脱贫措施，寻找教育脱贫开展路径，推动教育脱贫政策精准实施、脱贫资金精准投放。从人才培养、保障措施、政策评估等多个方面对教育脱贫精准化的发展作出了规划。

---

① 习近平. 做党和人民满意的好老师——同北京师范大学师生代表座谈时的讲话[EB/OL]. http：//politics. people. com. cn/n/2014/0910/c70731－25629093. html.

② 教育部，国家发展改革委，财政部，人力资源社会保障部，中央编办. 教师教育振兴行动计划(2018—2022年)[R]. 2018-02-11.

③ 人民网. 习近平：坚决打赢脱贫攻坚战[EB/OL]. http：//cpc. people. com. cn/xuexi/n1/2017/1103/c385474－29626301. html.

④ 新华网. 习近平：在深度贫困地区脱贫攻坚座谈会上的讲话[EB/OL]. http：//www. xinhuanet. com/politics/2017－08/31/c_ 1121580205. htm.

⑤ 新华社. 习近平：全面贯彻落实党的教育方针努力把我国基础教育越办越好[EB/OL]. http：//www. chinanews. com/gn/2016/09－09/7999843. shtml.

首先，精准化人才培养。主要强调广泛开展公益性职业技能培训，开展多种形式的职业技能培训教育或项目。第一，开展职业技能提升计划和贫困户教育培训工程，鼓励职业院校面向建档立卡等贫困家庭开展多种形式的职业教育和培训。第二，开展现代农林职业教育，建立健全公益性农民培养培训制度，不断培养新型职业农民。第三，开展劳务输出、乡村旅游、生态护林、林下经济以及节能环保等职业技能培训，为未升学初高中毕业生、进城农民工、农村富余劳动力等提供接受职业教育的机会，提升其从事生产的能力。

其次，精准化财政支撑。教育脱贫工作的顺利开展和预期目标的实现需要各级财政的精准支持。第一，在中央财政上，中央财政一般性转移支付、专项转移支付资金向贫困地区和贫困人口倾斜，同时建立健全资金安排机制，使财政投入能够精准且有效地运用于教育脱贫。第二，在地方财政上，各级各类政府要对开展教育脱贫的地区，尤其是对完成此项任务比较困难的地区提供大力支持，保障这些地区人民的受教育权，促进教育公平的实现。

最后，精准化督导评估。对建档立卡等贫困家庭子女就学状况、资助状况和就业状况，以及各地各学校开展教育脱贫工作的进展与成效进行精准评估。根据脱贫攻坚督查巡查工作总体安排，建立“国家重点督查一省市定期巡查一县级经常自查”的教育脱贫攻坚督查机制，切实对教育脱贫各项工作的开展情况进行督导，为相关政策的调整提供依据。在教育精准扶贫工作中，需要充分发挥第三方评估的重要作用，鼓励社会力量参与教育脱贫。[①]

（三）提升民族地区教育质量

民族地区教育的发展是公平育人的重要内容。新时期，我国提出要加快发展民族地区的教育，培养优秀人才，全面提高入学率，让适龄的

① 教育部，国家发展改革委，民政部，财政部，人力资源社会保障部，国务院扶贫办．教育脱贫攻坚“十三五”规划[R]．2016-12-16．

孩子们学习在学校、生活在学校、成长在学校。①

首先，提升民族地区各级各类教育发展水平。第一，在学前教育方面，推进民族地区普惠性幼儿园建设，民族地区学前3年毛入园率达到70%以上。第二，在义务教育方面，促进民族地区义务教育的均衡发展，基本消除该地区的辍学现象。第三，在高中教育方面，提升民族地区高中教育普及水平。同时，大力发展中等职业教育，改善职业学校办学条件，因地制宜，持续发展民族优秀传统文化和现代农牧业等特色专业，在四省藏区施行“9+3”中职免费教育模式。第四，在高等教育方面，优化高等院校布局，提升高等教育办学水平，扩大高等教育入学机会，鼓励在民族地区的中央企业和对口援建项目吸纳当地普通高校少数民族毕业生就业。②

其次，加强民族教育薄弱环节。第一，寄宿制学校建设。依据国家通用语言文字教育基础薄弱地区、农牧区和偏远地区的实际情况，编制科学的寄宿制学校建设规划，改建、扩建、新建一批标准化寄宿制中小学校。在此基础上，一方面，依照国家规定标准为学校配备教学设备、实验室以及图书室（馆）等；另一方面，提高生均公用经费标准，配备后勤管理服务人员，加强学校管理和安全教育，营造安全的校园环境。要因地制宜地加强建设地处偏远且无条件寄宿的学校。第二，激励优秀教师从事民族地区的教育工作。有关部门应该根据民族地区教师队伍建设的实际情况，制定并实施相应的激励政策，吸引更多优秀人才投身民族地区教育事业，③ 让更多适龄儿童共享优质师资。第三，大力发展双语教育。依据法律法规，结合民族地区的实际情况，一方面，坚定不移地推行国家通用语言文字教育，保障少数民族学生基本掌握和使用国家通用语言文字，少数民族高校毕业生能够熟练掌握和运用国家通用语言文字；另一方面，积极开展少数民族语言文字教育，提升其质量。在基础教育发展相对薄弱的民族地区，要关注各学段教育的衔接，教育教学

---

① 新华网. 习近平在第二次中央新疆工作座谈会上发表重要讲话[EB/OL]. http://www.xinhuanet.com/photo/2014-05/29/c_126564529.htm.

② 国务院. 国务院关于印发国家教育事业发展“十三五”规划的通知[R]. 2017-01-10.

③ 中国共产党新闻网. 中央民族工作会议暨国务院第六次全国民族团结进步表彰大会在北京举行[EB/OL]. http://cpc.people.com.cn/n/2014/0930/c64094-25763749.html.

方式要与学生的实际发展水平相适应。在双语教师的培养和培训上，不断完善双语教师资格评价标准，为双语教学提供优质师资。在教育督导上，需要建立健全双语教育质量评估体系，不断提升双语教育的发展水平，为民族地区提供优质双语教育。①

最后，完善民族教育发展保障体制机制。在资金投入上，加大对民族地区、边疆地区教育事业的投入，推进民族地区教育公平事业的发展。一方面，各级政府加大对民族教育的投入力度，中央和地方财政依据实际情况加大对民族地区教育的投入，推进义务教育发展、实行免费中等职业教育、办好高等教育，开展好双语教育。② 另一方面，需要引导和鼓励社会力量参与民族教育的发展，拓宽民族教育投入渠道。在助学制度上，完善学前教育、义务教育、高中教育、高等教育等阶段的资助制度，实行“两免一补”政策、对口支援项目、经费标准动态调整机制、向少数民族和民族地区家庭经济困难学生倾斜资助政策等，保障民族地区学生接受教育的权利。③

（四）推进教育优质均衡发展

新时期，提升学校教育的优质均衡发展水平是我国教育事业发展的主要内容之一。在建设科技强国、数字强国、网络强国、智慧社会④的社会背景下，教育要借助这一良好契机，积极参与数字中国的建设，⑤以人民为发展立足点，推进“互联网＋教育”，⑥ 逐步迈向教育信息化

① 国务院. 国务院关于加快发展民族教育的决定[R]. 2015-08-11.

② 中国共产党新闻网. 中央民族工作会议暨国务院第六次全国民族团结进步表彰大会在北京举行[EB/OL]. http://cpc.people.com.cn/n/2014/0930/c64094－25763749.html.

③ 国务院. 国务院关于加快发展民族教育的决定[R]. 2015-08-11.

④ 习近平. 习近平致第四届世界互联网大会的贺信[EB/OL]. http://politics.people.com.cn/n1/2017/1203/c1001－29682628.html.

⑤ 习近平. 习近平致首届清华大学苏世民书院开学典礼的贺信[EB/OL]. http://politics.people.com.cn/n1/2016/0911/c1024－28706356.html.

⑥ 习近平. 实施国家大数据战略加快建设数字中国[EB/OL]. http://www.xinhuanet.com/politics/2017－12/09/c_1122084706.htm.

2.0时代,[①] 让亿万孩子同在蓝天下共享优质教育、通过知识改变命运[②]。为此，主要从优质教育资源开发和应用、基础设施建设两个方面入手，以信息化提升教育优质均衡发展水平。

第一，大力开发和应用优质教育资源。首先，采用集团化办学、强校带弱校、委托管理、学区制管理、学校联盟、九年一贯制学校等多样化的办学形式,[③] 充分发挥优质学校的带动作用，加强合作学校之间教师、课程等优质教育资源的共享。其次，依据教师学生的需求和不同学科的性质，开发不同类型的优质网络教育资源，如优质网络课程及其资源、学科工具和应用平台、虚拟仿真实训实验系统以及各民族语言文字标准字库和语音库，为学生的全面发展提供丰富而优质的教育资源。[④] 最后，切实保障薄弱学校学生同样能够获得基础性数字教育资源，增强数字教育资源提供的均等性、普惠性和便捷性，促进教育公平。[⑤]

第二，进一步加强基础设施建设。开展多种形式的教育信息化建设，为实现教育优质均衡发展提供良好的信息网络资源。首先，开展“宽带网络校校通”项目。借助“宽带中国”和“无线校园”建设的契机，依据各地发展实际情况，基本上实现各级各类学校、教学点不同程度的宽带网络覆盖，推动教育信息化的发展，使得学生能够共享优质教学资源，保障教育公平的实现。其次，推进“优质资源班班通”项目。构建数字教育资源公共服务体系，为学习者运用优质教育资源获得自身发展提供技术支持。最后，实施“网络学习空间人人通”项目。推广网络学习空间的运用，为各类学校学生接受优质教育提供均等机会，促进人的全面而自由的发展。[⑥]

---

① 雷朝滋. 教育信息化:从 1.0 走向 2.0——新时代我国教育信息化发展的走向与思路[J]. 华东师范大学学报(教育科学版),2018,36(01):98-103+164.

② 习近平. 致信祝贺国际教育信息化大会开幕[EB/OL]. http://cpc.people.com.cn/n/2015/0524/c64094-27046719.html.

③ 国务院. 国务院关于印发国家教育事业发展“十三五”规划的通知[R]. 2017-01-10.

④ 教育部. 教育部关于印发《教育信息化十年发展规划(2011—2020 年)》的通知[R]. 2012-03-13.

⑤ 教育部. 2018 年教育信息化和网络安全工作要点[R]. 2018-02-11.

⑥ 教育部. 教育部关于印发《教育信息化“十三五”规划》的通知[R]. 2016-06-07.

第九章　实践育人

实践育人是指通过引导学生参加与自身健康成长和成才密切相关的各种应用性、综合性、创新性实践活动，促使他们形成高尚的思想道德、健全的人格、勇于创新的精神与实践能力的教育教学活动。实践育人在中小学阶段主要表现为参与形式多样的课堂内外实践活动、研学旅行活动等；在职业教育阶段主要表现为产教融合，在实践中掌握职业技能；在高等教育阶段主要表现为参与科学研究、技术开发和推广以及丰富多彩的社会实践活动等。

《中华人民共和国教育法》规定，教育必须与生产劳动和社会实践相结合。教育无法离开受教育者的实践而存在。实践育人是教育的内在诉求，是学生发展的基本要求，是帮助学生了解国情、热爱祖国、开阔眼界、增长知识的主要途径，是落实立德树人根本任务的要求。

习近平指出，要坚持理论联系实际的马克思主义学风，注重解答学员思想上的疙瘩，反对主观主义、教条主义、形式主义，防止空对空、两张皮。[①] “学习应该是全面的、系统的、富有探索精神的。既要向书本学习，也要向实践学习；既要向人民群众学习，向专家学者学习，也要向国外有益经验学习。有理论知识的学习，也有实践知识的学习。”[②] 习近平关于实践育人的一系列论述，既阐释了实践育人的重要意义，又提出了实践育人的具体路径，具有鲜明的时代特征和现实意义，对于指

① 习近平. 在全国党校工作会议上的讲话[J]. 求是,2016(09):3-13.

② 习近平. 在中央党校建校 80 周年庆祝大会暨 2013 年春季学期开学典礼上的讲话[N]. 人民日报,2013-03-03(2).

导青少年学习成长、提高本领，在实现中华民族伟大复兴中国梦的奋斗中成长成才具有重要的指导意义。改革开放 40 年来，党和国家高度重视实践育人，出台了系列政策文件，推动实践育人，提高人才培养质量。本章对 1978 年以来的实践育人政策进行梳理，剖析其路径变迁和演变特征，以习近平实践育人教育思想为指导，分析新时代实践育人的趋势和对策。

一、改革开放以来实践育人的政策变迁

党的十八大报告指出，要“坚持教育为社会主义现代化建设服务、为人民服务，把立德树人作为教育的根本任务，全面实施素质教育，培养德智体美全面发展的社会主义建设者和接班人，努力办好人民满意的教育”。[①] 全面发展是指人的精神和身体、个体性和社会性都得到普遍、充分而自由的发展。教育与生产劳动相结合、与社会实践相结合是实现人的全面发展的根本途径。实践育人是我国教育的优良传统，是遵循人才成长规律、增强育人实效性的关键环节，是全面提高教育质量的必然要求，也是促进人的全面发展、建设创新型国家和人力资源强国的重要保障。本章对改革开放以来 40 年间的教育法律法规以及中共中央、国务院、教育部、科技部、共青团中央等部门出台的意见、纲要、决定、计划等教育政策进行分析，以此明晰实践育人政策的变迁路径。

（一）1978—1998 年：初步、逐步确立实践育人政策体系

1977 年，邓小平主持召开科学和教育工作座谈会，决定恢复高考，成为改革开放的先声。1978 年 9 月 22 日，邓小平在全国教育工作大会上讲话指出，要“把毛泽东同志提出的培养德智体全面发展、有社会主义觉悟的有文化的劳动者的方针贯彻到底，贯彻到整个新社会的各个方

① 胡锦涛.坚定不移沿着中国特色社会主义道路前进 为全面建成小康社会而奋斗——在中国共产党第十八次全国代表大会上的报告[N].人民日报,2012-11-18(3).

面”。“为了培养社会主义建设需要的合格的人才，必须认真研究在新的条件下，如何更好地贯彻教育与生产劳动相结合的方针。”1983 年，邓小平在景山学校题词，提出了教育“面向现代化、面向世界、面向未来”，培养“四有”新人的目标。这些都被写进了中央和国家有关文件，具有教育方针的性质，对新时期教育的改革和发展起着十分重要的指导作用。

1978 年至 1998 年间，我国教育事业快速发展，但是人才培养不能适应改革开放和现代化建设的问题比较突出。中央层面出台了系列具有教育改革纲领性质、里程碑式的文件，全方位启动了教育改革和发展的进程。《中共中央关于教育体制改革的决定》《中国教育改革和发展纲要》是这一时期最重要的两份教育改革文件，针对改革开放和现代化建设需要的局面，两份文件从不同的角度明确了实践育人的教育改革原则。1985 年中共中央《关于教育体制改革的决定》（以下简称《决定》）出台，《决定》拉开了我国教育改革的序幕，在教育改革历程中具有里程碑式的意义。《决定》系统地阐明了教育体制改革的指导思想、目标、任务和具体措施，提出“教育体制改革的根本目的是提高民族素质，多出人才、出好人才”。① 针对当时在教育思想、教育内容、教育方法上，存在实践环节不被重视，专业设置过于狭窄，不同程度地脱离经济和社会发展的需要，落后于当代科学文化的发展等问题，分别提出了基础教育、职业教育和高等教育，改革教育方式、教育方法的具体要求。1993 年，中共中央、国务院印发《中国教育改革和发展纲要》（以下简称《纲要》）。《纲要》指出“基础教育是提高国民素质的奠基工程，必须大力加强”，“中小学要由‘应试教育’转向全面提高国民素质的轨道，面向全体学生，全面提高学生的思想道德、文化科学、劳动技能和身体心理素质，促进学生生动活泼的发展，办出各自的特色”。② 这是中央文件第一次明确提出教育要从应试教育向素质教育转向。《纲要》针对基础

① 中华人民共和国教育部. 中共中央关于教育体制改革的决定[EB/OL]. http://old.moe.gov.cn/publicfiles/business/htmlfiles/moe/moe_177/200407/2482.html.

② 中华人民共和国教育部. 中国教育改革和发展纲要[EB/OL]. http://old.moe.gov.cn//publicfiles/business/htmlfiles/moe/moe_177/200407/2484.html.

教育、职业教育和高等教育分别提出了具体改革目标：中小学要切实采取措施减轻学生过重的课业负担；职业技术学校要注重职业道德和实际能力的培养；高等教育要进一步改变专业设置偏窄的状况，拓宽专业业务范围，加强实践环节的教学和训练，发展同社会实际工作部门的合作培养，促进教学、科研、生产三结合。[①]“《纲要》中‘素质’一词出现20余处，并提出了全面提高学生四方面素质的要求，尽管尚未直接提出素质教育，但已从政策层面肯定和反映了素质教育理念，推动了素质教育的深入探讨。”[②] 而素质教育的核心目标就是创新精神和实践能力的培养。

改革开放后，教育法制建设也进入快车道，教育立法工作取得了重要进展。《中华人民共和国义务教育法》《中华人民共和国教育法》《中华人民共和国职业教育法》《中华人民共和国高等教育法》等教育法律相继颁发施行，我国教育法律法规体系初步形成，奠定了教育改革和发展的法律制度基础。《中华人民共和国义务教育法》规定，“义务教育必须贯彻国家的教育方针，努力提高教育质量，使儿童、少年在品德、智力、体质等方面全面发展，为提高全民族的素质，培养有理想、有道德、有文化、有纪律的社会主义建设人才奠定基础。”《中华人民共和国教育法》对国家教育方针规定为：“教育必须为社会主义现代化建设服务，必须与生产劳动相结合，培养德、智、体等方面全面发展的社会主义事业的建设者和接班人。”《中华人民共和国职业教育法》规定，“职业学校、职业培训机构实施职业教育应当实行产教结合，为本地区经济建设服务，与企业密切联系，培养实用人才和熟练劳动者。”《中华人民共和国高等教育法》明确“培养具有创新精神和实践能力的高级专门人才”是高等教育的重要任务。这些条文从法律的层面明确了实践育人的原则要求。

教育与生产劳动相结合是德育和思想政治教育的重要途径。党的十

---

① 中华人民共和国教育部. 中国教育改革和发展纲要[EB/OL]. http://old.moe.gov.cn//publicfiles/business/htmlfiles/moe/moe_177/200407/2484.html.

② 于建福:促进人的全面发展提升国民综合素质——改革开放30年素质教育重大政策主张与理论建树[J]. 教育研究,2008(12): 3-10.

一届三中全会以来，国家颁发了4份关于改进和加强学校思想政治教育工作的文件，包括《中共中央关于改革学校思想品德和政治理论课程教学的通知》《中共中央关于改进和加强高等学校思想政治工作的决定》《中共中央关于改革和加强中小学德育工作的通知》和《中共中央关于进一步加强和改进学校德育工作的若干意见》。这些文件均由中共中央印发，均明确将引导学生积极参与劳动实践作为改进和加强德育和学校思想政治工作的方法，强调引导学生在实践中理论联系实际，了解国情、了解社会主义建设和改革的实际，培养社会责任感，在实践中成长成才。这一时期，“三下乡”是大学生参与社会实践重要途径。20世纪80年代初，团中央首次号召全国大学生在暑期开展“三下乡”社会实践活动。1996年12月，中宣部、国家科委、农业部、文化部、国家教委等十部委发布《关于开展文化科技卫生“三下乡”活动的通知》，1997年“三下乡”活动在全国全面展开。

表9-1　1978—1998年实践育人主要相关政策文件

序号	时间	政策文件	发文机构及发文号
1	1985年5月	关于教育体制改革的决定	中共中央
2	1985年8月	关于改革学校思想品德和政治理论课程教学的通知	中共中央 （中发［1985］18号）
3	1986年4月	中华人民共和国义务教育法	第六届全国人民代表大会第四次会议通过 （中华人民共和国主席令6届第38号）
4	1987年5月	关于改进和加强高等学校思想政治工作的决定	中共中央
5	1988年12月	关于改革和加强中小学德育工作的通知	中共中央
6	1991年10月	关于大力发展职业技术教育的决定	国务院

续表

序号	时间	政策文件	发文机构及发文号
7	1992 年 12 月	关于加快改革和积极发展普通高等教育的意见	国家教委
8	1993 年 2 月	关于进一步深化普通高等学校教学改革的意见	国家教委、国务院学位委员会
9	1993 年 2 月	中国教育改革和发展纲要	中共中央国务院（中发［1993］3 号）
10	1994 年 8 月	关于进一步加强和改进学校德育工作的若干意见	中共中央
11	1995 年 3 月	中华人民共和国教育法	第八届全国人民代表大会第三次会议通过（中华人民共和国主席令 8 届第 45 号）
12	1996 年 9 月	中华人民共和国职业教育法	第八届全国人民代表大会常务委员会第十九次会议通过（中华人民共和国主席令 8 届第 69 号）
13	1996 年 12 月	关于开展文化科技卫生“三下乡”活动的通知	中央宣传部、国家科委、农业部、文化部等十部委
14	1998 年 8 月	中华人民共和国高等教育法	第九届全国人民代表大会常务委员会第四次会议通过（中华人民共和国主席令九届第 7 号）

（二）1999—2009年：分领域、有重点完善实践育人政策

进入21世纪，教育事业取得了令人瞩目的成就，但是由于教育观念、教育体制、教育结构、人才培养模式、教育内容和教学方法相对滞后，教育不能适应提高国民素质的需要，尤其是出现了学生课业负担过重和片面追求升学率问题。1999年6月，中共中央、国务院召开改革开放以来的第三次全国教育工作会议，通过《关于深化教育改革 全面推进素质教育的决定》，提出深化教育改革，全面推进素质教育，构建一个充满生机的中国特色社会主义教育体系，为实施科教兴国战略奠定坚实的人才和知识基础。

《关于深化教育改革 全面推进素质教育的决定》提出了推进教育与生产劳动相结合的具体路径，强调了教育与生产劳动相结合是培养全面发展人才的重要途径，标志着全面推进素质教育成为国家教育改革的重要方向。“中小学要鼓励学生积极参加形式多样的课外实践活动，培养动手能力；职业学校要实行产教结合，鼓励学生在实践中掌握职业技能；高等学校要加强社会实践，组织学生参加科学研究、技术开发和推广活动以及社会服务活动。利用假期组织志愿者到城乡支工、支农、支医和支教。社会各方面要为学校开展生产劳动、科技活动和其他社会实践活动提供必要的条件，同时要加强学生校外劳动和社会实践基地的建设。”① 提高学生的创新精和实践能力，提高国民素质，实现人的全面发展，是素质教育的根本宗旨，在全面推进素质教育的背景下，实践育人受到高度重视，从具体实施路径到法律、政策保障得到全面了加强。

基础教育领域，2001年国务院发布《国务院关于基础教育改革与发展的决定》，明确了“端正教育思想，转变教育观念，面向全体学生，加强学生思想品德教育，重视培养学生的创新精神和实践能力，为学生全面发展和终身发展奠定基础”② 的目标；明确将青少年校外活动场所

① 中华人民共和国教育部. 中共中央国务院关于深化教育改革全面推进素质教育的决定[EB/OL]. http://old. moe. gov. cn/publicfiles/business/htmlfiles/moe/moe_177/200407/2478. html.

② 中华人民共和国教育部. 国务院关于基础教育改革与发展的决定［EB/OL］. http://old. moe. gov. cn/publicfiles/business/htmlfiles/moe/moe_16/200105/132. html.

建设纳入社区建设规划；各地要多渠道筹集资金，建设一批青少年学生活动场所和社会实践基地等，为青少年提供参与社会实践的保障。同年，教育部印发《普通高中“研究性学习”实施指南（试行）》的通知，要求通过研究性学习的方式培养创新精神和实践能力。基础教育改革在义务教育阶段迅速推开并向高中阶段教育延伸。在基础教育领域加强实践环节教育，让更多学生得到实践锻炼，有了更为具体的实施指南。《关于加强青少年学生活动场所建设和管理工作的通知》针对青少年学生校外活动场所建设和管理难以满足青少年学生健康成长需要的问题，要求切实做好青少年学生校外活动场所的管理以及规划和建设工作，要求全社会支持青少年学生活动场所建设和管理，从加强领导层面成立了全国青少年校外教育工作联席会议，明确了各级政府职责，为青少年开展课外活动，参与劳动实践和社会实践提供了制度保障。2006 年，《中华人民共和国义务教育法（修订案）》通过，正式写入“素质教育”，意味着素质教育从党和政府的政策正式上升为国家意志，成为具有法律强制性和约束力的准则。

职业教育领域，2002 年，《国务院关于大力推进职业教育改革与发展的决定》印发，重申了大力发展职业教育的方针，职业教育发展走上快车道。2004 年 6 月，教育部等七部门建立职业教育工作部际联席会议制度。2005 年，《国务院关于大力发展职业教育的决定》印发，指出发展职业教育是经济社会发展的重要基础和教育工作的战略重点，明确了职业教育改革发展的目标是“进一步建立和完善适应社会主义市场经济体制，满足人民群众终身学习需要，与市场需求和劳动就业紧密结合，校企合作、工学结合，结构合理、形式多样，灵活开放、自主发展，有中国特色的现代职业教育体系”。这一时期，中共中央、国务院密集出台了一系列发展职业教育的政策文件，加大了中央财政对职业教育的支持力度，实施了国家中职示范校、高职示范校、实训基地建设等一系列重大项目，提出了“大力推行工学结合、校企合作的培养模式”，“逐步建立和完善半工半读制度”，“积极开展订单培养”的培养模式，职业教育规模迅速扩大。“2005 年、2006 年中职连续两年实现扩招 100 万人，2007 年继续扩招 50 万人”，“高职院校在普通高等教育招生总数中占比保持在 47％以上。2010 年达到历史最高水平 870 万人，在高中阶段教育招生总数中占比保持在47%以上。进入21世纪第二个10年，职业教育办学面貌为之一新，培养能力大幅提升，事业发展站在了一个新的起点之上。”①

高等教育领域，2004年，中共中央、国务院颁布《关于进一步加强和改进大学生思想政治教育的意见》(以下简称《意见》)，这是1987年《中共中央关于改进和加强高等学校思想政治工作的决定》颁布后，国家对高校思想政治教育工作的又一次全面部署。“《意见一》最大的贡献是，提出探索社会实践的长效机制，并从管理体制、学分安排、经费支出等方面予以保障，标志着社会实践教育教学进入制度化、规范化轨道。”② 为贯彻《意见一》，2005年，中宣部、中央文明办、教育部、共青团中央等部门出台了《关于进一步加强和改进大学生社会实践的意见》(以下简称《意见二》)，这是第一个针对大学生社会实践的文件，充分表明党和政府对大学生社会实践的高度重视。《意见二》进一步明确大学生社会实践的总体要求和工作原则，提出要把大学生社会实践纳入教学计划，明确要把社会实践“落实到每一个部门、每一门课和每一位教师，体现在专业培养计划、课程教学大纲和教师的岗位职责中”。③《意见二》首次提出把大学生社会实践教育纳入高等学校党的建设和教育教学评估体系，详细列举了社会实践的内容，包括以教学实践、专业实习为主要内容的实践教学、军政训练、社会调查、生产劳动和社会服务、科技发明、勤工助学、“红色之旅”学习参观等。针对建立大学生社会实践长效机制，从管理体制、投入保障机制、社会实践基地、领导机构设置角度提出了具体要求，为高校开展社会实践工作，提供了科学依据和操作规范，“标志着社会实践在思想政治教育中的地位得以全面诠释，社会实践的目标、原则、内容、方法、保障机制作为整体得以全

① 葛道凯.中国职业教育二十年政策走向[J].中国教育科学,2015(12)：3-13.

② 刘建伟.建国后社会实践在高等学校思想政治教育中的地位变迁研究[J].高等农业教育,2015-2:41-25.

③ 中华人民共和国教育部.中宣部中央文明办教育部共青团中央关于进一步加强和改进大学生社会实践的意见[EB/OL].http://old.moe.gov.cn//publicfiles/business/htmlfiles/moe/moe_1413/200703/20558.html.

面部署，意味着对社会实践的认识走向成熟”①。这些文件的出台，极大地推动了大学生社会实践教育活动的开展，社会实践成为高等教育实践育人的重要途径，社会实践的地位不断提高，大学生社会实践长效机制不断完善。

表 9-2 1999—2009 年实践育人主要相关政策文件

序号	时间	政策文件	发文机构及发文号
1	1999 年 6 月	关于深化教育改革 全面推进素质教育的决定	中共中央、国务院
2	2000 年 1 月	关于加强高职高专教育人才培养工作的意见	教育部（教高［2000］2 号）
3	2000 年 6 月	关于加强青少年学生活动场所建设和管理工作的通知	中共中央办公厅、国务院办公厅（中办发［2000］13 号）
4	2001 年 5 月	关于基础教育改革与发展的决定	国务院（国发［2001］21 号）
5	2001 年 6 月	基础教育课程改革纲要（试行）	教育部（教基［2001］17 号）
6	2002 年 8 月	关于大力推进职业教育改革与发展的决定	国务院（国发［2002］16 号）
7	2004 年 3 月	中小学开展弘扬和培育民族精神教育实施纲要	中宣部 教育部（教基［2004］7 号）
8	2004 年 4 月	关于以就业为导向深化高等职业教育改革的若干意见	教育部（教高［2004］1 号）
9	2004 年 10 月	关于进一步加强和改进大学生思想政治教育的意见	中共中央国务院（中发［2004］16 号）

① 刘建伟. 建国后社会实践在高等学校思想政治教育中的地位变迁研究[J]. 高等农业教育，2015-2:41-25.

续表

序号	时间	政策文件	发文机构及发文号
10	2005 年 2 月	关于进一步加强和改进大学生社会实践的意见	中宣部、中央文明办、教育部、共青团中央（中青联发［2005］3 号）
11	2005 年 3 月	关于进一步加强和改进高等学校思想政治理论课的意见	中宣部、教育部
12	2005 年 10 月	关于大力发展职业教育的决定	国务院（国发［2005］35 号）
13	2006 年 10 月	关于构建社会主义和谐社会若干重大问题的决定	中国共产党第十六届中央委员会第六次全体会议通过

（三）2010 年以来：全面系统地加强实践育人制度建设

2010 年以来，我国共颁布 20 份与实践育人相关的政策文件，全面加强实践育人工作，政策颁布频率更为密集，政策颁布层级更为多样。既有从中共中央、国务院层面颁布的顶层设计文件，又有教育部联合其他部门出台的针对不同教育阶段的政策文件，为全面改进和加强实践育人工作提供了方向引领，为各教育阶段开展实践育人工作提供了具体的制度保障，以进一步加强实践育人。

2010 年，《国家中长期教育改革和发展规划纲要（2010—2020 年）》（以下简称《纲要》）发布，明确了教育改革和发展的指导思想、工作方针、战略目标和战略主题。《纲要》明确提出将教育与生产劳动和社会实践相结合，把育人为本作为教育工作的根本要求，教育不仅要为建设人才资源强国提供支撑，还要以每一个学生的健康成长和终身幸福为本。《纲要》强调要提高学生的社会责任感、创新精神和实践能力，推进的思路是德育为先、能力为重、全面发展，从教育理念层面确立了实践育人的重要性，为实践育人提供了理念支撑。2017 年，中共中央办公厅、国务院办公厅印发《关于深化教育体制机制改革的意见》（以下简称《意见》)，在总结教育体制机制改革经验的基础上，结合新形势，提出了教育体制机制改革顶层设计的意见。《意见》要求全面深化教育综合改革，全面实施素质教育，全面落实立德树人根本任务，系统推进育人方式、办学模式、管理体制、保障机制改革，具有鲜明的系统思维。《意见》提出“健全全员育人、全过程育人、全方位育人的体制机制”，“创新思想政治教育方式方法，注重理论与实践相结合、育德与育心相结合、课内与课外相结合、线上与线下相结合、解决思想问题与解决实际问题相结合”①，为破解各种教育力量割裂无法形成合力的局面，充分利用教育系统内外的力量系统推进实践育人指明了方向。

基础教育领域，教育部单独或者联合其他部门出台了《教育部关于联合相关部委利用社会资源开展中小学社会实践的通知》《教育部等 11 部门关于推进中小学生研学旅行的意见》《中小学德育工作指南》《中小学综合实践活动课程指导纲要》等政策文件，明确了实践育人的任务和途径，从多部门联合利用社会资源开展中小学实践、推进中小学研学旅行以及将综合实践活动纳入课程体系等方面，为中小学生开展实践育人工作提供具体的制度保障。

职业教育领域，产教融合是职业教育人才培养的关键环节，是提升学生职业技能和职业素质，提高人才培养质量和职业教育质量的重要途径。2014 年 5 月，国务院印发《关于加快发展现代职业教育的决定》，明确提出加快现代职业教育体系建设，深化产教融合、校企合作，培养数以亿计的高素质劳动者和技术技能人才，要求产教融合、特色办学。党的十八届三中全会强调要“加快现代职业教育体系建设，深化产教融合、校企合作，培养高素质劳动者和技能型人才”。2017 年，国务院办公厅出台《关于深化产教融合的若干意见》，这是国家第一次出台产教融合专门文件，“首次明确了深化产教融合的政策内涵及制度框架，完善顶层设计，强调发挥政府统筹规划、企业重要主体、人才培养改革主线、社会组织等供需对接作用，搭建‘四位一体’架构，将产教融合从职业教育延伸到以职业教育、高等教育为重点的整个教育体系，上升为

① 中国政府网. 关于深化教育体制机制改革的意见[EB/OL]. http://www.gov.cn/xinwen/2017-09/24/content_5227267.htm.

国家教育改革和人才开发整体制度安排，推动产教融合从发展理念向制度供给落地”，[①] 为破解人才培养和产业需求“两张皮”现象、完善产教融合的政策支持体系，调动企业参与产教融合的积极性和主动性，构建校企合作长效机制，形成实践育人模式提供了制度支撑。

高等教育领域，实践育人得到全面加强。“构建高校实践育人的长效机制是高校实践育人的核心命题，也是推动高校实践育人科学发展的关键所在。”[②] 2012 年，教育部等 7 部门联合发布《关于进一步加强高校实践育人工作的若干意见》，明确了“坚持理论学习、创新思维与社会实践相统一，坚持向实践学习、向人民群众学习，是大学生成长成才的必由之路”。从创新实践育人方法途径、加强实践育人基地建设、加大实践育人经费投入、积极调动整合社会各方面资源、形成实践育人合力等层面，提出了着力构建实践育人长效机制的要求，为统筹高校实践育人工作，提高实践育人工作的实效性，提供了制度保障。2015 年，中央全面深化改革领导小组会议审议通过《统筹推进世界一流大学和一流学科建设总体方案》，指出办好我国高校，办出世界一流大学，必须牢牢抓住全面提高人才培养能力这个核心点，并以此来带动高校其他工作。[③] 提出了培养拔尖创新人才的目标，要求“坚持立德树人，突出人才培养的核心地位，着力培养具有历史使命感和社会责任心，富有创新精神和实践能力的各类创新型、应用型、复合型优秀人才”，明确了着力推进成果转化，深化产教融合，促进高校学科、人才、科研与产业互动，打通基础研究、应用开发、成果转移与产业化链条，推动健全市场导向、社会资本参与、多要素深度融合的成果应用转化机制，加强实践育人、培养拔尖创新人才的新要求。

---

① 郭建如. 深化产教融合，推动教育与经济社会协调发展[N]. 光明日报，2017-12-26(15).

② 黄蓉生，孙楚杭. 构建高校实践育人长效机制的思考[J]. 中国高等教育，2012-03:36-38.

③ 吴晶，胡浩. 把思想政治工作贯穿教育教学全过程 开创我国高等教育事业发展新局面[N]. 人民日报，2016-12-9(1).

表 9-3　2010 年至今实践育人主要相关政策文件

序号	时间	政策文件	发文机构及发文号
1	2010 年 7 月	国家中长期教育改革和发展规划纲要（2010—2020 年）	中共中央、国务院（中发〔2010〕12 号）
2	2011 年 5 月	关于联合相关部委利用社会资源开展中小学社会实践的通知	教育部（教基一〔2011〕2 号）
3	2011 年 6 月	关于充分发挥行业指导推进职业教育改革发展的意见	教育部（教职成〔2011〕6 号）
4	2012 年 1 月	关于进一步加强高校实践育人工作的若干意见	教育部、中宣部、财政部、文化部、总参谋部、总政治部、共青团中央（教思政〔2012〕1 号）
5	2013 年 11 月	关于全面深化改革若干重大问题的决定	中共中央（十八届三中全会审议通过）
6	2013 年 12 月	关于培育和践行社会主义核心价值观的意见	中央办公厅（中办发〔2013〕24 号）
7	2014 年 3 月	关于全面深化课程改革落实立德树人根本任务的意见	教育部（教基二〔2014〕4 号）
8	2014 年 5 月	关于加快发展现代职业教育的决定	国务院（国发〔2014〕19 号）
9	2015 年 5 月	深化高等学校创新创业教育改革的实施意见	国务院办公厅（国办发〔2015〕36 号）
10	2015 年 7 月	关于加强中小学劳动教育的意见	教育部、共青团中央、全国少工委（教基一〔2015〕4 号）
11	2015 年 10 月	关于引导部分地方普通本科高校向应用型转变的指导意见	教育部、发展改革委、财政部（教发〔2015〕7 号）
12	2015 年 10 月	统筹推进世界一流大学和一流学科建设总体方案	国务院（国发〔2015〕64 号）

续表

序号	时间	政策文件	发文机构及发文号
13	2016年11月	关于推进中小学生研学旅行的意见	教育部等11部门（教基一［2016］8号）
14	2017年8月	中小学德育工作指南	教育部（教基［2017］8号）
15	2017年9月	关于深化教育体制机制改革的意见	中共中央、国务院
16	2017年9月	中小学综合实践活动课程指导纲要	教育部（教材［2017］4号）
17	2017年12月	关于深化产教融合的若干意见	国务院（国办发［2017］95号）

二、改革开放以来实践育人的政策特征

（一）政策主体：从国家单一主体到跨部门协同

1978年至1998年，共有14份与实践育人有关的法律、政策文件发布。法律方面，包括《中华人民共和国义务教育法》《中华人民共和国教育法》《中华人民共和国职业教育法》《中华人民共和国高等教育法》等4部法律。政策文件方面，包括《中共中央关于教育体制改革的决定》《中国教育改革和发展纲要》《中共中央关于改革学校思想品德和政治理论课程教学的通知》《中共中央关于改进和加强高等学校思想政治工作的决定》《中共中央关于改革和加强中小学德育工作的通知》《国务院关于大力发展职业技术教育的决定》《中共中央关于进一步加强和改进学校德育工作的若干意见》等，政策文件发布主体为中共中央、国务院；《关于加快改革和积极发展普通高等教育的意见》《关于进一步深化普通高等学校教学改革的意见》等，政策文件发布主体为教育部；《关于开展文化科技卫生“三下乡”活动的通知》，政策文件发布主体为

中宣部、国家科委、农业部、文化部等十部委。这期间，大部分政策文件由中共中央发布，层级较高，教育部发布的政策文件 2 份，教育部联合多部门发布的文件 1 份，实践育人政策文件发布主体比较单一。实践育人的活动以学校为主，开放性不强，缺乏社会力量的支持参与和有效引领。

1999 年至 2009 年，共有 13 份与实践育人有关的政策文件发布，中共中央、国务院依然是政策文件发布的主要主体，但中央层级政策文件占比逐步减少，教育部门单独发布 3 份政策文件，教育部联合中宣部等部门发布 3 份政策文件，形成了中共中央、国务院、教育部为主体的格局。

2010 年至 2017 年，共有 17 份与实践育人有关的政策文件发布，政策文件发布主体更加多元，中共中央、国务院、教育部依然是政策文件发布主体，同时增加了财政部、发展改革委、交通运输部、总政治部、总参谋部、食品药品监管总局、国家旅游局、保监会、中国铁路总公司、全国少工委等部门，如《关于推进中小学生研学旅行的意见》即由教育部等 11 个部门参与制定。教育部门内部，政策文件发文主体深入到各个领域，包括基础教育司、职业教育和成人教育司、教材司等，政策文件内容指向更加专业、具体、科学。实践育人跨部门协同实施的体制机制逐步得以建立，综合利用多种社会资源、依托各部门力量，促进实践育人特征明显。

（二）政策内容：从宏观性引导到制度刚性约束

实践育人是系统性、综合性、整体性工程，建立健全实践育人长效机制，是增强实践育人实效，提高人才培养质量的关键环节。改革 40 年来，中共中央、国务院以及教育部等部门高度重视实践育人，发布了系列实践育人政策，逐步建立了实践育人长效机制，为实践育人提供了制度保障。

1978 年至 1998 年，以《中共中央关于教育体制改革的决定》《中国教育改革与发展纲要》等政策文件为主，明确了教育与生产劳动相结合的方针，为各个教育阶段开展实践育人工作指明了方向。

1999年至2009年间，确定了全面推进素质教育的方向，培养学生创新精神和实践能力是素质教育的核心。以推进素质教育为契机，实践育人在基础教育、职业教育、高等教育领域的原则、方法、途径不断明确。

2010年至2017年，加强实践育人进入新阶段。《国家中长期教育改革和发展规划纲要（2010—2020年）》《关于深化教育体制机制改革的意见》等针对教育改革发展的顶层设计和制度安排的政策文件相继发布，明确了实践育人在促进人的全面发展、提高人才培养质量中的重要地位。教育部等相关部门就如何在基础教育、职业教育、高等教育领域加强实践育人发布了系列政策文件。基础教育阶段政策文件主要为：《关于加强中小学劳动教育的意见》《关于推进中小学生研学旅行的意见》《中小学综合实践活动课程指导纲要》。职业教育领域政策文件主要为：《关于加快发展现代职业教育的决定》《国务院办公厅关于深化产教融合的若干意见》。高等教育阶段政策文件主要为：《关于进一步加强高校实践育人工作的若干意见》《深化高等学校创新创业教育改革的实施意见》。不同阶段、领域的实践育人政策文件，从加强实践育人的基本原则、实施路径、实践基地、社会资源、经费保障、组织领导等方面提出了具体要求，更加具体，也更具操作性，为构建实践育人长效机制提供了制度保障。

（三）政策内涵：与生产劳动和社会实践相结合

教育与劳动生产相结合，是马克思主义哲学的基本原理，是我国教育的优秀传统。《中共中央关于教育体制改革的决定》强调教育与劳动相结合。党的十六大报告提出，教育为社会主义现代化建设服务，为人民服务，与生产劳动和社会实践相结合，培养德、智、体、美全面发展的社会主义建设者和接班人。从教育与生产劳动相结合到教育与生产劳动和社会实践相结合，反映了对社会主义教育本质认识的丰富和深化。

社会实践的内涵比生产劳动更加丰富、更贴近时代和现实，不仅包括体力劳动，还包括脑力劳动。知识经济时代，社会实践更强调对知识的运用和创新。《关于进一步加强高校实践育人工作的若干意见》明确，社会调查、生产劳动、志愿服务、公益活动、科技发明和勤工助学等社会实践活动是实践育人的有效载体。《中小学德育工作指南》提出，利用爱国主义教育基地、公益性文化设施、公共机构、企事业单位、校外活动场所、专题教育社会实践基地等资源开展实践活动。劳动实践、研学旅行、学雷锋志愿服务等，均为实践育人的范畴。实践育人从单纯的生产劳动走向更加丰富的社会实践，既包括传统的劳动实践，也包括各类校内外活动，这既是促进人的全面发展的要求，也是适应经济社会发展的要求。

（四）教育目标：从多出、出好人才到立德树人

党的十一届三中全会作出了把党和国家的工作重心转移到经济建设上来的决定，教育目的从“教育为无产阶级政治服务”到“提高民族素质，多出人才、出好人才”，“教育必须为社会主义建设服务，社会主义建设必须依靠教育”。[①] 1993 年，国务院印发的《中国教育改革和发展纲要》提出：“教育必须为社会主义现代化服务，必须与生产劳动相结合，培养德、智、体、美全面发展的建设者和接班人。”[②] 为社会主义建设服务的目标强调了教育促进经济和社会发展的功能，“但是，对教育的规定似乎仍然是一种服务型、从属性的定位；对教育功能的理解明显偏重于人力资源的开发”。[③]以《中共中央国务院关于深化教育改革，全面推进素质教育的决定》为代表，明确实施素质教育要“以提高国民素质为根本宗旨，以培养学生的创新精神和实践能力为重点，造就‘有理想、有道德、有文化、有纪律’的、德智体美等全面发展的社会主义事业建设者和接班人”。[④] 素质教育强调“使每个受教育者都能在已有

---

① 中华人民共和国教育部. 中共中央关于教育体制改革的决定[EB/OL]. http://old. moe. gov. cn/publicfiles/business/htmlfiles/moe/moe_177/200407/2482. html.

② 中华人民共和国教育部. 中国教育改革和发展纲要[EB/OL]. http://old. moe. gov. cn//publicfiles/business/htmlfiles/moe/moe_177/200407/2484. html.

③ 杨东平. 2020：中国教育改革方略[M]. 北京：人民教育出版社，2010. 35.

④ 中华人民共和国教育部. 中共中央国务院关于深化教育改革全面推进素质教育的决定[EB/OL]. http://old. moe. gov. cn//publicfiles/business/htmlfiles/moe/moe_177/200407/2478. html.

基础上努力使其基本素质普遍提高，同时又坚持因材施教，使每个人都有适合自身特点的发展方式，切实促进每一个受教育者个性自由而全面发展，充分体现了人的全面发展与个性发展的统一”。[①]

《国家中长期教育改革和发展规划纲要（2010—2020年）》将育人为本作为教育工作的根本要求，意味着对教育的认识完成了从社会向人的转变，是对教育本质属性和基本价值——育人的回归。“意味着将人格陶冶、道德养成、文化传承等放在教育的中心位置，从而恢复教育的人文性。”[②]“以人为本的教育必然是生活本位的，围绕青少年成长的各种实际需要来组织教学，首先是身体健康、道德发展，以及具有社会责任感、‘用于探索的创新精神和善于解决问题的实践能力’。”[③] 党的十八大提出，“坚持教育为社会主义现代化建设服务、为人民服务，把立德树人作为教育的根本任务，全面实施素质教育，培养德智体美全面发展的社会主义建设者和接班人，努力办好人民满意的教育。”“立德树人揭示了教育的本质，是对教育本质的最新认识。”[④]

三、实践育人新形势、新挑战和新问题

（一）新形势

中国特色社会主义进入新时代，开启了全面建设社会主义现代化国家的新征程。党的十九大报告指出：“建设教育强国是中华民族伟大复兴的基础工程，必须把教育事业放在优先位置，加快教育现代化，办好人民满意的教育。要全面贯彻党的教育方针，落实立德树人根本任务，发展素质教育，推进教育公平，培养德、智、体、美全面发展的社会主

① 于建福:促进人的全面发展提升国民综合素质——改革开放30年素质教育重大政策主张与理论建树[J].教育研究,2008(12): 3-10.

② 杨东平.2020:中国教育改革方略[M].北京:人民教育出版社,2010.39.

③ 杨东平.2020:中国教育改革方略[M].北京:人民教育出版社,2010.45.

④ 张志勇.立德树人是教育的根本任务——深入学习习近平总书记教育思想(三)[N].中国教育报,2017-08-09(1).

义建设者和接班人。”[①] 党的十九大报告对教育的定位，开启了加快教育现代化、建设教育强国的新征程。教育是提高人民综合素质、促进人的全面发展的重要途径，是民族振兴、社会进步的重要基石，是对中华民族伟大复兴具有决定意义的事业。发展教育事业，促进人的全面发展是建成社会主义现代化强国、实现中华民族伟大复兴中国梦的必然要求。新时代进行伟大斗争，建设伟大工程，推进伟大事业，实现伟大梦想，必须依靠教育提供强大的人才资源和智力支持，实践育人面临新挑战与新问题。

（二）新挑战和新问题

立德树人是教育的根本任务。改革开放 40 年来，国内政治、经济、文化、社会等方面发生了深刻变革，各种利益调整不断加快，时代变革中的深层次问题不断出现，生活方式、思想观念、社会思潮逐步多元化、多样化。西方社会各种社会思潮、价值观，甚至消极、不健康的思想观念竞相涌入，意识形态领域冲突、碰撞日益加剧。如何在新形势下开展实践育人，落实立德树人根本任务；如何培育社会主义核心价值观，树立共同理想；如何引导青少年在扎根中国大地、深入基层中了解国情、民情，全面客观认识当代中国、看待外部世界；如何掌握科学的世界观和方法论，引导青少年在实践中增长才干、锤炼意志，把个人成长融入到祖国民族命运发展的大潮之中，成为实践育人的新挑战和新问题。

基础教育领域，虽然素质教育已经推进多年，但应试教育模式、思想仍然存在，导致教育目标急功近利，片面注重学生成绩，过于关注知识考核，严重影响学生的全面发展。学生基础知识扎实，但创新、实践能力偏弱，缺乏个性，缺乏主动精神和创新精神，成为教育顽疾。虽然从改革开放以来，出台了一系列“减负”政策，但是中小学生学业负担仍然过重，压缩了中小学生参与社会实践的时间和空间。近年来，校外培训热兴起，家长为孩子寻求校外培训，着眼于应试、升学、取证、考

① 习近平. 决胜全面建成小康社会 夺取新时代中国特色社会主义伟大胜利——在中国共产党第十九次全国代表大会上的报告[N]. 人民日报,2017-10-28(2).

级以及获得各种有利的评价，而忽视基本素质水平的提高，加剧了基础教育领域的应试化倾向，尤其是校外培训机构违规开展超前超纲教学，绑架学校教育，使实践育人面临新的挑战。在校外实践活动方面，2016年，教育部等11部门联合发布《关于推进中小学生研学旅行的意见》，为推动研学旅行的发展提供了制度保障，掀起了研学旅行的热潮。读万卷书，行万里路，旅行体验与研究性学习的结合，有利于推动全面实施素质教育，创新人才培养模式，引导学生适应社会，促进书本知识和生活经验深度融合，但在研学旅行过程中却出现了“游而不学”“走马观花”“蜻蜓点水”等现象，大大降低了研学旅行的实践性。如何提高校外活动的实践性，使之切实发挥提升中小学生创新和实践能力的效果，实现实践育人的目标，无疑是开展各类校外活动所面临的挑战。

职业教育领域，习近平指出，职业教育是国民教育体系和人力资源开发的重要组成部分，是广大青年打开通往成功成才大门的重要途径，肩负着培养多样化人才、传承技术技能、促进就业创业的重要职责，必须高度重视、加快发展，让每个人都有人生出彩机会。产教融合是职业教育人才培养的关键环节，是职业教育实践育人的主要途径。“深化产教融合，促进教育链、人才链与产业链、创新链有机衔接，是当前推进人力资源供给侧结构性改革的迫切要求，对新形势下全面提高教育质量、扩大就业创业、推进经济转型升级、培育经济发展新动能具有重要意义。”[①] 针对职业教育人才培养与企业需求脱节的问题，国务院先后出台了系列措施，推动产教融合，推动教育改革与产业升级转型更好的衔接配套。但是也要看到，推进产教融合不是一蹴而就的事情，尚面临着产教融合、校企合作理论研究和实践不足、企业参与人才培养深度不够、积极性不强，职业院校人才培养质量不能满足企业实际需求，产教融合在社会资源的整合方面还亟待增强等挑战。[②] 如何完善产教融合激励机制、管理办法、充分调动企业参与积极性，发挥企业重要主体作用，形成政府—企业—学校—行业—社会协同参与的问题，以应对提高

① 中国政府网. 国务院办公厅关于深化产教融合的若干意见[EB/OL]. http://www.gov.cn/zhengce/content/2017-12/19/content_5248564.htm.

② 苏华. 关于深化产教融合、加快发展高等职业教育的思考[J]. 教育与职业,2018:01.

职业教育人才培养质量，增强学生就业创业能力，更好推动教育与经济社会发展相协调，引领和支撑产业转型升级的挑战，是实践育人在职业教育领域的重大挑战。

高等教育领域，当前，全球新一轮科技革命和产业变革方兴未艾，信息化与工业化深度融合，经济发展模式正在发生深度转型。随着知识经济的发展和经济全球化程度不断加深，国家之间以自主创新能力为核心的综合国力竞争将更加激烈，谁能在新科技革命占领先机，谁就将在竞争中取得优势，而新科技革命的竞争本质上又是人才竞争和教育竞争。科技是关键，人才是核心，教育是基础，新技术革命不断加速，对教育发展的规模、层次和质量提出了更高要求。但是我国高等教育人才培养仍面临诸多问题，突出表现在学生社会责任感、创新精神、实践能力不强等方面。高校基本上按照“严进宽出”的原则培养学生，降低了对学生学业能力和实践能力的要求。大学生实践能力的培养依赖于课程实验和社会实践，但有的高校课程实验室和社会实践基地建设不完善，有的则名存实不在。在主观层面，大学生也放松了对自己的学业要求，以至于出现了“玩命的中学，快乐的大学”现象。拔尖创新人才培养，更是高等教育的短板。“拔尖创新人才是新知识的创造者、新思想的启蒙者、新技术的发明者和新产业的开拓者。如果说人才战略是第一战略，人才资源是第一资源，拔尖创新人才则是人才资源中最宝贵、最稀缺的资源，对人类社会发展和文明进步至关重要。得创新人才者得天下，拔尖创新人才培养也是举办人民的满意教育的重要内容和具体体现。”① 虽然我国科技人才队伍规模是世界之最，但是创新人才数量不足、结构不合理，世界级科技大师缺乏，领军人才、尖子人才不足，工程技术人才培养同创新实践脱节。高等教育是科技第一生产力和人才第一资源的重要结合点，其发展水平和质量决定着人才的创新创造能力。如何提高高等教育人才培养质量，提升拔尖创新人才培养能力，是高等教育实践育人面临的重大挑战。

① 徐飞.打造新机遇下拔尖创新人才培养升级版[J].中国高等教育,2016(9):38-40.

四、新时代实践育人的趋势和政策路径

（一）实践育人的根本任务是立德树人

坚持教育与生产劳动和社会实践相结合，是党和国家教育方针的重要内容。实践是实现人的全面发展的根本途径，习近平高度重视实践育人，党的十八大以来，习近平多次论述实践育人的重要作用，从方法、目的、要求等多个角度阐述了为什么要在实践中育人，怎样在实践中育人，形成了系统的实践育人理念，具有鲜明的时代特征和现实意义，对指导青少年的成长具有宝贵的价值。党的十八大报告将“立德树人”作为教育的根本任务，是党的教育理论创新的重要成果。

习近平指出：“青年的价值取向决定了未来整个社会的价值取向，而青年又处在价值观形成和确立的时期，抓好这一时期的价值观养成十分重要。这就像穿衣服扣扣子一样，如果第一粒扣子扣错了，剩余的扣子都会扣错。”[①] 尤其是今天，面对科学技术高速发展、物质越来越丰富、文化多元，各种思想碰撞和冲突，青少年群体面临着复杂思想潮流的诱惑和挑战，表现出个人主义、享乐主义、拜金主义的倾向，轻视社会责任、淡漠国家利益。如果不能树立正确的世界观、人生观、价值观，以社会主义核心价值观为行动指南，将难以肩负实现中华民族伟大复兴中国梦的重任。

习近平要求，要用中国梦打牢广大青少年的共同思想基础，用中国梦激发广大青少年的历史责任感，为每个青少年播种梦想、点燃梦想，让更多青少年敢于有梦、勇于追梦、勤于圆梦，让每个青少年都为实现中国梦增添强大青春能量。[②] 在给中央民族大学附属中学学生的回信

---

① 徐京跃，霍小光. 习近平在北京大学考察时强调青年要自觉践行社会主义核心价值观与祖国和人民同行努力创造精彩人生[N]. 人民日报，2014-05-05(1).

② 习近平. 在同各界优秀青年座谈时的讲话[N]. 人民日报，2013-05-05(2).

中，习近平要求学校承担好立德树人、教书育人的神圣职责，着力培养造就中国特色社会主义事业合格建设者和接班人。2016 年教师节前夕，习近平到北京市八一学校与学生座谈时强调，基础教育是立德树人的事业，要旗帜鲜明加强思想政治教育、品德教育，加强社会主义核心价值观教育，引导学生自尊自信自立自强。[①] 在全国高校思想政治工作会议上，习近平指出，我国高等教育肩负着培养德智体美全面发展的社会主义事业建设者和接班人的重大任务，必须坚持正确政治方向。高校立身之本在于立德树人。只有培养出一流人才的高校，才能够成为世界一流大学。[②] 要把立德树人的成效作为检验学校一切工作的根本标准，真正做到以文化人、以德育人，不断提高学生思想水平、政治觉悟、道德品质、文化素养，做到明大德、守公德、严私德。要把立德树人内化到大学建设和管理各领域、各方面、各环节，做到以树人为核心，以立德为根本。[③] 要把社会主义核心价值观教育贯穿教育全过程，要全面加强学校的德育、智育、体育和美育工作，坚持文化知识学习与思想品德修养的统一、理论学习与社会实践的统一、全面发展与个性发展的统一。习近平关于坚持立德树人根本任务的论述，对于引导当代青少年积极承担国家和时代发展带来的机遇和挑战，引导青少年投身伟大的社会实践具有重要的指导意义。

（二）实践育人的基本途径是加强实践

理论联系实际，是马克思主义的基本原则。实践育人要求学以致用、知行合一。习近平指出，“学习应该是全面的、系统的、富有探索

---

① 新华网. 霍小光，张晓松. 习近平在北京市八一学校考察时强调全面贯彻落实党的教育方针努力把我国基础教育越办越好［EB/OL］. http://www.xinhuanet.com/politics/2016-09/09/c_1119542262.htm.

② 吴晶，胡浩. 把思想政治工作贯穿教育教学全过程 开创我国高等教育事业发展新局面［N］. 人民日报，2016-12-9(1).

③ 人民网. 习近平. 在北京大学师生座谈会上的讲话［EB/OL］. http://politics.people.com.cn/n1/2018/0503/c1001-29961481.html.

精神的。既要向书本学习，也要向实践学习；既要向人民群众学习，向专家学者学习，也要向国外有益经验学习。有理论知识的学习，也有实践知识的学习。”[①]“青年时期是培养和训练科学思维方法和思维能力的关键时期，无论在学校还是在社会，都要把学习同思考、观察同思考、实践同思考紧密结合起来，保持对新事物的敏锐，学会用正确的立场观点方法分析问题，善于把握历史和时代的发展方向，善于把握社会生活的主流和支流、现象和本质。”[②]“学习就必须求真学问，求真理、悟道理、明事理，不能满足于碎片化的信息、快餐化的知识。要通过学习知识，掌握事物发展规律，通晓天下道理，丰富学识，增长见识。人的潜力是无限的，只有在不断学习、不断实践中才能充分发掘出来。”[③]“不论学习还是工作，都要面向实际、深入实践，实践出真知；都要严谨务实，一分耕耘一分收获，苦干实干。”[④]

要坚持艰苦奋斗，不贪图安逸，不惧怕困难，不怨天尤人，依靠勤劳和汗水开辟人生和事业前程。[⑤] 青年要在历练中磨炼人生意志，锤炼品格，培养过硬本领。习近平鼓励青年，人类的美好理想，都不可能唾手可得，都离不开筚路蓝缕、手胼足胝的艰苦奋斗。[⑥] 实践的过程中不可能一帆风顺，会遇到艰难困苦，宝剑锋从磨砺出，梅花香自苦寒来。习近平多次勉励青年要培养奋勇争先的进取精神，历练不怕失败的心理素质，保持乐观向上的人生态度，敢于面对各种困难和挫折。青年在成

---

① 习近平. 在中央党校建校 80 周年庆祝大会暨 2013 年春季学期开学典礼上的讲话[N]. 人民日报,2013-03-03(2).

② 新华网. 习近平在中国政法大学考察时强调立德树人德法兼修抓好法治人才培养励志勤学刻苦磨炼促进青年成长进步[EB/OL]. http://www.xinhuanet.com/politics/2017-05/03/c_1120913310.htm.

③ 人民网. 习近平. 在北京大学师生座谈会上的讲话 [EB/OL]. http://politics.people.com.cn/n1/2018/0503/c1001-29961481.html.

④ 人民网. 习近平. 在北京大学师生座谈会上的讲话 [EB/OL]. http://politics.people.com.cn/n1/2018/0503/c1001-29961481.html.

⑤ 新华网. 习近平. 在知识分子、劳动模范、青年代表座谈会上的讲话[EB/OL]. http://www.xinhuanet.com/politics/2016-04/30/c_1118776008.htm.

⑥ 习近平. 在同各界优秀青年座谈时的讲话[N]. 人民日报,2013-05-05(2).

长和奋斗中，会收获成功和喜悦，也会面临困难和压力。要正确对待一时的成败得失，处优而不养尊，受挫而不短志，使顺境逆境都成为人生的财富而不是人生的包袱。①

劳动实践是宝贵的人生财富，是成长和进步的基本途径。切实加强劳动教育，努力把广大少年儿童培养成勤于劳动、善于劳动、热爱劳动的高素质劳动者，是党和国家对教育的重要要求。青年时期，习近平曾在陕西延安市梁家河村度过了 7 年的知青生活。习近平积极参与生产劳动，先后度过了跳蚤关、饮食关、劳动关、思想关等“四关”，从一个不谙世事的“知青”成为“黄土地的儿子”，被村民誉为“好后生”。习近平在生产劳动中体味了最苦、最难的生活，并在苦难中完成了人生的一次次升华。习近平高度重视劳动实践的重要作用。2013 年“六一”儿童节前夕，他在参加“快乐童年放飞希望”主题队日活动时指出，生活靠劳动创造，人生也靠劳动创造。你们从小就要树立劳动光荣的观念，自己的事自己做，他人的事帮着做，公益的事争着做，通过劳动播种希望、收获果实，也通过劳动磨炼意志、锻炼自己。② 2015 年“五一”国际劳动节前夕，习近平在庆祝“五一”国际劳动节暨表彰全国劳动模范和先进工作者大会上的重要讲话中强调，要教育孩子们从小热爱劳动、热爱创造，通过劳动和创造播种希望、收获果实，也通过劳动和创造磨炼意志、提高自己。③

社会实践是培养大学生综合素质的重要途径，也是培养大学生社会责任感、创新精神和实践能力的重要载体。习近平多次强调青年要成长为国家栋梁之材，既要读万卷书，又要行万里路，鼓励青年通过学生支

① 新华社. 习近平在中国政法大学考察时强调立德树人德法兼修抓好法治人才培养励志勤学刻苦磨炼促进青年成长进步[EB/OL]. http://www.xinhuanet.com/politics/2017-05/03/c_1120913310.htm.

② 中国共产党新闻网. 倪光辉. 习近平在京参加“快乐童年放飞希望”主题队日活动[EB/OL]. http://cpc.people.com.cn/shipin/n/2013/0531/c243247-21683904-2.html.

③ 新华网. 习近平. 习近平在庆祝“五一”国际劳动节大会上的讲话[EB/OL]. http://www.xinhuanet.com/politics/2015-04/28/c_1115120734.htm.

教、送知识下乡、志愿行动等方式加强锻炼。“广大青年要如饥似渴、孜孜不倦学习，既多读有字之书，也多读无字之书，注重学习人生经验和社会知识，注重在实践中加强磨练、增长本领。”[①] 习近平强调，要重视和加强第二课堂建设，重视实践育人，坚持教育同生产劳动和社会实践相结合，广泛开展各类社会实践，让学生在亲身参与中认识国情、了解社会，受教育、长才干。

产教融合是职业教育实践育人的基本途径。习近平在党的十九大报告中强调，要完善职业教育和培训体系，深化产教融合、校企合作。产教融合、校企合作，调动企业参与积极性，发挥企业重要主体作用，形成政府、企业、学校、行业、社会协同参与的工作格局是提高职业教育人才培养质量、增强学生就业创业能力、推动教育与经济社会发展相协调、引领和支撑产业转型升级的关键所在。习近平指出，要牢牢把握服务发展、促进就业的办学方向，深化体制机制改革，创新各层次各类型职业教育模式，坚持产教融合、校企合作，坚持工学结合、知行合一，引导社会各界特别是行业企业积极支持职业教育，努力建设中国特色职业教育体系。[②]

习近平关于理论结合实践的重要论述，对于引导青年树立科学的学习观，在实践中学习本领、增长才干，适应现代化社会发展的要求，具有重要的作用。这些重要论述夯实了青年学生锲而不舍、矢志奋斗的思想基础，有助于青年学生在实践中培养迎难而上、奋勇争先的进取精神，锤炼百折不挠、不怕艰辛的意志品质，保持积极乐观向上的人生态度，成长为可堪大用、能担重任的栋梁之材。

（三）个人实践与民族复兴的有机结合

① 新华网. 习近平. 在知识分子、劳动模范、青年代表座谈会上的讲话[EB/OL]. http://www.xinhuanet.com/politics/2016-04/30/c_1118776008.htm.

② 吴晶，刘亦湛. 习近平 加快发展职业教育让每个人都有人生出彩机会[EB/OL]. http://www.xinhuanet.com/politics/2014-06/23/c_1111276223.htm.

习近平在党的十九大报告中指出，实现中华民族伟大复兴是近代以来中华民族最伟大的梦想。今天，我们比历史上任何时期都更接近、更有信心和能力实现中华民族伟大复兴的目标。从十九大到二十大，是“两个一百年”奋斗目标的历史交汇期。我们既要全面建成小康社会、实现第一个百年奋斗目标，又要乘势而上开启全面建设社会主义现代化国家新征程，向第二个百年奋斗目标进军。[①] 实现“两个一百年”奋斗目标、实现中华民族伟大复兴的中国梦是当今中国最鲜明的时代主题。

习近平对青年寄予厚望，他指出，青年兴则国家兴，青年强则国家强。青年一代有理想、有本领、有担当，国家就有前途，民族就有希望。中国梦是历史的、现实的，也是未来的；是我们这一代的，更是青年一代的。[②] 与国家共命运，与时代同行，在伟大的历史实践中成长成才，既是我国青年的光荣传统，也是青年的际遇和机缘。2018 年“五四”青年节前夕，习近平在北京大学师生座谈会上勉励青年要励志，立鸿鹄志，做奋斗者。“为实现中华民族伟大复兴的中国梦而奋斗，是我们人生难得的际遇。每个青年都应该珍惜这个伟大时代，做新时代的奋斗者。”[③] “广大青年要以国家富强、人民幸福为己任，胸怀理想、志存高远，积极投身中国特色社会主义伟大实践，并为之终生奋斗。”[④] 习近平在考察北京大学、南昌大学、中国政法大学时都强调，青年要全过程参与实现“两个一百年”奋斗目标，勇于担当这个时代赋予的历史责任，把学习成长同党和国家的事业紧紧联系起来、同社会和人民的需要密切结合起来，在努力实现中国梦的伟大实践中创造自己的精彩人生。

---

① 习近平. 决胜全面建成小康社会 夺取新时代中国特色社会主义伟大胜利——在中国共产党第十九次全国代表大会上的报告[N]. 人民日报,2017-10-28(2).

② 习近平. 决胜全面建成小康社会 夺取新时代中国特色社会主义伟大胜利——在中国共产党第十九次全国代表大会上的报告[N]. 人民日报,2017-10-28(5).

③ 人民网. 习近平. 在北京大学师生座谈会上的讲话 [EB/OL]. http://politics. people. com. cn/n1/2018/0503/c1001-29961481. html.

④ 新华网. 习近平. 在知识分子、劳动模范、青年代表座谈会上的讲话[EB/OL] . http://www. xinhuanet. com/politics/2016-04/30/c_1118776008. htm.

青年与国家、时代同行，勇于担当历史使命有丰富多彩的形式。参与志愿活动，是青年奉献社会的形式之一。在给华中农业大学“本禹志愿服务队”和河北保定学院西部支教毕业生群体代表的回信中，习近平肯定他们积极参与志愿活动，坚持与祖国同行、服务人民、奉献祖国的正确方向，勉励当代青年弘扬奉献、友爱、互助、进步的志愿精神，坚持与祖国同行、为人民奉献，以青春梦想、用实际行动为实现中国梦作出新的更大贡献。科技创新是提高社会生产力和综合国力的战略支撑，创新驱动是中国发展的核心战略之一。实施创新驱动战略，必须依靠青年，青年要技术报国。习近平反复强调，青年人是社会上最富活力、最具创造性的群体，理所当然应该走在创新创造的前列，做锐意进取、开拓创新的时代先锋。在给南开大学 8 名新入伍大学生的回信中，习近平肯定同学们从军报国，把爱国之心化为报国之行，为广大有志青年树立了新的榜样，勉励他们“珍惜身穿戎装的机会，把热血挥洒在实现强军梦的伟大实践之中，在军队这个大舞台上施展才华，在军营这个大熔炉里淬炼成钢，书写绚烂、无悔的青春篇章”。[①]青年奉献社会、报效祖国，要去最艰苦的地方，到国家最需要的地方去。习近平强调：“要不怕困难、攻坚克难，勇于到条件艰苦的基层、国家建设的一线、项目攻关的前沿，经受锻炼，增长才干。要勇于创业、敢闯敢干，努力在改革开放中闯新路、创新业，不断开辟事业发展新天地。”[②] 这些重要论述充分展现了以习近平同志为核心的党中央对青年学生的重托和厚望，对于引导学生在新时代条件下谋划人生、担当责任、创造历史具有重要的指引作用。

（四）教师在实践育人中发挥引领作用

① 新华网. 习近平回信勉励南开大学新入伍大学生[EB/OL]. http://www.xinhuanet.com/politics/2017-09/25/c_129711987.htm.

② 习近平. 在同各界优秀青年座谈时的讲话[N]. 人民日报,2013-05-05(2).

教师是中国梦之队的“筑梦人”，做好学生引路人，广大教师必须成为有理想信念、有道德情操、有扎实知识、有仁爱之心的好老师。“建设社会主义现代化强国，需要一大批各方面各领域的优秀人才。这对我们教师队伍能力和水平提出了新的更高的要求。同样，随着信息化不断发展，知识获取方式和传授方式、教和学关系都发生了革命性变化。这也对教师队伍能力和水平提出了新的更高的要求。”① 习近平在北京市八一学校考察时强调：“广大教师要做学生锤炼品格的引路人，做学生学习知识的引路人，做学生创新思维的引路人，做学生奉献祖国的引路人。”② “教师做的是传播知识、传播思想、传播真理的工作，是塑造灵魂、塑造生命、塑造人的工作。教师不能只做传授书本知识的教书匠，而要成为塑造学生品格、品行、品味的‘大先生’。”③ 习近平要求教师身体力行，提升实践能力，用自己的学识、阅历、经验点燃学生对真善美的向往，增强学生的价值判断能力、价值选择能力、价值塑造能力，引领学生健康成长。

在实践育人的过程中，教师承担着神圣使命。“教师是人类灵魂的工程师，承担着神圣使命。传道者自己首先要明道、信道。高校教师要坚持教育者先受教育，努力成为先进思想文化的传播者、党执政的坚定支持者，更好担起学生健康成长指导者和引路人的责任。”④ 教师理想信念坚定，才能当好学生的人生导师，引导学生抵挡各种诱惑和挑战，树立社会主义核心价值观，扣好人生的第一粒扣子，为学生点亮理想的灯，照亮前行的路。教师要成为学生的引路人，必须不断学习，提升自

---

① 人民网. 习近平. 在北京大学师生座谈会上的讲话［EB/OL］. http://politics. people. com. cn/n1/2018/0503/c1001-29961481. html.

② 新华网. 霍小光，张晓松. 习近平在北京市八一学校考察时强调全面贯彻落实党的教育方针努力把我国基础教育越办越好［EB/OL］. http://www. xinhuanet. com/politics/2016-09/09/c_1119542262. htm.

③ 吴晶，胡浩. 把思想政治工作贯穿教育教学全过程 开创我国高等教育事业发展新局面［N］. 人民日报，2016-12-09(1).

④ 吴晶，胡浩. 把思想政治工作贯穿教育教学全过程 开创我国高等教育事业发展新局面［N］. 人民日报，2016-12-9(1).

己的学识和阅历，拥有扎实的知识功底，尤其是在互联网时代，教师不仅要传递知识，更要激发学生学习知识的热情，引导学生学会学习，培养学生的创造力。教师培养学生的创新思维，要自觉提高创新本领，做学生创新精神的呵护着、创新能力的培育者和创业生涯的指导者，引领学生在创新创造的实践中不断成长。教师引导学生奉献祖国，要引导学生以黄大年等为榜样，把爱国之情、报国之志融入祖国改革发展的伟大事业之中、融入人民创造历史的伟大奋斗之中。

全面推进实践育人，必须全面提高中小学教师质量，建设一支高素质专业化的教师队伍。提高教师培养层次，提升教师培养质量，为义务教育学校侧重培养素质全面、业务见长的本科层次教师，为高中阶段教育学校侧重培养专业突出、底蕴深厚的研究生层次教师。[①] 要按照《中小学综合实践活动课程指导纲要》的规定，通过探究、服务、制作、体验等方式进行学习，综合运用各学科知识分析、解决现实问题，尊重学生的自主选择与创造，真正让学生"活"起来，"做"出来。全面推进实践育人，必须全面提高职业院校教师质量，建设一支高素质"双师型"的教师队伍。继续实施职业院校教师素质提高计划，引领带动各地建立一支技艺精湛、专兼结合的"双师型"教师队伍。加强职业技术师范院校建设，支持高水平学校和大中型企业共建"双师型"教师培养培训基地，建立高等学校、行业企业联合培养"双师型"教师的机制。切实推进职业院校教师定期到企业实践，不断提升实践教学能力。建立企业经营管理者、技术能手与职业院校管理者、骨干教师相互兼职制度。[②] 建设政治素质过硬、业务能力精湛、育人水平高超的高素质教师队伍是大学建设的基础性工作。要从培养社会主义建设者和接班人的高

---

① 中共中央国务院关于全面深化新时代教师队伍建设改革的意见 [N]. 人民日报，2018-02-01(12).

② 中共中央国务院关于全面深化新时代教师队伍建设改革的意见[N]. 人民日报，2018-02-01(12).

度，考虑大学师资队伍的素质要求、人员构成、培训体系等。[①] 全面推进实践育人，发挥教育引领学生成长的作用，必须全面提高高等学校教师质量，建设一支高素质创新型的教师队伍。着力提高教师专业能力，推进高等教育内涵式发展。搭建校级教师发展平台，组织研修活动，开展教学研究与指导，推进教学改革与创新。[②]

① 习近平. 在北京大学师生座谈会上的讲话[EB/OL]. http://politics.people.com.cn/n1/2018/0503/c1001-29961481.html.

② 中共中央国务院关于全面深化新时代教师队伍建设改革的意见[N]. 人民日报,2018-02-01(12).

第十章　开放育人

以开放促改革、促发展是我国社会主义事业不断取得新成就的重要法宝，教育对外开放是改革开放的重要组成部分，开放办教育，逐步扩大教育对外开放是中国特色社会主义教育的基本要求。开放育人即通过对外开放，形成科学合理的教育制度，满足人民的多样化、高质量教育需求，同时为世界各国人民了解中国文化提供交往渠道，进而推进中国与世界的人文交流。开放育人为我国教育改革和发展提供了新思路、新模式和新方法，同时建立了培养具有世界格局优秀人才的平台，为各国青年提供学习与交流机会。回顾改革开放 40 年，我国的开放育人政策主要体现为出国留学、来华留学、中外合作办学等。

一、改革开放以来开放育人的政策变迁

（一）1978—1985 年：统筹兼顾、广开渠道、力争多派

1978 年 8 月，教育部发出《关于增选出国留学生的通知》，提出要高度重视留学人员的选派工作，要求在原来下达选拔 500 名出国留学人员的基础上增选 2500 人。选拔出国留学的学生包括大学生、研究生和进修生，专业主要以理工科相关专业为主。1978 年 12 月，改革开放后首批 52 名公派留学生赴美留学。此后，包括“中美联合培养物理类研究生计划”（CUSPEA）在内的多个公派留学项目次第启动，中国大规

模派遣留学人员的序幕就此拉开。[①] 1979 年，中国共向 32 个国家派出 1750 名留学人员，其中进修人员和访问学者 1298 人，占 74.2%；研究生 117 人，占 6.7%；本科生 335 人，占 19.1%。其中自然科学类 1445 人，占 82.6%；语言类 282 人，占 16.1%；社科类 23 人，占 1.3%。[②] 1980 年 10 月，教育部等 6 部门召开出国留学人员管理工作会议，通过《关于出国留学人员管理工作会议情况的报告》，提出“突出重点，统筹兼顾，在保证质量的前提下争取多派一些，并在最近几年内保持派遣数量相对稳定”。此次报告首次明确了单位也可以派遣留学生。1980 年 11 月，教育部等部门根据实际情况对派遣人员作出调整，提出应多派研究生，少派或不派本科生。1982 年 12 月，《中华人民共和国国民经济和社会发展第六个五年计划（1981—1985 年）》提出在第六个五年计划期间争取派出 1.5 万名出国留学人员，5 年内回国留学人员达 1.1 万人。1981 年，教育部等 7 部门联合发布《关于自费出国留学的暂行规定》，这是中华人民共和国以来第一个关于自费出国留学的政策性文件，对自费留学的性质以及公费与自费的关系作了说明。1981 年 9 月，教育部发布《关于在校研究生自费出国留学问题的通知》，对自费出国留学作出了严格的规定。1984 年，中央对自费出国留学提出了“要坚决大胆放开”的要求，同年 12 月国务院颁布了新的《关于自费出国留学的暂行规定》，规定我国公民不受个人的学历、年龄、工作年限的限制，均可申请自费出国。

在留学教育不断开放与发展的同时，来华留学教育也取得了一定的进展。1979 年，国务院批准《关于接受自费外国留学生收费标准问题的请示》，为自费来华留学教育的发展奠定了基础。1982 年，中宣部、团中央等发布《关于正确对待外国留学生、加强爱国主义和国际主义教育的通知》，提出要加强青年学生的爱国主义教育与国际主义教育。1984 年，第一次全国来华留学工作会议召开。1985 年，国家教委、公安部、外交部等部门联合出台《外国留学生管理办法》，加强对来华留

① 60 年留学记忆：留学生从万人到百万人的跨越[EB/OL]. http://edu.qq.com/a/20090908/000082.htm.

② 中国出国留学大事记(1978—2012 年)[M]. 北京：社会科学文献出版社，2012. 229.

学生的教育和管理。

此阶段的开放育人政策明确了公派出国留学的选派办法、条件、国别、专业及管理办法等，政策特征主要体现为突出重点、统筹兼顾、广开渠道、择优选拔、保证质量、力争多派。派出的人员主要以研究生和进修生为主，同时鼓励发挥各有关部门和省、市、自治区的积极性。①同时，自费出国留学、来华留学教育开端良好，为后期的发展奠定了重要基础，为开放育人局面的形成创造了良好开端。

表 10-1　1978—1985 年开放育人主要相关政策文件

序号	时间	政策文件	发文机构及发文号
1	1978 年	关于增选出国留学生的通知	教育部
2	1979 年 3 月	关于接受自费外国留学生收费标准问题的请示	教育部 （教外字 160 号）
3	1980 年 10 月	关于出国留学人员管理工作会议情况的报告	教育部等六部门
4	1981 年	关于自费出国留学的暂行规定	国务院
5	1981 年 9 月	关于在校研究生自费出国留学问题的通知	教育部
6	1982 年	关于正确对待外国留学生、加强爱国主义和国际主义教育的通知	中宣部、 共青团中央等部门
7	1982 年 12 月	中华人民共和国国民经济和社会发展第六个五年计划（1981—1985 年）	第五届全国人民代表大会第五次会议批准
8	1984 年 12 月	关于自费出国留学的暂行规定	国务院
9	1985 年 10 月	外国留学生管理办法	国务院 （国发［1985］121 号）

① 伍金球编著．中国出国留学走势[M]．广州:广东人民出版社，2006.24.

（二）1986—1991 年：择优选拔、保质保回、中外合作

历经 1978 至 1985 年的调整与发展，我国教育对外开放取得了一定成就，但也出现了一些问题。从 1986 年开始，教育对外开放政策进入了调整与规范时期。1986 年，中共中央、国务院发布了《关于改进和加强出国留学人员工作若干问题的通知》，文件确定了当时出国留学人员工作实行“按需派遣，保证质量，学用一致”原则，即“应在保证质量的前提下，着重派出进修人员、访问学者，除学习语言和特殊学科外，一般不派大学本科生；要适当减少攻读硕士学位的研究生，增加攻读博士学位的研究生，并积极开辟中外合作进行科学研究和培养博士的路径”。此文件首次提出了要建立公派出国留学人员奖学金制度、贷款制度和公派出国留学人员与派出单位签订协议书的制度，明确了出国留学人员和派出单位的责任、义务和权利。同年 12 月 13 日，国务院批转原国家教委《关于出国留学人员工作的若干暂行规定》，这是在总结我国留学教育恢复和起步阶段经验和教训的基础上，结合当时留学教育发展的现实状况制定的重要法规，也是我国第一份公开发表的、全面阐述出国留学的教育政策文件。

除了扩大留学规模外，中外合作办学规模和水平也在这一时期得到了提升。1986 年，“南京大学—约翰·霍普金斯大学中美文化研究中心”成立，推进了人才联合培养制度的发展。1987 年 12 月，国家教委印发《关于 1988 年度与欧洲共同体合作培养博士研究生的通知》，鼓励积极与欧洲共同体合作，积极培养博士研究生。为了吸引更多的外国留学生到中国学习，各种教育基金和奖学金纷纷设立，例如 1987 年王宽诚教育基金会与中国科学院开始合作，先后设立“中国科学院王宽诚教育基金会奖贷学金”“中国科学院王宽诚科研奖金”“卢嘉锡学术交流基金”“中国科学院王宽诚博士后工作奖励基金”“中国科技大学王宽诚育才奖”“紫金山天文台王宽诚行星科学人才培养基金”等，这些基金和奖学金对培养和引进留学人才起到了较大的推动作用。

此阶段我国的开放育人政策主要表现为调整结构、精选精派、力争保质保回。出国留学与来华留学继续作为教育对外开放的重要形式得以稳健实施，中外合作办学以及联合培养等政策和模式的出现丰富了教育

对外开放的形式与内容。

表 10-2　1986—1991 年开放育人主要相关政策文件

序号	时间	政策文件	发文机构及发文号
1	1986 年 12 月	关于改进和加强出国留学人员工作若干问题的通知	中共中央、国务院（中发［1986］11 号）
2	1986 年 12 月	关于出国留学人员工作的若干暂行规定	国务院（国发［1986］107 号）
3	1987 年 1 月	出国留学人员工作管理细则	国家教委
4	1987 年 12 月	关于签订“出国留学协议书”的通知	国家教委司法部
5	1988 年	关于 1988 年度与欧洲共同体合作培养博士研究生的通知	国家教委

（三）1992—2011 年：明确方向、创新体制、完善机制

20 世纪 80 年代末 90 年代初，国际、国内形势突变对我国对外开放政策实施带来较大冲击。为确保坚持对外开放的既定国策顺利推进，党的十四大召开前夕，邓小平先后赴武昌、深圳、珠海、上海视察，在沿途发表了一系列重要讲话，高度肯定了改革开放以来取得的巨大成就，宣示中国对外开放的政策不变。邓小平的“南方谈话”具有风向标意义，它扫清了人们的思想迷雾，统一了党和国家坚持对外开放的意志，在整体促进我国对外开放的同时，极大地推动了教育对外开放的进程和相应制度的完善。此后 20 年，我国教育对外开放政策逐步完善。

1992 年 8 月，国务院办公厅颁发《关于在外留学人员有关问题的通知》，明确把“支持留学，鼓励回国，来去自由”作为我国出国留学工作的基本政策。国家公派留学选派管理体制也实行了一系列改革，自费留学政策进一步调整和放开，从“鼓励回国工作”到“鼓励海外留学人员以多种形式为国服务”。1994 年 7 月，《国务院关于“中国教育改革和发展纲要”的实施意见》，明确了出国留学和来华留学的招生和管

理办法，决定成立国家留学基金委员会。1995 年，国家教委明确了国家公派留学生的工作程序，即个人申请、专家评审、平等竞争、择优录取、签约派出、违约赔偿。国家公派留学生政策的实施程序更加透明与公开。在自费留学方面，1993 年 7 月，国家教委颁布《关于自费出国留学的有关问题的通知》，彻底解除了中国青年人申请自费出国留学的限制，预申请自费出国留学的人，只要能够获得外国高等学校的录取证明且本人能够筹集足够的经费，在国内已经不存在政策上的限制。同年，国家教委发布《关于今后外国来华留学生工作的意见》《关于境外机构和个人来华合作办学问题的通知》，1995 年，国家教委发布《中外合作办学暂行规定》，这些政策文件的发布与实施，有力促进了我国教育事业的发展和教育对外交流与合作。

进入 21 世纪，伴随着国家对外开放步伐的加大，教育对外开放更加受到党和国家的重视。2000 年，教育部召开了第一次全国教育外事工作会议，这是改革开放以来教育部召开的规模最大、层次最高的一次全国性教育外事工作会议。会议的召开加强了全国教育外事工作的统筹指导和宏观管理，进一步明确了今后一个时期教育外事工作的指导思想、思路和任务，具有十分重要的意义。[①] 此后，国家教育对外力度不断增强。为资助世界各国学生、学者到中国高等学校进行学习和研究，增进中国人民与世界各国人民的相互理解和友谊，发展中国与世界各国在教育、科技、文化、经贸等领域的交流与合作，中国政府特别设立了中国政府奖学金。2001 年，教育部国际合作与交流司《关于中国政府奖学金的管理规定》，明确了中国政府奖学金的申请条件、内容、申请时间等。

随着教育对外开放规模的扩大和渠道的拓宽，越来越多的部门参与到相关政策的制定和实施中。2003 年，人社部提出“拓宽留学渠道，吸引人才回国，支持创新创业，鼓励为国服务”的留学工作新要求。国家留学基金委员会派遣留学生的规模逐步扩大，资助方式变得多样。2007 年，《关于进一步加强引进海外优秀留学人才工作若干意见》（以

① 外事管理与对外宣传［EB/OL］. http://www.moe.gov.cn/jyb_sjzl/moe_364/moe_369/moe_389/tnull_4534.html.

下简称《意见》）将“海外优秀留学人才”界定为三个层次，公派留学生政策变得更具体、更具有针对性。此外，《意见》对海外留学生也作出了具体要求，对加快推进科教兴国战略和人才强国战略，加大海外优秀留学人才引进力度，促进我国技术创新和学科发展，建设适应社会全面协调可持续发展需要的高素质人才队伍具有重要意义。[①] 与此同时，教育部和科技部定期举行“春晖杯”中国留学人员创新创业大赛活动，充分调动海外优秀留学生的回国创业热情，为其提供多样的发展平台。2010 年，《国家中长期教育改革和发展规划纲要（2010—2020 年）》明确提出，要创新和完善公派出国留学机制，在全国公开选拔优秀学生进入国外高水平大学和研究机构学习。同年 10 月，习近平在北戴河看望“千人计划”入选专家代表时强调，海外高层次引进人才是我国改革开放和社会主义现代化建设不可或缺的重要人才资源。

随着中国经济的繁荣和国际交往的日益广泛，世界各国对汉语学习的需求急剧增长，为了提升中国语言文化影响力，推动汉语走向世界，在坚持教育对外开放、中外合作办学方针的基础上，2004 年 11 月 21 日，第一所海外孔子学院在韩国首尔挂牌。孔子学院创办的宗旨在于增进世界人民对中国语言和文化的了解，发展中国与外国的友好关系，促进世界多元文化发展，为构建和谐世界贡献力量。[②] 孔子学院的设立，不仅是教育对外开放的重要组成部分，同时也是增强文化自信、提高文化影响力的重要举措。

概括而言，这一时期的教育对外开放取得了重大成就。据统计，2011 年度我国出国留学人员总数为 33.97 万人，其中国家公派 1.28 万人，单位公派 1.21 万人，自费留学 31.48 万人。2011 年度各类留学回国人员总数为 18.62 万人，其中：国家公派 0.93 万人，单位公派 0.77 万人，自费留学 16.92 万人。2011 年度与 2010 年度的统计数据相比较，我国出国留学人数和留学回国人数均有进一步增加。出国留学人数增加 5.5 万人，增长了 19.32%；留学回国人数增加 5.13 万人，增长了

---

① 教育部关于进一步加强引进海外优秀留学人才工作的若干意见 [EB/OL]. http://www.gov.cn/zwgk/2007-03/30/content_566536.htm.

② 孔子学院总部[EB/OL]. http://www.hanban.edu.cn/hb/node_7446.htm.

38.08%。① 可以看出，国家对教育对外开放的重视程度不断提升，对开放育人的资金投入不断扩大，开放育人的质量不断提高。

表 10-3　1992—2011 年开放育人主要相关政策文件

序号	时间	政策文件	发文机构及发文号
1	1992 年 8 月	关于在海外留学人员有关问题的通知	中共中央、国务院
2	1993 年	关于今后外国来华留学生工作的意见	国家教委
3	1993 年 6 月	关于境外机构和个人来华合作办学问题的通知	国家教委
4	1993 年 7 月	关于自费出国留学的有关问题的通知	国家教委（教留［1993］81 号）
5	1994 年 7 月	国务院关于“中国教育改革和发展纲要”的实施意见	中共中央、国务院（国发［1994］39 号）
6	1995 年 1 月	中外合作办学暂行规定	国家教委（教外综［1995］31 号）
7	1998 年 12 月	面向 21 世纪教育振兴行动计划	教育部
8	2005 年 7 月	关于中国政府奖学金的管理规定	教育部国际合作与交流司
9	2007 年 3 月	关于进一步加强引进海外优秀留学人才工作若干意见	教育部（教外留［2007］8 号）
10	2010 年 7 月	国家中长期教育改革和发展规划纲要（2010—2020 年）	中共中央、国务院（中发［2010］12 号）

① 2011 年度我国出国留学人员情况统计［EB/OL］. http://www.gov.cn/banshi/2012-02/13/content_2065006.htm.

（四）2012年以来：开放包容，针对需要，支撑国家战略

党的十八大以来，中国全方位地融入世界，积极吸收人类教育发展有益经验，共建开放包容、休戚与共、平等和谐的人类命运共同体，中国教育以更大的力度、更广的范围，在更多的领域走向世界。以习近平同志为核心的党中央站在构建人类命运共同体的战略高度，在多个国际会议、多份重要文件、多次重要讲话中不同程度地强调了教育对外开放的重要性。国家颁布并实施了系列性政策文件促进教育对外开放事业发展，教育对外事业进入了新的阶段。

2016年2月，《关于做好新时期教育对外开放工作的若干意见》颁布，这是新时代教育开放的纲领性文件，明确了教育对外开放在创新发展、科教兴国、人才强国战略中的重要责任和特殊使命——“坚持扩大开放，做强中国教育，推进人文交流，不断提升我国教育质量、国家软实力和国际影响力”。2016年7月，《推进共建“一带一路”教育行动》发布，以战略性的眼光设计了新时期教育对外开放的推进路线，成为新时期教育对外开放的行动新指南。与此同时，我国主导建立了一批教育合作交流国际组织，如“一带一路”高校联盟、“一带一路”音乐教育联盟、“丝绸之路”农业教育科技创新联盟等合作组织；同时牵头或参与制定了一批教育合作交流国际公约，如《中国—中东欧国家高校联合会成立宣言》《亚太经合组织教育战略》等。近年来，我国的中外合作办学数量和质量在逐年提升，截至2017年2月，经我国审批的各类中外合作办学机构和项目共计2522个，涉及34个国家、1746所高校（其中中方高校785所，外方高校961所）。近5年来，引进的外方合作院校中61%为QS世界大学排名前200名的高校。面对重大科技挑战，我国高校也积极参与国际科技创新，截至2016年，我国高校共与国外高校、企业、科研机构联合共建了46个科研机构。

党的十九大报告指出，“坚持和平发展道路，推动构建人类命运共同体”成为中国现阶段的重要任务之一。以教育为主要内容的人文交流，是中国外交的重要舞台和推进文明交流互鉴的深厚力量。通过教育对外开放和中外人文交流积极参与全球教育治理，共商共建共享“持久和平、普遍安全、共同繁荣、开放包容、清洁美丽”的新世界，是一个

人口大国、发展中大国和教育大国的应有担当，也是建设世界教育强国的客观要求。[①] 进入新时代，在更大范围、更全领域全面推进教育对外开放，彰显出巨大的时代价值和未来担当。教育对外开放在推动教育改革、培养急需人才和引进优秀人才、推进“双一流”建设、提升教育国际影响力等方面发挥着重要作用，对建设教育强国和构建人类命运共同体具有重要意义。[②] 教育对外开放不仅只是提升本国的教育质量，满足人民群众多样化的、高质量的教育需求，同时也是尊重和吸收各民族文明、促进构建人类命运共同体的重要举措。

新时代的中国以巨大的勇气和智慧开启了新一轮全面对外开放步伐，出台了一系列视野宏大、措施得力、务实高效、造福全球的教育对外开放政策。2017 年 1 月，教育部、财政部和国家发展改革委员会等部门印发《统筹推进世界一流大学和一流学科建设实施办法（暂行）的通知》，指出我国大学吸引海外优质师资、科研团队和学生能力增强，与世界高水平大学学生交换、学分互认、联合培养成效显著，与世界高水平大学和学术机构有深度的学术交流与科研合作，深度参与国际或区域性重大科学计划、科学工程，参加国际标准和规则的制定。[③] 这体现出我国的“双一流”建设不是闭门造车，而是与世界高水平大学相互借鉴，取长补短。2018 年 1 月 20 日，《中共中央国务院关于全面深化新时代教师队伍建设改革的意见》明确提出：“适应人才培养结构调整需要，优化高等学校教师结构，鼓励高等学校加大聘用具有其他学校学习工作和行业企业工作经历教师的力度。配合外国人永久居留制度改革，健全外籍教师资格认证、服务管理等制度。”[④] 2018 年 3 月 14 日，《国务院关于印发积极牵头组织国际大科学计划和大科学工程方案的通知》

① 涂端午. 新时代教育对外开放和中外人文交流的中国担当[N]. 中国教育报,2018-01-11(6).

② 教育对外开放如何助力新时代[EB/OL]. http://www.jyb.cn/zgjyb/201803/t20180320_1027225.html

③ 统筹推进世界一流大学和一流学科建设实施办法(暂行)的通知[EB/OL]. http://www.gov.cn/xinwen/2017-01/27/content_5163903.htm#1.

④ 中共中央国务院关于全面深化新时代教师队伍建设改革的意见[EB/OL]. http://www.gov.cn/xinwen/2018-01/31/content_5262659.htm.

进一步指出，要探索建立与国际接轨的全球人才招聘制度，公开招聘世界一流科学家、国际顶尖工程技术人才；加强我国牵头组织大科学计划，建设多层次专业人才队伍，构建可持续发展的人才梯队。2018 年教育部工作要点则从 6 个方面明确了如何在新时代构建教育对外开放格局：第一，继续实施“一带一路”教育行动，与节点省份签署共建国际合作备忘录，实现全覆盖；第二，发挥中国政府奖学金的引领作用，实施“丝绸之路”留学、师资培训、人才联合培养等推进计划；第三，扩大“一带一路”与沿线国家签署学位学历互认协议国别范围，研究修订《中外合作办学条例》及实施办法；第四，加强国家公派留学工作，加大拔尖创新高层次人才、国际组织人才、国别和区域研究人才等的选派和培养力度，做好留学生回国服务和为国服务工作；第五，进一步做好联合国教科文组织有关工作，深度参与全球教育治理；第六，发布实施《孔子学院发展行动计划》。

表 10-4　2012 年至今开放育人主要相关政策文件

序号	时间	政策文件	发文机构及发文号
1	2016 年 2 月	关于做好新时期教育对外开放工作的若干意见	中共中央办公厅、国务院办公厅
2	2016 年 7 月	推进共建“一带一路”教育行动	教育部（教外［2016］46 号）
3	2017 年 1 月	统筹推进世界一流大学和一流学科建设实施办法（暂行）的通知	教育部、财政部、发展改革委（教研［2017］2 号）
4	2018 年 1 月	关于全面深化新时代教师队伍建设改革的意见	中共中央、国务院（中发［2018］4 号）
5	2018 年 3 月	国务院关于印发《积极牵头组织国际大科学计划和大科学工程方案》的通知	国务院（国发［2018］5 号）

改革开放以来，我国政府和社会的开放育人意识不断加强，政策内容不断完善，开放育人的形式不断丰富，程度不断加深，影响不断扩大，质量不断提升。从谨慎的教育对外开放政策，到积极融入全球教育发展潮流、健全教育对外开放体制机制，再到今日主动引领全球教育治理、倡议构建人类命运共同体，开放育人不仅体现出中国对外开放政策的巨大影响，更展示了中国教育改革和发展的伟大路径。2016 年全国出国留学人员和来华留学生总规模已经接近 100 万人，① 2017 年共有 204 个国家和地区的约 49 万名留学生在华学习。② 中国已经成为全球最大的留学输出国，亚洲最大留学目的地国。留学工作在响应“一带一路”倡议实施、增进沿线国家教育合作方面的积极努力，也取得了明显成效。推动学历学位认证标准连通，在签订了学历学位互认协议的 47 个国家和地区中，有 23 个“一带一路”沿线国家。2012 年以来，我国共有超过 35 万人赴“一带一路”沿线国家去留学。通过设立“丝绸之路”中国政府奖学金，每年向沿线国家提供 1 万个奖学金新生名额，截至 2016 年底，“一带一路”沿线国家的在华留学生已经达到 20 多万人。③ 推进共建丝路教育合作机制，在传统的“中非高校 20＋20 合作计划”教育援外项目的基础上，积极响应对接“一带一路”倡议，将教育援外工作纳入教育部与相关省区推进共建“一带一路”教育行动合作内容，将项目申报范围拓展至与教育部签署《推进共建“一带一路”教育行动国际合作备忘录》的 14 个省区，支持签约省区院校共同参与，推动教育援外对象拓展至“一带一路”沿线国家。我国高校在境外举办的 4 个办学机构和 98 个办学项目，主要分布在“一带一路”沿线的 14 个国家和地区。④ 历经 40 年的变革与调整，我国开放育人政策伴随着

① 中国成为世界最大的留学输出国和亚洲最大留目的国[EB/OL]http://edu.people.com.cn/n1/2017/0301/c1006-29117152.html.

② 杜玉波:携手留学工作新时代,共创留学工作新篇章[EB/OL].http://www.hie.edu.cn/news_12577/20180327/t20180327-993767.shtml.

③ 杜玉波:携手留学工作新时代,共创留学工作新篇章[EB/OL].http://www.hie.edu.cn/news_12577/20180327/t20180327-993767.shtml.

④ 杜玉波:携手留学工作新时代,共创留学工作新篇章[EB/OL].http://www.hie.edu.cn/news_12577/20180327/t20180327-993767.shtml.

国家对外开放政策的完善而不断丰富、健全。40 年来的开放育人政策实践，为助推教育改革和现代化建设，提升我国教育的国际化和影响力作出了巨大贡献。

二、改革开放以来开放育人的政策特征

（一）坚持“走出去”“请进来”并重发展

善于借鉴他国发展有益经验，不断汲取其他文明宝贵精华，同时不忘本来，自我提升，不仅彰显中华文明的基本特征，更指引着中国发展的现实路径。开放育人政策的制定和实施，充分显现了这一基本特点。“引进来”和“走出去”作为教育对外开放重要两翼，是开放育人发展的基本方式。这一基本方式，在开放育人政策构建过程中，得到了充分显现。

关于“走出去”，在改革开放初期，国家教育委员会就发布了《关于出国留学人员工作的若干暂行规定》等文件，明确了出国留学工作的方针：“按需派遣，保证质量，学用一致，加强对出国留学人员的管理和教育，努力创造条件使留学人员回国能学以致用，在社会主义现代化建设中发挥积极作用”。[①] 这标志着中国教育“走出去”真正走上了制度化的发展道路。为保证留学生的教育质量，改革开放以来的相关文件本着高质量、严要求的准则，越来越具体、明确地规定留学生应当学用一致，充分发挥所学知识，将其运用于具体的实践中。随着中国整体国力的增强、人民物质生活的极大丰富，对出国留学的需求持续增加，国家与时俱进，不断制定更规范、更科学的政策文件，以保障留学事业的健康发展。

关于“引进来”，主要体现为吸引他国学生来华学习、吸引本国学生回国就业。40 年间，我国吸引留学生的人数越来越多。2016 年教育

---

① 柯进,余冠仕. 教育部发布《留学中国计划》2020 年把我国建成亚洲最大留学目的地国家[N]. 中国教育报,2010-9-29(1).

部统计信息显示，当年出国留学人员54.5万人，留学回国人员43.3万人，来华留学人员44.3万人，比2012年分别增长了36.2%、58.6%、35.1%。截至2016年底，我国与188个国家和地区建立了教育合作与交流关系，与46个重要国际组织开展教育合作与交流，与47个国家和地区签署了学历学位互认协议。我国已先后与俄罗斯、美国、英国、欧盟、法国、印度尼西亚、南非、德国建立起8个高级别人文交流机制。人文交流已与政治互信、经贸合作一道成为我国外交的三大支柱，这些成就的取得，无疑是开放育人政策，特别是“引进来”政策的成功实践。

（二）以治理能力为核心提升开放育人水平

治理能力是一个国家综合国力和社会整合能力的重要标志，也是发展潜能的重要体现。积极参与、引导全球治理，是大国地位的显著标志，是体现强国实力的重要标尺。积极参与全球教育治理，扩大我国教育在全球教育中的影响力和知名度，全面提升我国的教育质量和国际认可度，是我国开放育人的重要目标。但由于具体的历史原因和特殊国情，我国教育的国际影响力依然有限，教育的国际品牌度依然不强。伴随着我国综合国力的逐步提升，教育整体水平的逐步提高，在开放育人的政策形成中，越来越呈现出高水平的治理能力。一是完善教育国际交流合作格局，加强与发达国家、周边国家、发展中国家及国际组织的务实合作，形成重点推进、合作共赢的教育对外开放局面。二是积极承担国际责任，开展教育国际援助，通过提供中国政府奖学金和设立专门奖项，开展短期培训项目，派遣志愿者教师，支持高校对口合作，通过在联合国教科文组织设立援非信托基金和直接捐赠等形式，帮助发展中国家培养培训专门人才。三是积极参与教科文组织等联合国机构和其他国际组织多边教育行动，主动在全球教育发展议题上提出新主张、新倡议和新方案，主动参与国际教育规则和标准制定。2012年，联合国发起全球教育第一倡议，旨在调动国际社会对教育的广泛支持，落实千年发展目标和全民教育目标。[①] 作为倡导国之一，我国积极参与教科文组织《2030年教育行动框架》的制定，为推动包容、公平的优质教育和全民终身学习作出了应有贡献。同时有计划地培养选拔优秀人才到国际组织工作，为国际组织提供人才支持，体现大国担当。

（三）将“人类命运共同体”作为政策目标

“人类命运点共同体”的提出，为寻求人类共同利益和共同价值、解决当今全球发展难题提供了中国思路和中国方案，体现了中国谋求共赢发展的智慧。构建“人类命运共同体”，教育至关重要，开放育人更是重中之重。40年来我国开放育人政策的变迁，越来越体现出促进人类和谐发展的目标导向，越来越体现出中国教育的自信和担当。一是积极推动国际理解教育。随着世界多极化、经济全球化深入发展和文化多样化、社会信息化持续推进，国际社会日益成为你中有我、我中有你的“命运共同体”。习近平对国际理解教育提出重要要求，即通过更加密切的互动交流，促进对人类各种知识和文化的认知，对各民族现实奋斗和未来愿景的体认，以促进各国学生增进相互了解、树立世界眼光、激发创新灵感，确立为人类和平与发展贡献智慧和力量的远大志向。二是积极推动跨文化交流，增进学生对不同国家、不同文化的认识和理解。促进中外语言互通，在深化与世界各国语言合作交流上下深功夫，进一步深入推进友好学校教育深度合作与人文交流。三是借助孔子学院及相应的政策平台，全面提升国家文化软实力，孔子学院、课堂已遍布139个国家和地区，成为世界认识中国的重要平台和中外语言文化交流的窗口和桥梁。习近平多次出席孔子学院签字或揭牌仪式，嘱托孔子学院秉承“相互尊重、友好协商、平等互利”的校训，为传播文化、沟通心灵、促进世界文明多样性作出新的更大贡献。办好孔子学院，有利于增强对外话语的创造力、感召力、公信力，有利于讲好中国故事，传播好中国声音，阐释好中国特色，向世界展现一个真实、立体、全面的中国。

---

① 习近平主席在联合国“教育第一”全球倡议行动一周年纪念活动上发表视频贺词[N].人民日报,2013-09-27(3).

三、开放育人新形势、新挑战和新问题

（一）教育对外开放的质量和水平亟须进一步提升

40 来我国教育对外开放的成功实践以及取得的系列成就，展现出开放育人政策的规范性、科学性、有效性，这是我国教育改革和发展的宝贵经验，应该创造性的继承、创新和发扬。进入新时代之后，开放育人政策必须根据国情所需和现实所用，在发展实践中加以调整和完善。

首先，开放育人需要提质增效、做大做强。习近平指出，教育国际化不仅需要“请进来”，也需要“走出去”。作为“走出去”重要组成部分的境外办学，是新时期推动教育交流、共建“一带一路”、服务国家大局的重要抓手。教育对外开放要统筹利用国内国际两种资源，进一步深化教育国际合作和人文交流，以开放推动教育现代化，增强我国的国际影响力。质量和水平是开放育人得以发展的基本要求，也是开放育人政策制定和完善的基本标准。党和国家高度重视开放育人政策实施以及带来的实际效果，多次直接或间接指明提升质量和水平的重要性，多次就如何提升开放育人的质量和水平作出重要部署。2016 年 1 月，习近平在阿拉伯国家联盟总部发表的《共同开创中阿关系的美好未来》重要演讲中强调，国际组织人才、非通用语言人才、急需专业人才等，是“一带一路”倡议实施的人力资源支撑。如何有效培养国际组织人才、非通用语言人才、急需专业人才等，成为开放育人政策关注的重要目标。

其次，开放育人的效益有待提升。2013 年，习近平为留学工作增加了“发挥作用”四个字，准确把握了新时期留学工作的新问题、新矛盾、新趋势，将工作重点放在提升留学的社会效益上。留学人员作用能否发挥好，关键在于政策设计、资源配置、绩效评估等，是否有助于为留学人员提供大展宏图的环境。实施创新驱动发展战略、科教兴国战略、人才强国战略，留学人员是重要力量。2014 年 8 月 18 日，习近平主持召开中央财经领导小组第七次会议强调，“加快形成一支规模宏大、

富有创新精神、敢于承担风险的创新型人才队伍，要重点在用好、吸引、培养上下功夫。要用好科学家、科技人员、企业家，激发他们的创新激情。要学会招商引资、招人聚才并举，择天下英才而用之，广泛吸引各类创新人才特别是最缺的人才。”如何培养国家现代化建设急需、紧缺、薄弱、空白、关键领域的拔尖创新人才和行业领军人才，服务国家外交工作需要的国际组织人才、非通用语种人才、国别与区域人才；如何在来华留学工作中，培养知华、友华，以及致力于中外友好事业的人才，着力打造“留学中国”的品牌效益；如何完善法律法规，创新体制机制，优化环境氛围，搭建平台舞台，鼓励留学人员回国工作或者以多种形式为国服务，让他们回到祖国有用武之地，留在国外有报国之门，成为大众创业、万众创新的生力军，是当前开放育人面临的突出问题。

（二）“引进来”与“走出去”亟须全局性统筹谋划

我国高校开展境外办学的时间不长，经验不足，亟须国家层面的战略部署和统一规划，特别是在国家大战略框架内如何统筹教育、文化、贸易、援外等各类资源，已是当务之急。如何加强境外办学政策支撑和制度创新，在更高层面扩大教育对外开放、确保开放育人政策的持续创新，打通政策壁垒，助力“一带一路”倡议实施，是新时期开放育人面临的重大挑战。如何统一协调外交、商务、文化、教育等部门力量，形成支持和推动境外办学的合力；如何统筹考虑市场服务和对外援助不同发展路径，调动社会积极性，鼓励多渠道开展境外办学；如何通盘考虑基础教育、职业教育和高等教育的境外办学，通盘考虑服务外国学生和境外华人华侨子女的受教育需求，加强教育供给侧改革，成为教育“走出去”的重大挑战。改革开放以来，我国制造业有了显著的发展和进步，无论制造业规模还是水平都有了很大提高，这与我国工程技术类高等教育的长足进步密不可分。广大发展中国家普遍面临发展经济、提振制造业的共同使命，希望通过借鉴中国经验，引进我国应用技术类教育资源、管理模式，培养当地工程技术人才，提升当地工业化水平。如何利用中国优势，针对国外需求，认真谋划、科学设计，探索符合各方利益的境外教育模式，系统输出中国教育服务，打造中国教育品牌，是中国教育又快又好“走出去”面临的重要挑战。解决中国高校“走出去”的适应性问题，“应该从文化的视角深入了解当地情况，开设适应当地经济社会发展需求的专业”。[①]传播中华文化是境外办学的重要任务，如何传播好中华文化，既需要顶层设计，也需要根据境外情况作出具体规划。

当前中外合作办学发展面临着诸多政策问题，亟待全局性的统筹规划来破解。首先，中外合作办学的发展定位存在分歧，关于发展目标、管理方式、未来走向等问题，不同办学主体之间存在认识分歧，需求不同、办学动机不一、资源条件不同，利益关系较为复杂。部分合作办学者的诉求与我国政府对中外合作办学的具体要求存在偏差，导致中外合作办学机构和项目的举办方向与国家导向不够一致。其次，优质教育资源的标准不够清晰，某种程度上影响了中外合作办学的有序、规范、健康发展。部分中外合作办学机构和项目对办学投入、师资培养、教学改革、质量保障等缺乏应有重视，学校能力建设不够，片面追求经济利益，部分中外合作办学机构和项目偏离国家政策规定举办教育活动，甚至把自行举办的、与出国留学相衔接的国际文凭班也视为中外合作办学。

2014 年 12 月 12 日，习近平在全国留学工作会议上强调，留学工作要适应国家发展大势和党和国家工作大局，统筹谋划出国留学和来华留学，综合运用国际国内两种资源，培养造就更多优秀人才，努力开创留学工作新局面，为实现“两个一百年”奋斗目标、实现中华民族伟大复兴的中国梦不断作出新的更大的贡献。这为我国的境外办学政策的制定提供了宏观指导。为此，亟须以教育走出去为重点，加强统筹谋划，扩大与发展中国家教育合作交流，稳步推进境外办学；亟须加强高端引领，以优质教育资源请进来为重点，引进世界一流大学和特色学科，开展高水平人才联合培养和科学联合攻关，促进高校科技国际协同创新，加快高水平师资队伍建设，助推我国一流大学和一流学科建设。

① 境外办学,如何更有底气[EB/OL]. http://news.gmw.cn/2016-10/11/content_22388170.htm.

（三）促进人文交流、提升软实力的能力亟须提升

首先，促进人文交流的质量和水平有待提升。2017 年 6 月 9 日，习近平指出，“国之交在于民相亲，民相亲在于心相通。”“一带一路”要行稳致远，离不开“民心相通”的支撑和保障，需要实施好“增进民心相通”这项基础性工程。[①] 要想做好这项工程，就需要通过更加密切的互动交流，促进对人类各种知识和文化的认知、对各民族现实奋斗和未来愿景的体认，以促进各国学生增进相互了解、树立世界眼光、激发创新灵感，确立为人类和平与发展贡献智慧和力量的远大志向。[②] 教育是互动交流的基本途径，文明因交流而多彩，因互鉴而丰富。通过教育，实现和风细雨、润物无声的人文交流与人类文明交流互鉴，既是增进各国人民友谊的桥梁、推动人类社会进步的动力、维护世界和平的纽带，又是让世界变得更加美丽、各国人民生活得更加美好的必由之路。人文交流的意义在长远，如何从长远出发，促进教育交流的机制化和常态化，如何促进政府间教育高层磋商、教育领域务实合作、教师学生友好往来，以战略眼光培育合作伙伴精神，是教育促进人文交流面临的关键问题。

其次，讲好中国故事、提升文化软实力的能力有待提升。通过教育国际交流合作传播中国声音，讲好中国故事，提升国家文化软实力，关系我国在世界文化格局中的定位，关系我国国际地位和国际影响力。孔子学院是我国国家文化软实力的重要载体之一，面对国内外新形势，如何继续办好孔子学院，增强对外话语的创造力、感召力、公信力，讲好中国故事，传播好中国声音，阐释好中国特色，向世界展现一个真实、立体、全面的中国，是发挥孔子学院良性作用的突出问题。与此同时，如何聚焦海外学生学者爱国热情，发挥来华留学人员和外籍教师宣介作用，不断扩大国际社会对中华文化、中国道路、中国模式的理解认同，成为教育交流的重要问题。如何继续深化内地和港澳、大陆和台湾地区

① 钟廉言：民心相通是最基础的互联互通［EB/OL］. http://theory.people.com.cn/n1/2017/0609/c40531-29328448.html.

② 柯进，万玉凤.“一带一路”上的中国教育行动[J]. 四川教育，2017(06)：1.

教育交流合作，用当地青少年听得懂的语言传承中华优秀传统文化，宣传祖国发展伟大成就，凝聚民族复兴情感力量，成为教育发展的重要任务。

再次，服务“一带一路”倡议实施的作用有待进一步提升。2016年7月，教育部发布《推进共建“一带一路”教育行动》，该文件作为《关于做好新时期教育对外开放工作的若干意见》的配套文件，作为国家《推动共建“一带一路”愿景与行动》在教育领域的落实方案，将为教育领域推进“一带一路”倡议实施提供支撑。推动共建“一带一路”教育行动，要围绕“一带一路”重点共建的政策沟通、设施联通、贸易畅通、资金融通、民心相通，提供两方面的重要支撑，即促进民心相通，为其他“四通”提供人才支撑。如何做到经贸走到哪里，教育的民心工程就延伸到哪里，教育的人才培养就覆盖到哪里；如何推动教育发展和经贸合作并驾齐驱，成为车之两轮、鸟之两翼；如何发挥教育“软实力”，促进“一带一路”倡议顺利实施，成为迫切要解决的问题。

四、新时代开放育人的趋势和政策路径

（一）坚定不移走中国特色教育对外开放之路

1. 以开放育人推进国家对外开放

党的十九大报告指出，只有改革开放才能发展中国，坚持吸收人类文明有益成果，构建系统完备、科学规范、运行有效的制度体系，才能充分发挥我国社会主义制度优越性。① 以开放促改革、促发展，是我国社会主义建设事业不断取得成就的重要法宝，也是我国教育事业不断取得成功的重要法宝。党的十八大以来，我国教育对外开放事业得到了迅速发展，取得了一系列新成就，中国教育的国际影响力日益提升。习近平基于国际国内两个形势，站在实现中华民族伟大复兴“中国梦”的战

① 习近平：决胜全面建成小康社会 夺取新时代中国特色社会主义伟大胜利［EB/OL］. http://cpc.people.com.cn/19th/n1/2017/1027/c414395-29613458.html.

略高度，以构建“人类命运共同体”的长远目标，发表了系列关于教育对外开放的重要论述，内涵丰富，意义重大，成为新时代坚定不移走中国特色教育对外开放之路的科学指引和根本遵循。《关于做好新时期教育对外开放工作的若干意见》强调教育对外开放是我国改革开放事业的重要组成部分，中国的教育对外开放伴随着国家的对外开放，是对外开放的具体领域和具体体现，是对外开放的必然要求。经济全球化、政治多极化和文化多元化发展态势更加彰显，中国比已往任何时候都更需要同世界其他国家共享、共建、共同发展，世界的发展也更需要中国的参与，需要中国提供方案、提供智慧。①

2. 以开放育人推进教育改革发展

党的十八大以来，中国稳步崛起并逐步走近世界舞台中心，教育发挥了基础性、先导性和全局性作用。② 中国实现教育现代化的进程，就是面向世界开放的进程，就是面向未来实施改革的进程。中国的教育对外开放已深度融入国家改革开放和现代化建设全过程，已深度嵌入国家外交战略整体布局之中，成为科教兴国、人才强国、创新驱动发展、创新型国家建设等国家战略实施的基础工程。2015 年 11 月 3 日，习近平在会见“读懂中国”国际会议外方代表时指出，“我们将继续深化各领域改革，坚持对外开放基本国策，坚定不移奉行互利共赢的开放战略，继续从世界汲取发展动力，让中国发展更好惠及世界。”③ 习近平在致联合国“教育第一”全球倡议周年纪念活动的贺词强调，“中国将加强同世界各国的教育交流，扩大教育对外开放，积极支持发展中国家教育事业发展，同各国人民一道努力，推动人类迈向更加美好的明天。”④教育对外开放是中国教育改革和发展的重要组成部分，中国教育改革将坚定不移地走教育对外开放之路，将持续不断地扩大教育对外开放，教育对外开放是新时代下教育改革和发展的基本要求。

---

① 薛二勇,刘爱玲. 习近平关于教育对外开放的思想研究[J]. 兰州学刊,2018(01):14-21.

② 段风华. 教育对外开放如何助力新时代[N]. 中国教育报,2018-03-20(5).

③ 赵明昊. 习近平会见“读懂中国”国际会议外方代表[N]. 人民日报,2015-11-03(1).

④ 习近平发表贺词:中国将加强同世界各国的教育交流 [EB/OL]. 新华社. http://www.gov.cn/govweb/ldhd/2013-09/26/content_2495491.htm.

3. 以开放育人支撑“一带一路”

“一带一路”倡议实施中，教育具有无可替代的“抓手”作用。2016年4月29日，习近平在中共中央政治局第三十一次集体学习时强调，“一带一路”建设是新的历史条件下实行全方位对外开放的重大举措、推行互利共赢的重要平台，必须以更高的站位、更广的视野，在吸取和借鉴历史经验的基础上，以创新的理念和创新的思维，扎扎实实做好各项工作。我们要建立多层次人文交流合作机制，搭建更多人文交流合作平台，开辟更多合作渠道，要推动教育合作，扩大互派留学生规模，提升合作办学水平。① 2015年3月，习近平在博鳌亚洲论坛年会上强调，要促进沿线国家的互联互通与新型工业化，促进各国共同发展，人民共享发展成果。② 2015年3月28日，国家发展改革委、外交部、商务部联合发布了《推动共建丝绸之路经济带和21世纪海上丝绸之路的愿景与行动》，公布了“一带一路”路线图，促进科技人员交流，合作开展重大科技攻关；扩大相互间留学生规模，开展合作办学；整合现有资源，积极开拓和推进沿线国家青年就业及创业培训。2016年7月，《推进共建“一带一路”教育行动》政策文件发布，谋划教育在“一带一路”中的布局和行动策略，提出了加强教育合作与交流的战略性举措。国家与地方联动，共同推进共建“一带一路”教育行动，浙江省、海南省、天津市、西藏自治区等分别制订了教育对外开放工作的实施意见和行动计划，68所高校制订了教育对外开放规划、战略或实施意见等。教育对外开放在“一带一路”倡议实施中的地位将不断凸显，作用将不断增强。

4. 以开放育人支撑“人类命运共同体”

习近平指出：“人类只有一个地球，各国共处一个世界。”“各国人民形成了你中有我、我中有你的命运共同体。”③ 构建人类命运共同体是习近平新时代中国特色社会主义思想的重要组成部分，具有重大的理

---

① 习近平在“一带一路”国际合作高峰论坛开幕式上的演讲[EB/OL]. http://www.xinhuanet.com/politics/2017-05/14/c_1120969677.htm.

② 吴绮敏，陈伟光，杜尚泽. 迈向命运共同体 开创亚洲新未来人[N]. 人民日报，2015-03-29(1).

③ 实施更加积极主动的开放战略——深入学习习近平同志关于对外开放的重要论述[EB/OL]. http://theory.people.com.cn/n/2015/0105/c40531-26324694.html.

论价值和实践意义。[①] 教育是传播观念、沟通思想、弥合矛盾、化解分歧、增进共识、启迪智慧的重要手段，构建人类命运共同体，首先应在思想上高度认同，意识上高度认可，形成一致性的共识，教育在其中发挥着至关重要的作用。2013 年 4 月，习近平给清华大学的贺信中指出，“教育决定着人类的今天，也决定着人类的未来。人类社会需要通过教育不断培养社会需要的人才，需要通过教育来传授已知、更新旧知、开掘新知、探索未知，从而使人们能够更好认识世界和改造世界、更好创造人类的美好未来。”[②] 2014 年 3 月 27 日，习近平在联合国教科文组织总部的演讲指出，要积极发展教育事业，使人们在持续的格物致知中更好认识各种文明的价值，让教育为文明传承和创造服务。[③] 教育传承过去，造就现在，开创未来，是推动人类文明进步的重要力量，当今世界，各国青年的命运紧紧联在一起，各国青年应该通过教育树立世界眼光，增强合作意识，共同开创人类社会美好未来。[④] 建立培养世界优秀人才的国际平台，为各国青年提供学习机会，使各国青年更好相互了解、开阔眼界、交流互鉴，携手为增进世界各国人民福祉作出积极努力。[⑤] 坚持并持续扩大教育对外开放，必将成为构建人类命运共同体的重要举措。

（二）坚定不移地开创出国留学工作的新格局

1. 适应国家大势，创设留学良好政策环境

改革开放以来，伴随着我国对外开放的伟大进程，国家留学事业得到了快速发展，形成了我国历史上规模最大、领域最多、范围最广的留

---

① 姜斯宪. 推动构建人类命运共同体 努力开创高等教育新时代[J]. 中国高教研究，2017(12)：10-12＋19.

② 赵婀娜. 清华大学苏世民学者项目启动仪式在京举行[N]. 人民日报，2013-04-22 (1).

③ 习近平. 在联合国教科文组织总部的演讲[N]. 人民日报，2014-03-28(3).

④ 习近平向首届清华大学苏世民书院开学典礼致贺信[EB/OL]. http://www.xinhuanet.com/politics/2016-09/11/c_1119545120.htm.

⑤ 薛二勇，刘爱玲. 习近平关于教育的重要论述：中国教育改革的旗帜与方向[J]. 中国教育学刊，2017(05)：9-16.

学潮和归国热。① 改革开放以来，特别是党的十八大以来，党和国家高度重视留学事业，制定和实施一系列方针政策，推动我国留学事业取得了令人瞩目的成绩，留学事业为我国改革开放和社会主义现代化建设作出了重要贡献。② 习近平在2014年全国留学工作会议上提出，留学工作要适应党的工作大局和国家发展大势。作为“构建人类命运共同体”重要思想的具体实践，“一带一路”倡议不仅是贯彻新发展理念、实现高质量发展、形成全面开放新格局的重要举措，也是中国教育在更高层次、更大范围内推进教育交流合作的重要抓手。“一带一路”沿线各国教育交流源远流长，教育合作前景广阔，应该携起手来，合力推进共建“一带一路”，共同开创教育美好明天。习近平强调，“党和国家将按照支持留学、鼓励回国、来去自由、发挥作用的方针，把做好留学人员工作作为实施科教兴国战略和人才强国战略的重要任务，使留学人员回到祖国有用武之地，留在国外有报国之门。我们热诚欢迎更多留学人员回国工作、为国服务”。③ 这为新时代的留学工作指明了方向。

2. 构建人类命运共同体，留学工作新使命

习近平多次提出“推动构建人类命运共同体”的重要论断。习近平指出，中华民族历来讲求“天下一家”，主张民胞物与、协和万邦、天下大同，憧憬“大道之行，天下为公”的美好世界。④ “推动构建人类命运共同体”，不仅体现了国家的巨大责任担当，也反映了教育改革的价值追求，成为新时代教育国际交流合作、推动留学工作创新发展的重要思想。2015年，在联合国教科文组织第九届青年论坛开幕式上，习近平指出，“世界的未来属于年轻一代。全球青年有理想，有担当，人类就有希望，推进人类和平与发展的崇高事业就有源源不断的强大力量。希望各国青年用欣赏、互鉴、共享的观点看待世界，推动不同文明

---

① 杜玉波：携手留学工作新时代，共创留学工作新篇章[EB/OL]. http://www.hie.edu.cn/news_12577/20180327/t20180327_993767.shtml.

② 人民网. 习近平：留学工作要适应国家发展大势[EB/OL]. http://finance.people.com.cn/n/2014/1213/c1004-26202698.html.

③ 习近平强调为留学人员回国工作创造良好环境[EB/OL]. http://edu.people.com.cn/n/2013/1031/c1053-23386802.html.

④ 从十大“金句”看习近平构建人类命运共同体思想[EB/OL]. http://www.chinanews.com/gn/2017/12-02/8390868.shtml.

交流互鉴、和谐共生，积极为构建人类命运共同体添砖献瓦。”① 留学带动的中外人文交流、国际交流与合作等，在促进文明互鉴和民心相通方面发挥着重要的作用，完善留学政策，推进人文交流，是构建人类命运共同体的重要途径。留学肩负着扩大对外开放、推动中外人文交流、建设人类命运共同体的全新历史使命。新时代的留学工作要在推动构建人类命运共同体的大格局中确定坐标定位，以全球视野、开放思维、共享理念和互利意识，服务教育优先发展、建设教育强国战略，为促进“一带一路”倡议实施提供重要支撑，为发展中国家的教育现代化提供中国经验，为全球教育应对共同挑战提供中国智慧和中国方案。

3. 坚持服务国家人才战略， 作出留学新贡献

习近平提出，广大留学人员要跟上时代潮流，放眼观察世界，坚定理想，刻苦学习，掌握新知，增强本领，更好为祖国和人民贡献自己的智慧和力量。② 加快建设人才强国，是实现中华民族伟大复兴中国梦的关键，是留学工作服务国家大局的重要使命，是推进教育现代化的重要任务。一是留学要瞄准新一轮科技革命和产业革命，聚焦前沿，根据新发展理念和创新驱动战略实施需要，选派和引导优秀青年到世界高水平大学、科研机构和大型企业学习研究，切实发挥留学在培养高精尖稀缺人才方面的作用，进一步优化留学人员结构，提升留学质量和水平。二是要为留学人员创造条件、搭建平台、完善全链条服务，使留学人员回到祖国有用武之地，留在国外有报国之门，成为全面建设社会主义现代化国家、实现中华民族伟大复兴的重要力量。2018 年新年之际，习近平给莫斯科大学中国留学生回信，希望他们弘扬留学报国的光荣传统，胸怀大志，刻苦学习，早日成长为可堪大任的优秀人才，把学到的本领奉献给祖国和人民，让青春之光闪耀在为梦想奋斗的道路上。③ 这既是对广大出国留学人员的殷切期待，也是对留学工作重要意义的充分肯定。

---

① 习近平主席在联合国教科文组织第九届青年论坛开幕式上的贺词[EB/OL]. http://www.xinhuanet.com/politics/2015-10/26/c_1116943834.htm.

② 习近平:留学工作要适应国家发展大势[EB/OL]. http://finance.people.com.cn/n/2014/1213/c1004-26202698.html.

③ 薪火相传 留学报国——习近平总书记回信在留俄中国学子中引起热烈反响[EB/OL]. http://www.xinhuanet.com/2017-12/31/c_1122192582.htm.

（三）坚定不移推进中外合作办学再上新台阶

1. 以提升质量为核心任务

习近平指出，“教育对外开放，关键是提高质量，而不是盲目扩大规模”。① 质量是中外合作办学的生命线。中外合作办学应聚焦于“中国特色”这一根本特征、“立德树人”这一根本任务、“提高质量”这一战略主题、“深化改革”这一根本动力，力争在关系基础性、关键性、前瞻性的重大教育问题上，取得突破，构建具有中国特色的中外合作办学体系。一是增进共识。在坚持发展是第一要务的前提下，统筹处理好发展规模、速度和质量的关系，以提高发展质量和效益为中心，注重发展的平衡性、有序性。二是聚焦重点。教育现代化，归根到底是人才培养的现代化，最终还是要落到人才培养质量上。提升中外合作办学质量，必须以人才培养质量为核心，使学生具备支撑终身发展、适应时代需要的关键能力。三是强化保障。引进国外优质教育资源，关键是教育模式和教育内容，要处理好“国际化”和“本土化”的关系，扎根中国大地办教育。要引导教师心无旁骛地投入到教学工作，支持教师做好科研，以高水平科研反哺教学。②

2. 对接“双一流”建设

2015 年，中央全面深化改革领导小组会议审议通过《统筹推进世界一流大学和一流学科建设总体方案》，将“211 工程”“985 工程”及“优势学科创新平台”等统一纳入世界一流大学和一流学科建设，统筹推进建设世界一流大学和一流学科；③ 2017 年，教育部、财政部、国家发展和改革委员会印发《统筹推进世界一流大学和一流学科建设实施办法（暂行）》④，中国高等教育开始进入“双一流”建设时期。中外合作办学应主动对接瞄准“双一流”建设的目标要求和标准体系，做好区域

---

① 杜玉波. 中外合作办学关键是提高质量[N]. 人民政协报教育在线周刊,2017-11-09.

② 杜玉波. 中外合作办学关键是提高质量[N]. 人民政协报教育在线周刊,2017-11-09.

③ 国务院关于印发统筹推进世界一流大学和一流学科建设总体方案的通知[EB/OL]. http://www.gov.cn/xinwen/2015-11/05/content_5005301.htm.

④ 统筹推进世界一流大学和一流学科建设总体方案 [EB/OL]. http://www.gov.cn/zhengce/content/2015-11/05/content_10269.htm.

布局、类型层次、学科专业的顶层设计，合理定位，办出特色。[①]

3. 把党的领导作为根本保证

习近平在全国高校思政会上强调，“我们的高校是党领导下的高校，是中国特色社会主义高校，办好我们的高校，必须坚持以马克思主义为指导，全面贯彻党的教育方针。”[②] 中外合作办学必须始终坚持党的领导，坚持正确的政治方向和育人导向，切实发挥中外合作办学党组织的政治核心作用，始终围绕立德树人的根本任务来办学治校。高度重视思想政治工作，要把抓好思想政治教育和意识形态工作作为重要任务，及时了解情况，研究解决苗头性、倾向性问题，在课程体系、教学内容、教材建设、教师和管理人员引进等方面切实把好政治关，要腰杆硬、底气足地把思想政治工作贯穿教育教学全过程，始终把师生团结凝聚在党的周围。[③]

（四）奋力开创新时代来华留学工作的新局面

1. 统筹推进来华留学和全球优秀人才引进

党的十九大报告提出，“人才是实现民族振兴、赢得国际竞争主动的战略资源。要坚持党管人才原则，聚天下英才而用之，加快建设人才强国。实行更加积极、更加开放、更加有效的人才政策，以识才的慧眼、爱才的诚意、用才的胆识、容才的雅量、聚才的良方，把党内和党外、国内和国外各方面优秀人才集聚到党和人民的伟大奋斗中来。”[④] 对外开放要着眼于人、着力于人，推动人们在眼界上、思想上、知识上、技术上走向开放，通过学习和应用世界先进知识和技术，进而不断把整个对外开放提高到新的水平。[⑤] 要把我们的事业发展好，就要聚天

---

① 统筹推进世界一流大学和一流学科建设实施办法(暂行)[EB/OL]. http://www.gov.cn/xinwen/2017-01/27/content_5163903.htm#2.

② 习近平. 把思想政治工作贯穿教育教学全过程 开创我国高等教育事业发展新局面[N]. 人民日报,2016-12-09(1).

③ 杜玉波. 中外合作办学关键是提高质量[N]. 人民政协报教育在线周刊,2017-11-09(1).

④ 中共十九大开幕,习近平代表十八届中央委员会作报告[EB/OL]. http://www.china.com.cn/cppcc/2017-10/18/content_41752399.htm.

⑤ 习近平在同外国专家座谈时强调 中国要永远做一个学习大国[EB/OL]. http://news.cntv.cn/2014/05/23/VIDE1400843703406698.shtml.

下英才而用之。要干一番大事业，就要有这种眼界、这种魄力、这种气度。①

充分利用一切人才，助力中华民族伟大复兴。习近平指出，我们比历史上任何时期都更接近实现中华民族伟大复兴的宏伟目标，我们也比历史上任何时期都更加渴求人才。② 中华民族历来具有尚贤爱才的优良传统，现在，我们比历史上任何时期都更需要广开进贤之路、广纳天下英才。要实行更加开放的人才政策，不唯地域引进人才，不求所有开发人才，不拘一格用好人才，在大力培养国内创新人才的同时，更加积极主动地引进国外人才特别是高层次人才，热忱欢迎外国专家和优秀人才以各种方式参与中国现代化建设。要积极营造尊重、关心、支持外国人才创新创业的良好氛围，对他们充分信任、放手使用，让各类人才各得其所，让各路高贤大展其长。③ 因此，实现中华民族伟大复兴，就要有聚天下英才而用之的眼界、魄力和气度，就要建设一支宏大的高素质人才队伍，就要将所有支持中国发展和民族复兴的党内党外人才、国内国外人才凝聚到中国的建设事业中来。④ 习近平指出，综合国力竞争归根到底是人才竞争；人才竞争已经成为综合国力竞争的核心。人才资源是永不枯竭的资源，人才优势是最具潜力的发展优势。哪个国家拥有人才上的优势，哪个国家就会拥有实力上的优势；谁能培养和吸引更多优秀人才，谁就能在竞争中占据优势。⑤ 因此，人才选拔的视野，决定了发展的速度；全球配置人才资源的能力，决定了国际竞争的成败。

通过来华留学，推动经济社会发展、实施人才强国战略。习近平指

---

① 习近平如何关心人才工作[EB/OL]. http://politics. people. com. cn/n1/2016/0507/c1001-28332585. html.

② 习近平:我们比历史上任何时期都更接近中华民族伟大复兴的目标[EB/OL]. http://politics. people. com. cn/n1/2016/1111/c1001-28853750. html.

③ 习近平的科技人才观:聚天下英才而用之 让更多千里马竞相奔腾[EB/OL]. http://news. cctv. com/2017/01/09/ARTIxUP4SCayWiBiSF8zevwr170109. shtml.

④ 奋力开创新时代引进外国人才和智力工作新局面—— 深入学习贯彻习近平总书记聚天下英才而用之战略思想 [EB/OL]. http://www. qstheory. cn/dukan/qs/2018-01/31/c_1122337604. htm.

⑤ “平语”近人——习近平如何关心人才工作[EB/OL]. http://www. xinhuanet. com/politics/2016-05/06/c_128957250. htm。

出，人才资源作为经济社会发展第一资源的特征和作用更加明显。[①] 推动我国经济由高速增长阶段转向高质量发展阶段，实现经济发展质量变革、效率变革、动力变革，提高全要素生产率，就必须抓住人才这个最为关键的因素，率先实现人才供给转型升级。[②]习近平提出，一个国家对外开放，必须首先推进人的对外开放，特别是人才的对外开放。资本的流动、技术的转移、市场的开拓，都以人才的流动为载体。[③] 提升对外开放水平，不仅要求我国人才走向世界，还要敞开胸怀，将工作岗位和发展机遇分享给全世界的人才，通过提升人才对外开放水平带动各行业各领域全面嵌入全球产业链、价值链、创新链，在更高水平上融入全球分工体系。引进用好外国人才，是全面扩大开放的重要内容，也是形成全面开放新格局的重要标识。[④]

2. 创新体制机制，开创人才引进新局面

2013 年 9 月 30 日，习近平在主持中共中央政治局第九次集体学习时提出，"要积极引进海外优秀人才，制订更加积极的国际人才引进计划，吸引更多海外创新人才到我国工作。"[⑤] 2013 年 10 月 21 日，在欧美同学会成立 100 周年庆祝大会上，习近平强调，"党和国家将按照支持留学、鼓励回国、来去自由、发挥作用的方针，把做好留学人员工作作为实施科教兴国战略和人才强国战略的重要任务，以更大力度推进'千人计划''万人计划'，千方百计创造条件，使留学人员回到祖国有用武之地，留在国外有报国之门。"在此次讲话中，习近平更加明确了党中央引进优秀人才的决心与信心。

习近平指出，"加强国际人才交流合作，有利于我们积极借鉴世界

① 习近平:人才是创新的第一资源[EB/OL]. http://www.chinanews.com/gn/2016/03-03/7782297.shtml.

② 用三大变革推动中国经济"高质量发展"[EB/OL]. http://cpc.people.com.cn/19th/n1/2017/1022/c414305-29601959.html

③ 习近平:做学习大国 实行更开放的人才政策[EB/OL]. http://www.caixin.com/2014-05-23/100681665.html

④ 奋力开创新时代引进外国人才和智力工作新局面—— 深入学习贯彻习近平总书记聚天下英才而用之战略思想 [EB/OL]. http://www.qstheory.cn/dukan/qs/2018-01/31/c_1122337604.htm.

⑤ 习近平主持中共中央政治局举行第九次集体学习[EB/OL]. http://www.gov.cn/ldhd/2013-10/01/content_2499370.htm.

各国优秀文明成果，也有助于推动中华文明创造性转化和创新性发展，更重要的是，这种交流有利于推动不同文明相互尊重，推动世界各国人民相互理解。”① 一是要更加突出引进外国人才重点。根据新时代中国特色社会主义的新需求，秉持“高精尖缺”导向，大力引进各类创新人才，使引进外国人才和智力的规模、质量、结构与我国经济社会发展要求相适应，为深入实施科教兴国战略、人才强国战略、创新驱动发展战略、乡村振兴战略、区域协调发展战略、可持续发展战略、军民融合发展战略提供更加有力的人才、智力支撑。二是要创新引进外国人才方式，建立引进外国人才分析研判机制，完善海外人才数据库和信息服务平台。切实发挥重大引才工程引领作用，积极搭建引才聚才合作平台，建立与国际接轨的全球人才招聘制度。建设海外聚才用才载体，支持在国外设立研发机构、产业化基地等，吸引使用外国人才。三是要改革外国人才使用机制。有序推进国家科研任务向外国人才开放，放宽参与条件。完善收入分配和知识产权收益分配制度，健全外国人才创新创业管理机制。逐步建立以政府奖励为导向、用人单位奖励为主体、社会力量奖励为补充的外国人才奖励体系。积极发挥外国人才民间交流大使和文化传播使者作用，鼓励外国人才参与智库建设。四是要营造外国人才创新创业的良好环境。逐步健全外国人才管理服务保障政策和外国人才来华工作管理制度，为外国人才来华工作、出入境提供便利。加快培育信息化、产业化的国际人才服务市场体系，多形式多渠道帮助外国人才更好融入中国社会。积极宣传党和国家引进外国人才的方针，宣传平等合作、互利共赢、共同发展理念，不断增强我国人才制度影响力感召力，努力将更多优秀外国人才集聚到党和人民的伟大事业的奋斗中来，② 为“推动人类文明进步，推动人民心与心的交流，共同创造人类更加美好的明天”③ 作出新的重要贡献。

---

① 习近平：不拒众流方为江海 中国永做学习大国［EB/OL］. http://www.xinhuanet.com//politics/2014-05/23/c_1110837550.htm.

② 奋力开创新时代引进外国人才和智力工作新局面—— 深入学习贯彻习近平总书记聚天下英才而用之战略思想［EB/OL］. http://www.qstheory.cn/dukan/qs/2018-01/31/c_1122337604.htm.

③ 习近平谈治国理政[M]. 北京：外文出版社，2014. 191.

后 记

《中国教育改革回溯与前瞻——改革开放以来中国教育政策的变迁与趋势》是教育部哲学社会科学研究重大课题攻关项目“习近平总书记关于教育的重要论述研究”、国家自然科学基金项目“促进教育公平与培养创新人才的资源配置体制机制研究”的研究成果。

习近平总书记在讲话、谈话、演讲、答问、批示、贺信中发表了系列关于教育的意见，形成了完整的关于教育的重要论述。新时代，认真研究学习习近平总书记关于教育的重要论述，将其作为教育事业的旗帜和方向，是办好社会主义教育的根本保障。作为教育学研究者，从教育本质出发，学习分析习近平总书记关于教育的重要论述。习近平总书记关于教育的重要论述集中体现为“一个核心、两翼驱动、三个抓手、四个保障”（简称一核、两翼、三抓手、四保障）。一个核心，即价值育人，培育和践行社会主义核心价值观，这是教育改革和发展的动力源、方向标，解决的是教育目的问题；两翼驱动，即教师育人、家庭育人，这是教育改革和发展的梦之队、责任人，解决的是教育主体问题；三个抓手，即文化育人、榜样育人、健康育人，这是教育改革和发展的关键环节、着力之处，解决的是教育途径问题；四个保障，即创新育人、公平育人、实践育人、开放育人，这是教育改革和发展的基本保障、制度基础，解决的是教育制度问题。一个核心着力回答了为谁培养人的问题，两翼驱动着力回答了谁来培养人的问题，三个抓手着力回答了怎样培养人的问题，四个保障着力回答了如何培养人的问题，形成了相互支撑、互有侧重的教育思想体系。为了更加深刻、系统、全面的学习、研究习近平总书记关于教育的重要论述，本著作从价值育人、教师育人、家庭育人、文化育人、榜样育人、健康育人、创新育人、公平育人、实践育人、开放育人等十大方面，通过分析改革开放以来有关教育政策的变迁过程，提出教育改革和发展的战略与政策走向。

全书由北京师范大学薛二勇教授撰写、确定写作提纲，提出核心观点。前言由薛二勇教授、中国社会科学院刘爱玲博士执笔，第一章价值育人由中国社会科学院刘爱玲博士、薛二勇教授执笔，第二章教师育人由中国社会科学院刘爱玲博士、薛二勇教授执笔，第三章家庭育人由北京师范大学周秀平博士、薛二勇教授执笔，第四章文化育人由北京师范大学单成蔚博士、薛二勇教授执笔，第五章榜样育人由华东师范大学李廷洲博士、薛二勇教授执笔，第六章健康育人由北京师范大学傅王倩博士、薛二勇教授执笔，第七章创新育人由薛二勇教授、北京师范大学傅王倩博士、陕西师范大学陈亮博士执笔，第八章公平育人由薛二勇教授、北京师范大学刘淼硕士执笔，第九章实践育人由中国教育报杨三喜记者、薛二勇教授执笔，第十章开放育人由西南大学邓磊博士、薛二勇教授执笔，后记由薛二勇教授执笔。各章文稿由薛二勇教授统一进行修改、完善、定稿。

感谢湖北教育出版社陈冬新总编辑的精心策划！感谢查丹编辑的精心编辑！

由于时间仓促、水平有限，再加上对政策文本的选择、把握、分析、判断有限，本书或有不周之处，敬请广大读者批评指正。

薛二勇
北京师范大学
2018年9月9日